Maurice Bucaille a consacré des années à l'étude des textes sacrés, de l'arabe et des hiéroglyphes. Ancien chirurgien, il a personnellement contribué aux investigations sur les momies. il est l'auteur de *La Bible, le Coran et la science, Réflexions sur le Coran, Momies et Pharaons*.

LA BIBLE, LE CORAN ET LA SCIENCE

Les Écritures saintes
examinées à la lumière
des connaissances modernes

AGORA

Collection dirigée par François Laurent

MAURICE BUCAILLE

LA BIBLE, LE CORAN ET LA SCIENCE

Les Écritures saintes
examinées à la lumière
des connaissances modernes

Quinzième édition revue et corrigée

SEGHERS

Le papier de cet ouvrage est composé de fibres naturelles, renouvelables, recyclables et fabriquées à partir de bois provenant de forêts plantées et cultivées durablement pour la fabrication du papier.

ISBN 978-2-266-13103-2

AVANT-PROPOS

Le dialogue islamo-chrétien au cours du dernier tiers du xxe siècle représente un fait marquant dans les rapports des religions monothéistes. Il s'est traduit par des rencontres dont on a beaucoup parlé comme celles de Tripoli, de Cordoue et d'ailleurs, sans oublier la réception par le pape Paul VI au Vatican des Grands Ulémas d'Arabie en 1974. Il faut mentionner aussi les initiatives prises par des groupes de chrétiens et de musulmans cherchant à se connaître mieux, après des siècles durant lesquels l'ignorance et les idées fausses largement répandues en Occident sur l'Islam ont empoisonné l'atmosphère. Aussi faut-il changer le climat. Ce dialogue en offre la possibilité en évoquant des problèmes multiples ; ceux que posent les Ecritures saintes ne sont pas des moindres, puisque ce sont elles qui conditionnent tout le reste. Il est donc capital de bien connaître l'idée que se font chrétiens et musulmans des Ecritures, fondement de la foi des uns et des autres.

Les points de vue des exégètes sont sans équivoque.

Pour les chrétiens, on peut donner le schéma suivant : *les livres de la Bible sont des livres inspirés.* Dans le chapitre « La Révélation de la Vérité. La Bible et les Evangiles » de son livre *Mon petit catéchisme*[1], Jean Guitton s'exprime ainsi : « Dieu n'a pas écrit, mais il a fait écrire ces livres en soufflant aux apôtres et aux prophètes ce qu'il voulait nous faire savoir. On appelle ce souffle l'inspiration. Les livres écrits par les prophètes sont appelés "livres inspirés". »

Tous ces auteurs ont composé leurs écrits en s'exprimant à diverses époques selon les manières des hommes de leur temps, de sorte que dans la Bible on trouve différents « genres littéraires ». Cette notion est de nos jours admise par tous et l'on ne s'étonne pas de trouver, dans l'Ancien Testament comme dans les Evangiles, à côté des sujets d'inspiration divine, des affirmations qui sont la traduction de certaines croyances profanes véhiculées par des traditions dont les origines sont bien souvent insaisissables. Tel est par exemple le cas de l'un des deux récits de la Création que nous offre la Genèse.

Si l'on se tourne à présent vers ce que nous enseignent les exégètes musulmans, on s'aperçoit qu'ils présentent le Coran tout autrement. Il y a quatorze siècles à peu près, dans une retraite de

1. Éd. Desclée de Brouwer, Paris, 1978.

méditation des environs de La Mecque, Mahomet reçut de Dieu, par l'intermédiaire de l'Archange Gabriel, un premier message qui fut suivi, après une longue interruption, de *révélations* successives s'étalant à peu près sur vingt ans. Transcrits du vivant même du Prophète, mais aussi récités par cœur par ses premiers fidèles et plus tard par de nombreux croyants autour de lui, tous ces éléments ont été rassemblés après sa mort (632 de l'ère chrétienne) en un livre appelé depuis lors le Coran. Il contient la Parole de Dieu, *à l'exclusion de tout apport humain.* La possession de manuscrits du Ier siècle de l'ère islamique authentifie le texte actuel.

Une particularité, rigoureusement spécifique du Coran, est l'existence, à propos des évocations de l'omnipotence divine, d'une multitude de réflexions sur des phénomènes naturels de tous ordres : de l'astronomie à la reproduction humaine en passant par la terre, le règne animal et le règne végétal, sans parler de ce que le Coran relate sur la Création. L'existence de telles réflexions n'a pas pu ne pas attirer l'attention sur des sujets dont l'immense majorité n'est pas abordée dans la Bible, et a amené pour quelques autres, communs aux deux Ecritures, à faire des comparaisons intéressantes.

Des conséquences évaluables aujourd'hui résultent de cet état de choses.

A l'époque moderne où les progrès scientifiques ont permis d'acquérir, sur des phénomènes naturels, des notions définitivement établies et expérimentalement vérifiées (ce qui exclut ici les théories par essence changeantes), on a pu étudier quelques-uns de leurs aspects selon la Bible et les comparer avec les connaissances modernes. Le résultat a été très net : pour des questions comme la formation de l'univers (le récit de la Création), la date de l'apparition de l'homme sur la terre, le Déluge universel (et sa situation dans le temps), il est patent que les écrivains bibliques (et parmi ceux-ci des évangélistes, en particulier Luc à propos des généalogies de Jésus) ont exprimé des idées de leur temps incompatibles avec les connaissances modernes. Aujourd'hui il est impossible de ne pas admettre l'existence d'erreurs scientifiques dans la Bible. Compte tenu d'ailleurs de ce que les exégètes bibliques nous ont enseigné sur le mode de composition des livres judéo-chrétiens, comment ces derniers auraient-ils pu ne pas contenir d'erreurs scientifiques ? Aussi peut-on dire avec Jean Guitton : « Les erreurs scientifiques de la Bible, ce sont les erreurs de l'humanité, jadis semblable à l'enfant qui n'a pas encore la science. » Ainsi les conceptions des exégètes chrétiens sur les textes bibliques apparaissent en parfaite concordance avec ce que nous apprennent aujourd'hui les sciences sur la non-conformité avec elles de certains aspects de leur contenu.

En est-il de même des affirmations des exégètes musulmans sur la « Révélation coranique » (opposée à l'« Inspiration biblique ») ? Va-t-on trouver dans le Coran des énoncés traduisant des idées de l'époque, mais qui seront plus tard en contradiction avec les connaissances modernes ? Ici, nous l'avons dit, il existe une multitude de réflexions sur des phénomènes naturels, d'où la multitude des erreurs scientifiques qui auraient été *a priori* possibles en raison de la nature des sujets traités à cette époque d'obscurantisme scientifique (n'oublions pas que la révélation coranique est contemporaine approximativement du règne en France du roi Dagobert).

Après confrontation des données scientifiques avec les énoncés des Ecritures, j'ai présenté dans la première édition de ce livre en 1976 des conclusions qui constituèrent initialement pour moi une immense surprise : le Coran ne contenait assurément aucune proposition en contradiction avec les connaissances les mieux établies de notre temps et il ne laissait aucune place aux idées de l'époque sur les sujets traités. Mais, bien plus, un grand nombre de faits qui ne seront découverts qu'à l'époque moderne y sont évoqués, à telle enseigne que le 9 novembre 1976 je pus présenter à l'Académie de médecine une communication sur les « Données physiologiques et embryologiques du Coran », ces données constituant, comme bien d'autres sur des sujets différents, un véritable défi à l'explication humaine, compte tenu de ce que nous savons de l'histoire des sciences. Ainsi les constatations de l'homme moderne sur l'absence d'erreurs scientifiques sont en harmonie complète avec les conceptions des exégètes musulmans sur le *caractère révélé du Coran,* considération qui implique que Dieu ne pouvait exprimer une idée inexacte.

Ces réflexions sur les Ecritures saintes et la science ne relèvent nullement de conceptions personnelles. Les erreurs scientifiques de la Bible ne constituent pas une nouveauté. Ce qui est peut-être neuf est de les avoir largement exposées et expliquées par des considérations prises dans les travaux des exégètes chrétiens de la Bible. Pour le Coran il n'y a pas opposition mais harmonie entre l'Ecriture et les connaissances modernes, harmonie humainement inexplicable. Celle-ci paraît avoir été complètement ignorée par les islamologues occidentaux. Il est vrai que pour étudier cette question dans le détail il faut posséder des connaissances scientifiques pluridisciplinaires, ce qui n'est pas le cas des islamologues en raison de leur formation littéraire : seul un scientifique versé dans les lettres arabes pouvait établir des rapprochements entre le texte du Coran, qu'il faut pour cela lire en arabe, et la science. L'auteur de cette étude s'est basé sur des faits dont il a présenté les déductions logiques qu'il fallait nécessairement tirer ; c'est dire que s'il n'avait pas été amené à effectuer cette recherche, d'autres que lui l'auraient tôt ou tard entreprise. Si Pasteur n'avait pas découvert les microbes, c'est un autre qui aurait démontré leur existence. Les faits finissent toujours par s'imposer en dépit des résistances de ceux que leur mise en évidence embarrasse, agace ou choque.

En plus des lumières nouvelles apportées par cette étude sur le Coran, comment n'être pas frappé, sur un plan général, par l'intérêt qu'a pu avoir pour l'examen de certains aspects des Ecritures saintes l'utilisation de données scientifiques aboutissant à établir une concordance entre les déductions tirées de ces dernières et des conceptions d'ordre exégétique ?

INTRODUCTION

Chacune des trois religions monothéistes possède un recueil d'Ecritures qui lui est propre. Ces documents constituent le fondement de la foi de tout croyant, qu'il soit juif, chrétien ou musulman. Ils sont pour lui la transcription matérielle d'une Révélation divine, directe comme dans le cas d'Abraham ou de Moïse qui reçurent de Dieu même les commandements, ou indirectes dans le cas de Jésus et de Mahomet, le premier déclarant parler au nom du Père, le second transmettant aux hommes la Révélation communiquée par l'Archange Gabriel.

La prise en considération des données objectives de l'histoire des religions oblige à placer sur le même rang l'Ancien Testament, les Evangiles et le Coran comme recueils de la Révélation écrite. Mais cette attitude partagée en principe par les musulmans n'est pas celle admise par les croyants de nos pays occidentaux, à influence judéo-chrétienne prédominante, qui refusent d'attribuer au Coran le caractère d'un Livre révélé.

De telles attitudes s'expliquent par les positions prises par chaque communauté croyante vis-à-vis des deux autres en ce qui concerne les Ecritures.

Le judaïsme a pour livre saint la Bible hébraïque. Celle-ci diffère de l'Ancien Testament chrétien par l'addition opérée par ce dernier de quelques livres qui n'existaient pas en hébreu. En pratique, cette divergence n'apporte guère de changements à la doctrine. Mais le judaïsme n'accepte aucune révélation postérieure à la sienne.

Le christianisme a repris à son compte la Bible hébraïque en y ajoutant quelques suppléments. Mais il n'a pas accepté tous les écrits publiés pour faire connaître aux hommes la mission de Jésus. Son Eglise a effectué des coupes extrêmement importantes dans la multitude des livres relatant la vie de Jésus et les enseignements qu'il a donnés. Elle n'a conservé dans le Nouveau Testament qu'un nombre limité d'écrits dont les principaux sont les quatre Evangiles canoniques. Le christianisme ne prend pas en considération une révélation postérieure à Jésus et à ses apôtres. Il élimine donc à ce titre le Coran.

Venue six siècles après Jésus, la Révélation coranique reprend de très nombreuses données de la Bible hébraïque et des Evangiles puisqu'elle cite très fréquemment la « Torah[1] » et l'« Evangile ». Le Coran prescrit à tout musulman de croire à

1. Il faut entendre par Torah les cinq premiers livres de la Bible, c'est-à-dire le Pentateuque, dit de Moïse (Genèse, Exode, Lévitique, Nombres et Deutéronome).

l'Ecriture antérieure à lui (sourate 4, verset 136). Il met l'accent sur la place prépondérante occupée dans l'histoire de la Révélation par les Envoyés de Dieu, tels que Noé, Abraham, Moïse, les Prophètes et Jésus qui est placé parmi eux à un rang particulier. Sa naissance est présentée par le Coran tout autant que par les Evangiles comme un fait surnaturel. Le Livre accorde à Marie une mention toute spéciale : la sourate n° 19 du Coran ne porte-t-elle pas son nom ?

Force est de constater que ces dernières données concernant l'Islam sont généralement ignorées en nos pays occidentaux. Comment s'en étonner quand on évoque la manière dont y furent instruites tant de générations des problèmes religieux de l'humanité et dans quelle ignorance elles ont été tenues pour tout ce qui touche à l'Islam. L'utilisation des dénominations de « religion mahométane » et de « mahométans » n'a-t-elle pas été entretenue — et ce jusqu'à nos jours — pour maintenir dans les esprits la conviction erronée qu'il s'agissait de croyances répandues par l'œuvre d'un homme et dans lesquelles Dieu (au sens où les chrétiens l'entendent) ne peut avoir aucune place ? Bien de nos contemporains cultivés sont intéressés par les aspects philosophiques, sociaux, politiques de l'Islam sans jamais s'interroger comme ils le devraient sur la Révélation islamique proprement dite. On pose comme axiome que Mahomet s'est appuyé sur ce qui était antérieur à lui pour écarter de cette manière tout abord du problème même de la Révélation.

En quel mépris d'ailleurs les musulmans ne sont-ils pas tenus dans certains milieux chrétiens ! J'ai pu en faire l'expérience en cherchant à nouer un dialogue pour un examen comparatif de récits bibliques et de récits coraniques consacrés au même sujet, et constater le refus systématique d'une prise en considération, dans un simple but de réflexion, de ce que pouvait contenir le Coran sur le sujet envisagé. C'est un peu comme si alléguer le Coran eût été faire référence au diable !

Un changement radical paraît cependant se produire de nos jours à l'échelon le plus élevé dans le monde chrétien. Edité à la suite du concile de Vatican II, un document du Secrétariat du Vatican pour les non-chrétiens, *Orientations pour un dialogue entre chrétiens et musulmans*[1] dont la troisième édition date de 1970, atteste la profondeur de la modification des attitudes officielles. Après avoir invité à écarter « l'image surannée héritée du passé ou défigurée par des préjugés et des calomnies » que les chrétiens se faisaient de l'Islam, le document du Vatican s'attache à « reconnaître les injustices du passé dont l'Occident d'éducation chrétienne s'est rendu coupable à l'égard des musulmans ». Il critique les conceptions erronées qui ont été celles des chrétiens sur le fatalisme musulman, le juridisme de l'Islam, son fanatisme, etc. Il met l'accent sur l'unicité de croyance en Dieu et il rap-

1. Ed. Ancora, Rome.

pelle à quel point le cardinal Koenig, au cours d'une conférence officielle en mars 1969 à l'Université musulmane Al Azhar du Caire, surprit ses auditeurs de la Grande Mosquée en la proclamant. Il rappelle aussi que le Secrétariat du Vatican invitait en 1967 les chrétiens à présenter leurs vœux aux musulmans à l'occasion de la fin du jeûne du Ramadan, « valeur religieuse authentique ».

De telles prémices en faveur d'un rapprochement entre la Curie romaine et l'Islam ont été suivies de manifestations diverses et de rencontres qui l'ont concrétisé. Mais combien peu ont été avertis de ces événements si importants qui se sont déroulés dans le monde occidental où, cependant, les moyens de diffusion de l'information : presse, radiodiffusion et télévision, ne manquent pas.

Les journaux ont, en effet, accordé peu de place à la visite officielle que fit le 24 avril 1974 le cardinal Pignedoli, président du Secrétariat du Vatican pour les non-chrétiens, au roi Fayçal d'Arabie Saoudite. Le journal *Le Monde* du 25 avril 1974 en rendit compte en quelques lignes. Et pourtant quelle nouvelle d'importance quand on y lit que le cardinal avait remis au souverain un message du pape Paul VI dans lequel ce dernier exprimait « la considération de Sa Sainteté, animée d'une foi profonde dans l'unification des mondes islamique et chrétien qui adorent un seul Dieu, à Sa Majesté Fayçal en sa qualité d'autorité suprême du monde islamique ».

Six mois plus tard, en octobre 1974, le pape recevait officiellement au Vatican les Grands Ulémas d'Arabie Saoudite. Ce fut l'occasion d'un colloque entre chrétiens et musulmans sur les « Droits culturels de l'homme en Islam ». Le journal du Vatican, l'*Osservatore Romano* du 26 octobre 1974, relata cet événement historique en lui accordant à la première page une surface plus grande qu'au compte rendu de la journée de clôture du Synode des Evêques réunis à Rome.

Les Grands Ulémas d'Arabie furent ensuite reçus par le Conseil œcuménique des Eglises de Genève et par Mgr Elchinger, évêque de Strasbourg. L'évêque invita les Ulémas à faire la prière de midi devant lui en sa cathédrale. Si l'événement fut rapporté, c'est apparemment plus en raison de son côté spectaculaire que pour la signification religieuse considérable qu'il comportait. Très peu nombreux sont en tout cas ceux que j'ai interrogés sur ces manifestations et qui m'ont répondu en avoir eu connaissance.

L'esprit d'ouverture vis-à-vis de l'Islam du pape Paul VI, qui se déclarait lui-même comme « animé d'une foi profonde dans l'unification des mondes islamique et chrétien qui adorent un seul Dieu », fera certainement date dans les rapports entre les deux religions. Ce rappel des sentiments du chef de l'Eglise catholique à l'égard des musulmans m'a paru nécessaire, car trop de chrétiens, éduqués dans un esprit d'hostilité déclarée comme le regrettait le document du Vatican cité plus haut, sont par principe hostiles à toute réflexion sur l'Islam : partant de là, ils restent dans l'ignorance de ce qu'il est en réalité et ont, sur la Révélation islamique, des conceptions absolument erronées.

Quoi qu'il en soit, il apparaît tout à fait légitime, lorsqu'on étudie un aspect d'une révélation d'une religion monothéiste, de l'aborder par comparaison avec ce que les deux autres offrent de ce même point de vue. Une étude d'ensemble d'un problème présente plus d'intérêt qu'une étude séparée. La confrontation avec les données de la science du xxe siècle de certains sujets traités dans les Ecritures intéresse par conséquent les trois religions sans exclusive. Et puis ne forment-elles pas ou ne devraient-elles pas former un bloc plus compact en se rapprochant alors que toutes sont de nos jours menacées par l'envahissement du matérialisme ? C'est aussi bien dans les pays à influence judéo-chrétienne que dans les pays islamiques que l'on soutient — et tout spécialement dans les milieux scientifiques — que religion et science sont incompatibles. La question, pour être traitée dans son ensemble, nécessiterait des développements considérables. Je ne veux aborder ici qu'un aspect du sujet : l'examen des Ecritures elles-mêmes à la lumière des connaissances scientifiques modernes.

Cet objectif oblige à poser une question préalable fondamentale : quelle est l'authenticité des textes que nous possédons de nos jours ? Cette question implique un examen des circonstances qui ont présidé à la rédaction des textes et de leur transmission jusqu'à nous.

L'étude des Ecritures sous l'aspect de la critique des textes est de date récente en nos pays. En ce qui concerne la Bible, Ancien et Nouveau Testaments, de longs siècles ont passé durant lesquels les hommes se sont contentés de les accepter en leur état. Leur lecture ne donnait lieu qu'à des considérations apologétiques. C'eût été péché que de manifester le moindre esprit critique à leur sujet. Les clercs étaient les privilégiés qui pouvaient aisément en avoir une connaissance d'ensemble. La plupart des laïcs n'en recevaient que des morceaux choisis dans des cérémonies liturgiques ou au cours des prédications.

Organisée en spécialité, la critique textuelle a eu le mérite de faire découvrir et de divulguer les problèmes souvent très graves qui se posent, mais combien décevante est la lecture de tant d'œuvres qui déclarent être critiques mais qui n'offrent, devant de très réelles difficultés d'interprétation, que des développements apologétiques destinés à couvrir l'embarras de l'auteur. Dans ces conditions, pour qui garde intacts sa capacité de réflexion et son sens de l'objectivité, les invraisemblances et les contradictions n'en restent pas moins persistantes et l'on ne peut que regretter l'attitude destinée à justifier, envers et contre toute logique, le maintien dans les textes des Ecritures bibliques de certains passages entachés de défauts. Elle peut être infiniment préjudiciable à la croyance en Dieu de certains esprits cultivés. Toutefois l'expérience prouve que si quelques-uns sont capables de déceler des failles de cet ordre, l'immense majorité des chrétiens ne s'est jamais rendu compte de leur existence et est restée dans l'ignorance de ces incompatibilités avec des connaissances profanes qui, pourtant, sont souvent très élémentaires.

L'Islam, lui, possède dans les hadiyths l'équivalent des Evangiles. Les hadiyths sont des recueils de propos et des narrations des actes de Mahomet ; les Evangiles ne sont rien d'autre que cela pour ce qui concerne Jésus. Les premiers recueils de hadiyths ont été écrits des décennies après la mort de Mahomet comme les Evangiles l'ont été des décennies après Jésus. Dans les deux cas, ce sont des témoignages humains sur des faits passés. On verra que, contrairement à ce que beaucoup pensent, les quatre Evangiles canoniques n'ont pas pour auteurs les témoins des faits qu'ils relatent. Il en est de même des recueils de hadiyths les plus sérieux.

La comparaison doit s'arrêter ici car si l'on a discuté et si l'on discute toujours de l'authenticité de tel ou tel hadiyth, on a tranché de façon définitive, aux premiers siècles de l'Eglise, entre les multiples Evangiles, proclamant comme officiels ou canoniques quatre seulement de ceux-ci, malgré les nombreuses contradictions entre eux sur bien des points, et ordonnant que tous les autres soient cachés, d'où le nom qui leur a été donné d'« apocryphes ».

Une autre différence fondamentale, pour ce qui concerne les Ecritures, entre christianisme et Islam est l'absence pour le premier d'un texte révélé et, tout à la fois, fixé, alors que le second possède le Coran qui répond à cette définition.

Le Coran est l'expression de la Révélation faite à Mahomet par l'Archange Gabriel, aussitôt transcrite, apprise par cœur et récitée par les fidèles lors des prières, durant le mois du Ramadan en particulier. Elle fut classée par Mahomet lui-même en sourates et celles-ci ont été rassemblées tôt après la mort du Prophète, pour former, sous le califat d'Uthman (12e à 24e année qui suivit cette dernière), le texte que nous possédons de nos jours. Contrastant avec ce qui s'est passé pour l'Islam, la Révélation chrétienne est fondée sur des témoignages humains multiples et indirects, puisque nous ne possédons aucun témoignage venant d'un témoin oculaire de la vie de Jésus, contrairement à ce que s'imaginent beaucoup de chrétiens. Ainsi est posé le problème de l'authenticité des textes de la Révélation chrétienne et de la Révélation islamique.

La confrontation des textes des Ecritures avec les données de la science a été de tout temps pour l'homme un sujet de réflexion.

On a d'abord soutenu que la concordance entre Ecritures et science était un élément nécessaire de l'authenticité du texte sacré. Saint Augustin, dans sa lettre n° 82 qui sera citée plus loin, en établit formellement le principe. Puis, à mesure que la science se développait, on s'aperçut de l'existence de divergences entre Ecriture biblique et science et on a alors décidé de ne plus faire de rapprochements. De cette manière, une situation grave a été créée qui, de nos jours, oppose, il faut le reconnaître, exégètes bibliques et savants. On ne saurait, en effet, admettre qu'une Révélation divine pût énoncer un fait rigoureusement inexact. Il n'y avait alors qu'une possibilité de conciliation logique, c'était d'admettre comme inauthentique un passage de l'Ecriture biblique énonçant un fait scientifiquement inadmissible. Une telle solution n'a pas été choisie. On s'est, au contraire, acharné à maintenir l'intégrité du texte et cela a contraint des exégètes à prendre, sur la vérité des Ecritures bibliques, des positions qui ne sont guère acceptables pour un esprit scientifique.

L'Islam, comme saint Augustin pour la Bible, a toujours considéré qu'il y avait concordance entre les données de l'Ecriture sainte et les faits scientifiques. L'examen du texte de la Révélation islamique à l'époque moderne n'a pas donné licu à une révision de cette position. Le Coran, comme on le verra plus loin, évoque des faits pour lesquels la science a son mot à dire, et ce en nombre considérable par rapport à la Bible : il n'y a aucune commune mesure entre le caractère restreint d'énoncés bibliques prêtant à confrontation avec la science et la multiplicité des sujets ayant un caractère scientifique évoqués par le Coran. Aucun de ceux-ci ne prête à contestation du point de vue scientifique : telle est la donnée fondamentale qui ressort de cette étude. Et l'on verra à la fin de ce livre comment, pour les recueils des propos du Prophète (hadiyths), qui se placent en dehors de la Révélation coranique, il en est tout autrement puisque certains hadiyths sont scientifiquement inadmissibles. De pareils hadiyths ont été soumis à des études sérieuses suivant les principes stricts du Coran, ordonnant de toujours s'en remettre à la science et à la raison, pour leur enlever le cas échéant toute authenticité.

Ces considérations sur le caractère acceptable ou inacceptable scientifiquement d'un énoncé de l'Ecriture rendent nécessaire une précision. Il faut souligner que, lorsqu'on parle ici de données de la science, on entend par là ce qui est établi de façon définitive. Cette considération élimine les théories explicatives, utiles à une époque pour faire comprendre un phénomène et pouvant être abrogées et remplacées par la suite par d'autres plus conformes au développement scientifique. Ce que j'envisage ici, ce sont des faits sur lesquels il est impossible de revenir ultérieurement, même si la science n'apporte que des données incomplètes mais qui sont suffisamment bien établies pour être utilisables sans risques d'erreur.

Par exemple, on ignore la date même approximative de l'apparition de l'homme sur la terre, mais on a découvert des vestiges d'œuvres humaines que l'on situe, sans aucun doute possible, antérieurs au dixième millénaire avant l'ère chrétienne. On ne peut donc retenir comme compatible avec la science la réalité du texte biblique de la Genèse donnant des généalogies et des dates qui font situer l'origine de l'homme (la création d'Adam) environ trente-sept siècles avant Jésus-Christ. La science pourra peut-être donner dans le futur des précisions de dates plus grandes que nos évaluations actuelles, mais on peut être assuré qu'on ne démontrera jamais que l'homme est apparu sur la terre il y a 5 736 années, comme le veut, en l'an 1975, le calendrier hébraïque. Les données bibliques concernant l'ancienneté de l'homme sont donc fausses.

Cette confrontation avec la science exclut tout problème religieux à proprement parler. La science n'a, par exemple, aucune explication à donner sur le processus par lequel Dieu s'est manifesté à Moïse ou à propos du mystère qui entoure la venue au monde de Jésus sans qu'il existât pour lui un père biologique. Sur des faits de ce genre, les Ecritures ne donnent d'ailleurs aucune explication matérielle. La présente étude porte sur ce que nous enseignent les Ecritures au sujet de phénomènes naturels extrêmement divers qu'elles entourent plus ou moins de commentaires ou d'explications, et il faut opposer à cet égard la grande richesse de la Révélation coranique à la discrétion des deux autres révélations sur ce même sujet.

C'est sans aucune idée préconçue et avec une objectivité totale que je me suis d'abord penché sur la Révélation coranique en recherchant le degré de compatibilité du texte coranique avec les données de la science moderne. Je savais, par des traductions, que le Coran évoquait souvent toutes sortes de phénomènes naturels, mais je n'en possédais qu'une connaissance sommaire. C'est en examinant très attentivement le texte en arabe que j'en fis un inventaire, au terme duquel je dus me rendre à l'évidence que le Coran ne contenait aucune affirmation qui pût être critiquable du point de vue scientifique à l'époque moderne.

Je fis le même examen de l'Ancien Testament et des Evangiles avec la même objectivité. Pour le premier, point ne fut besoin d'aller au-delà du premier livre, la « Genèse », pour y trouver des affirmations inconciliables avec les données les plus solidement établies de la science de notre époque.

Quand on ouvre les Evangiles, on est d'emblée plongé, avec la généalogie de Jésus qui figure en première page, dans un problème très grave puisque le texte de Matthieu est, sur ce point, en évidente contradiction avec celui de Luc et que ce dernier présente une incompatibilité évidente avec les connaissances modernes relatives à l'ancienneté de l'homme sur la terre.

L'existence de ces contradictions, invraisemblances et incompatibilités ne me paraît altérer nullement la foi en Dieu. Elle engage seulement la responsabilité des hommes. Nul ne peut dire ce que pouvaient être les textes originaux, quelle fut la part des rédactions fantaisistes, quelle fut la part de la manipulation délibérée des textes par les hommes, comme celle des modifications inconscientes des Ecritures. Ce qui choque de nos jours, c'est de voir que, devant de telles contradictions ou incompatibilités avec les données bien établies de la science, des spécialistes de l'étude des textes ou bien feignent parfois de les ignorer, ou bien relèvent les failles mais tentent de les camoufler à l'aide d'acrobaties dialectiques. A propos de l'Evangile de Matthieu et de celui de Jean, je donnerai des exemples de cet usage brillant de formules apologétiques par d'éminents exégètes. La tentative de camouflage par ces procédés d'une invraisemblance ou d'une contradiction qu'on appelle pudiquement « difficulté » est souvent couronnée de succès, ce qui explique que tant de chrétiens ignorent les failles graves de nombreux passages de l'Ancien Testament et des Evangiles. Le lecteur en trouvera dans les première et deuxième parties de ce livre des exemples précis.

Il trouvera dans la troisième partie du livre l'illustration d'une application inattendue de la science à l'étude d'une Ecriture sainte, l'apport de la connaissance profane moderne à une meilleure compréhension de certains versets coraniques restés jusque-là énigmatiques, voire même incompréhensibles. Comment en être étonné lorsqu'on sait que, pour l'Islam, la religion et la science ont toujours été considérées comme deux sœurs jumelles ?

Cultiver la science fit partie des prescriptions religieuses dès l'origine ; la mise en application de ce précepte entraîna le prodigieux essor scientifique lors de la grande période de la civilisation islamique, dont l'Occident lui-même se nourrit avant la Renaissance. De nos jours, les progrès accomplis grâce aux connaissances scientifiques dans l'interprétation de certains passages du Coran, incompris ou mal interprétés jusqu'alors, constituent l'apogée de cette confrontation entre les Ecritures et la science.

ANCIEN TESTAMENT

I. APERÇU GÉNÉRAL

Qui est l'auteur de l'Ancien Testament ?

Combien de lecteurs de l'Ancien Testament à qui cette question serait posée ne donneraient de réponse qu'en répétant ce qu'ils ont lu dans l'Introduction de leur Bible, à savoir que ces livres ont tous Dieu pour auteur, bien qu'ils aient été écrits par des hommes inspirés par l'Esprit saint.

Tantôt l'auteur de la présentation de la Bible se borne à instruire son lecteur à l'aide de cette brève notion qui coupe court à toute interrogation, tantôt il y ajoute un correctif l'avertissant que des détails ont pu, par la suite, avoir été ajoutés par des hommes au texte primitif, mais que, néanmoins, le caractère litigieux d'un passage n'altère pas la « vérité » générale qui en découle. On insiste sur cette « vérité » dont se porte garant le Magistère de l'Eglise, assisté de l'Esprit saint, seul susceptible d'éclairer les fidèles sur ces points. L'Eglise n'a-t-elle pas promulgué, dès les conciles du IVe siècle, la liste des Livres saints, liste qui fut confirmée pour former ce qu'on appelle le Canon par les conciles de Florence (1441), Trente (1546) et Vatican I (1870) ? Tout récemment, le dernier concile de Vatican II n'a-t-il pas, après tant d'encycliques, publié sur la Révélation un texte de toute première importance, laborieusement mis au point pendant trois ans (1962-1965) ? L'immense majorité des lecteurs de la Bible trouve ces renseignements réconfortants en tête des éditions modernes, se contente des garanties d'authenticité données au cours des siècles et n'a guère songé qu'on puisse en discuter.

Mais, lorsqu'on se réfère à des ouvrages écrits par des religieux, qui ne sont pas destinés à la grande vulgarisation, on s'aperçoit que la question de l'authenticité des livres de la Bible est beaucoup plus complexe qu'on avait pu le penser *a priori*. Si l'on consulte, par exemple, la publication moderne, en fascicules séparés, de la Bible traduite en français sous la direction de l'Ecole biblique de Jérusalem[1], le ton apparaît très différent et l'on se rend compte que l'Ancien Testament, comme le Nouveau, soulève des problèmes dont les auteurs des commentaires n'ont pas caché, pour beaucoup, les éléments qui suscitent la controverse.

On trouve également des données très précises dans des études plus condensées et d'une grande objectivité, comme celle du professeur Edmond Jacob : *L'Ancien Testament*[2]. Ce livre donne une parfaite vue d'ensemble.

1. Éditions du Cerf, Paris.
2. Presses Universitaires de France, coll. « Que sais-je ? ».

Beaucoup ignorent qu'il y avait à l'origine, comme le souligne Edmond Jacob, une pluralité de textes et non un texte unique. Vers le IIIe siècle avant J.-C., il y avait au moins trois formes du texte hébreu de la Bible : le texte massorétique, celui qui a servi, au moins en partie, à la traduction grecque et le Pentateuque samaritain. Au Ier siècle avant J.-C., on tend à l'établissement d'un texte unique, mais il faudra attendre un siècle après J.-C. pour que le texte biblique soit fixé.

Si l'on possédait ces trois formes du texte, des comparaisons seraient possibles et l'on arriverait peut-être à se faire une opinion de ce qu'avait pu être l'original, mais le malheur veut qu'on n'en ait pas la moindre idée. Mis à part des rouleaux de la grotte de Qumran, datant de l'époque préchrétienne proche de Jésus, un papyrus du Décalogue du IIe siècle après J.-C. présentant des variantes avec le texte classique, quelques fragments du Ve siècle après J.-C. (Géniza du Caire), le texte hébreu le plus ancien de la Bible est du IXe siècle après J.-C.

En langue grecque, la Septante serait la première traduction. Datant du IIIe siècle avant J.-C., elle fut entreprise par les Juifs d'Alexandrie. C'est sur son texte que s'appuieront les auteurs du Nouveau Testament. Elle fera autorité jusqu'au VIIe siècle après J.-C. Les textes grecs de base généralement utilisés dans le monde chrétien sont ceux des manuscrits conservés sous les noms de *Codex Vaticanus* à la Cité du Vatican et de *Codex Sinaiticus* au British Museum de Londres et qui datent du IVe siècle après J.-C.

En latin, saint Jérôme aurait pu faire un texte à partir de documents hébreux dans les premières années du Ve siècle après J.-C. C'est l'édition appelée plus tard *Vulgate* en raison de sa diffusion universelle après le VIIe siècle de l'ère chrétienne.

Pour mémoire, citons les versions araméenne, syriaque (Peshitta), qui ne sont que partielles.

Toutes ces versions ont permis aux spécialistes d'aboutir à la confection de textes qu'on appelle « moyens », sortes de compromis entre des versions différentes. On établit également des recueils en diverses langues, juxtaposées, donnant côte à côte les versions hébraïque, grecque, latine, syriaque, araméenne et même arabe. Telle est la célèbre Bible de Walton (Londres, 1657). Pour être complet, ajoutons qu'entre les diverses Eglises chrétiennes, les conceptions bibliques divergentes font que toutes n'acceptèrent pas exactement les mêmes livres et qu'elles n'eurent pas jusqu'à présent, dans une même langue, les mêmes idées sur la traduction. Œuvre d'unification, la traduction œcuménique de l'Ancien Testament réalisée par de très nombreux experts catholiques et protestants devrait aboutir à un texte de synthèse.

Ainsi apparaît considérable la part humaine dans le texte de l'Ancien Testament. On réalise sans peine comment, de version en version, de traduction en traduction, avec toutes les corrections qui en résultent fatalement, le texte original a pu être transformé en plus de deux millénaires.

Origine de la Bible

Avant d'être un recueil de livres, ce fut une tradition populaire qui n'eut d'autre support que la mémoire humaine, agent exclusif à l'origine de la transmission des idées. Cette tradition était chantée.

« A un stade élémentaire, écrit E. Jacob, tout peuple chante ; en Israël, comme ailleurs, la poésie a précédé la prose. Israël a beaucoup et bien chanté ; amené par les circonstances de son histoire aux sommets de l'enthousiasme aussi bien qu'aux abîmes du désespoir, participant avec intensité à tout ce qui lui arrivait, puisque tout avait à ses yeux un sens, il a donné à son chant une grande variété d'expressions. » On chantait sous les prétextes les plus divers, et E. Jacob en énumère un certain nombre dont les chants accompagnateurs se retrouvent dans l'Ancien Testament : chants des repas, chant de célébration de la fin des récoltes, chants accompagnant le travail comme le célèbre chant du Puits (Nombres, 21, 17), chants de mariage comme ceux du Cantique des cantiques, chants de deuil, chants de guerre extrêmement nombreux dans la Bible, parmi lesquels le Cantique de Déborah (Juges, 5, 1-32) qui exalte la victoire d'Israël voulue par Yahvé au terme d'une guerre sainte que Yahvé mène lui-même (Nombres, 10, 35) : « Quand l'Arche (d'alliance) partait, Moïse disait : "Lève-Toi, Yahvé, et que Tes ennemis soient dispersés ! Que ceux qui Te haïssent fuient devant Ta face !" »

Ce sont encore les maximes et les proverbes (livre des Proverbes, proverbes et maximes des livres historiques), les paroles de bénédiction et de malédiction, les lois que les Prophètes édictent aux hommes après avoir reçu leur mandat divin.

E. Jacob note que ces paroles étaient transmises soit par la voie familiale, soit par le canal des sanctuaires sous forme de narration de l'histoire du peuple élu de Dieu. Celle-ci devint vite fable comme l'Apologue de Jotham (Juges, 9, 7-21), où « les arbres se mettent en chemin pour oindre leur roi et s'adressent tour à tour à l'olivier, au figuier, à la vigne, au buisson », ce qui permet à E. Jacob d'écrire : « ... animée par la fonction fabulatrice, la narration ne s'est pas trouvée embarrassée sur des sujets et époques dont l'histoire était mal connue », et de conclure :

> « Il est probable que ce que l'Ancien Testament raconte au sujet de Moïse et des patriarches ne correspond qu'assez approximativement au déroulement historique des faits, mais les narrateurs ont su, déjà au stade de la transmission orale, mettre en œuvre tant de grâce et d'imagination pour relier entre eux des épisodes très divers, qu'ils ont réussi à présenter comme une histoire, somme toute assez vraisemblable pour des esprits critiques, ce qui s'est passé aux origines du monde et de l'humanité. »

Il y a tout lieu de penser qu'après la fixation du peuple juif en Canaan, c'est-à-dire à la fin du XIIIe siècle avant J.-C., l'écriture est employée pour transmettre et conserver la tradition, mais sans une entière rigueur, même quand il s'agissait de ce qui paraît aux hommes mériter le plus la pérennité, c'est-à-dire les lois. Parmi ces dernières, la loi dont on attribue l'écriture même à la main de Dieu, le Décalogue, est transmise dans l'Ancien Testament selon deux versions : Exode, 20, 1-21, et Deutéronome, 5, 1-30. L'esprit est le même, mais les variations sont patentes. On a le souci de fixer une documentation importante : contrats, lettres, listes de personnes (juges, hauts fonctionnaires des villes, listes généalogiques), listes d'offrandes, listes de butins. Ainsi furent constituées des archives qui apportèrent une documentation lors de la rédaction ultérieure des œuvres définitives qui aboutirent aux livres que nous possédons. Ainsi, dans chaque livre, des genres littéraires divers sont mélangés : aux spécialistes de rechercher les motifs de cet assemblage de documents hétéroclites.

Il est intéressant de rapprocher ce processus de constitution de l'ensemble disparate qu'est l'Ancien Testament, à base initiale de tradition orale, de ce qui put se passer sous d'autres cieux et en d'autres temps lors de la naissance d'une littérature primitive.

Prenons, par exemple, la naissance de la littérature française à l'époque du royaume des Francs. La même tradition orale préside au début à la conservation des hauts faits : guerres qui sont souvent des guerres de défense de la chrétienté, drames divers dans lesquels s'illustrent des héros dont, des siècles plus tard, vont s'inspirer trouvères, chroniqueurs, auteurs de « cycles » divers. Ainsi naîtront, à partir du XIe siècle de l'ère chrétienne, ces chansons de geste où le réel se mêle à la légende et qui vont constituer le premier monument d'une épopée. Célèbre entre toutes est la *Chanson de Roland,* chant romancé d'un haut fait d'armes dans lequel s'illustre Roland, commandant l'arrière-garde de l'empereur Charlemagne au retour d'une expédition espagnole. Le sacrifice de Roland n'est pas un épisode inventé pour les besoins du récit. On le situe le 15 août 778 ; il s'agissait, en fait, d'une attaque par des montagnards basques. L'œuvre littéraire n'est pas ici que légendaire ; elle a une base historique, mais elle ne saurait être prise à la lettre par les historiens.

Le parallèle fait entre la naissance de la Bible et une telle littérature profane semble correspondre très exactement à la réalité. Il ne vise nullement à rejeter dans son ensemble, comme le font tant de négateurs systématiques de l'idée de Dieu, le texte biblique possédé aujourd'hui par les hommes au magasin des collections mythologiques. On peut parfaitement croire en la réalité de la création, en la remise par Dieu à Moïse de commandements, en l'intervention divine dans les affaires humaines, au temps du roi Salomon par exemple, on peut penser que l'essence de ces faits nous est rapportée, tout en considérant que le détail des descriptions doit être soumis à une critique rigoureuse, tant sont grandes les participations humaines dans la mise par écrit des traditions orales originales.

II. LES LIVRES DE L'ANCIEN TESTAMENT

L'Ancien Testament est une collection d'ouvrages de longueur très inégale et de genres divers, écrits pendant plus de neuf siècles en plusieurs langues, à partir de traditions orales. Beaucoup de ces ouvrages ont été corrigés et complétés, en fonction des événements ou en fonction de nécessités particulières, à des époques parfois très éloignées les unes des autres.

Il est vraisemblable que l'éclosion de cette abondante littérature s'est située au début de la monarchie israélite, vers le XIe siècle avant J.-C., à l'époque où apparaît dans l'entourage royal le corps des scribes, personnages cultivés dont le rôle ne se limite pas à l'écriture. De cette époque peuvent dater les premiers écrits très partiels cités dans le chapitre précédent, écrits qu'il y avait un intérêt particulier à fixer par l'écriture : certains des chants qui ont été cités plus haut, les oracles prophétiques de Jacob et de Moïse, le Décalogue et, plus généralement, les textes législatifs qui, avant la formation d'un droit, établissaient une tradition religieuse. Tous ces textes constituent des morceaux dispersés çà et là dans divers recueils de l'Ancien Testament.

C'est un peu plus tard, peut-être au cours du Xe siècle avant J.-C., qu'aurait été rédigé le texte dit « yahviste[1] » du Pentateuque qui va former l'ossature des cinq premiers livres dits de Moïse. Plus tard, on ajoutera à ce texte la version dite « élohiste[2] » et la version dite « sacerdotale[3] ». Le texte yahviste initial traite de la période des origines du monde jusqu'à la mort de Jacob. Il émane du royaume du Sud (Juda).

A la fin du IXe siècle et au milieu du VIIIe siècle avant J.-C., dans le royaume du Nord (Israël), s'élabore et se répand l'influence prophétique avec Elie et Elisée dont nous possédons les livres. C'est aussi l'époque du texte élohiste du Pentateuque qui couvre une période beaucoup plus restreinte que le yahviste car il se limite aux faits concernant Abraham, Jacob et Joseph. Les livres de Josué et des Juges datent de cette période.

Le VIIIe siècle avant J.-C. est celui des prophètes écrivains : Amos et Osée en Israël, Isaïe et Michée dans le royaume de Juda.

En 721 avant J.-C., la prise de Samarie met fin au royaume d'Israël. Le royaume de Juda reçoit son héritage religieux. Le recueil des Proverbes daterait de cette période, marquée surtout par la

1. Ainsi appelé parce que Dieu y est nommé Yahvé.
2. Ainsi appelée parce que Dieu y est nommé Elohim.
3. Elle provient des prêtres du temple de Jérusalem.

fusion en un seul livre des textes yahviste et élohiste du Pentateuque; ainsi est constituée la Torah. La rédaction du Deutéronome se situerait à cette époque.

Le règne de Josias, dans la seconde partie du VIIe siècle avant J.-C., coïncidera avec les débuts du prophète Jérémie, mais l'œuvre de ce dernier ne prendra forme définitive qu'un siècle plus tard.

Avant la première déportation à Babylone de 598 avant J.-C. se placent la prédication de Sophonie, celle de Nahum et celle de Habacuc. Au cours de cette première déportation, Ezéchiel prophétise déjà. Puis ce sera la chute de Jérusalem en 587 avant J.-C., qui marquera le début de la deuxième déportation, celle-ci se prolongeant jusqu'en 538 avant J.-C.

Le livre d'Ezéchiel, dernier grand prophète et prophète de l'exil, ne sera rédigé dans sa forme actuelle qu'après sa mort par les scribes qui seront ses héritiers spirituels. Ces mêmes scribes reprendront en une troisième version, dite « sacerdotale », la Genèse pour la partie s'étendant de la Création à la mort de Jacob. Ainsi va être inséré, à l'intérieur même des deux textes yahviste et élohiste de la Torah, un troisième texte dont on verra plus loin un aspect de ses intrications dans les livres rédigés approximativement quatre et deux siècles plus tôt. A cette époque apparaît le livre des Lamentations.

Sur ordre de Cyrus, la déportation à Babylone se termine en 538 avant J.-C., les Juifs regagnent la

Palestine et le temple de Jérusalem est reconstruit. Une activité prophétique reprend, d'où les livres d'Aggée, de Zacharie, du troisième Isaïe, de Malachie, de Daniel et de Baruch (celui-ci écrit en grec).

La période qui suit la déportation est aussi celle des livres de sagesse : les Proverbes sont rédigés définitivement vers 480 avant J.-C., le livre de Job au milieu du Ve siècle avant J.-C. L'Ecclésiaste ou Qohelet date du IIIe siècle avant J.-C., qui est aussi celui du Cantique des cantiques, des deux livres des Chroniques, de ceux d'Esdras et de Néhémie ; l'Ecclésiastique ou Siracide apparaît au IIe siècle avant J.-C. ; le livre de la Sagesse de Salomon et les deux livres des Maccabées sont rédigés un siècle avant J.-C. Les livres de Ruth, d'Esther et de Jonas sont difficilement datables, comme les livres de Tobie et de Judith. Toutes ces indications sont fournies sous réserve de remaniements ultérieurs, car ce n'est qu'un siècle environ avant J.-C. que l'on a donné aux écrits de l'Ancien Testament une première forme qui, pour beaucoup, ne deviendra définitive qu'au Ier siècle après J.-C.

Ainsi, l'Ancien Testament apparaît comme un monument de la littérature du peuple juif des origines jusqu'à l'ère chrétienne. Les livres qui le composent ont été rédigés, complétés, révisés entre le Xe et le Ier siècle avant J.-C. Ce n'est nullement un point de vue personncl qui est donné ici sur l'histoire de leur rédaction. Les données essentielles de cet aperçu historique ont été empruntées à l'article « Bible » écrit pour l'*Encyclopedia Universalis*[1] par J.-P. Sandroz, professeur aux Facultés dominicaines du Saulchoir. Pour comprendre ce qu'est l'Ancien Testament, il faut avoir en mémoire ces notions parfaitement établies de nos jours par des spécialistes hautement qualifiés.

Une Révélation est mêlée à tous ces écrits, mais nous ne possédons aujourd'hui que ce qu'ont bien voulu nous laisser les hommes qui ont manipulé les textes à leur guise en fonction des circonstances dans lesquelles ils se trouvaient et des nécessités auxquelles ils avaient à faire face.

Quand on compare ces données objectives à celles relevées dans les Préliminaires de Bibles diverses destinées de nos jours à la vulgarisation, on se rend compte que les faits y sont présentés d'une manière toute différente. On passe sous silence des faits fondamentaux relatifs à la rédaction des livres, des équivoques sont entretenues qui égarent le lecteur, des faits sont minimisés au point de donner une idée fausse de la réalité. Bien des Préliminaires ou Introductions des Bibles travestissent ainsi la vérité. Des livres entiers sont-ils remaniés à plusieurs reprises (comme le Pentateuque), on se contente de mentionner que des détails ont pu être rajoutés après coup. On introduit une discussion à propos d'un passage insignifiant d'un livre, mais on passe sous silence des faits cru-

1. Éd. 1974, vol. 3, p. 246-253.

ciaux qui mériteraient de longs développements. Il est affligeant de voir entretenues pour la vulgarisation des notions aussi inexactes sur la Bible.

La Torah ou Pentateuque

« Torah » est le nom sémitique.

L'expression grecque qui, en français, a donné « Pentateuque » désigne une œuvre en cinq parties : Genèse, Exode, Lévitique, Nombres et Deutéronome qui vont former les cinq premiers éléments du recueil des trente-neuf volumes de l'Ancien Testament.

Ce groupe de textes traite des origines du monde jusqu'à l'entrée du peuple juif en Canaan, terre promise après l'exil en Egypte, très exactement jusqu'à la mort de Moïse. Mais la narration de ces faits sert de cadre général à l'exposé des dispositions concernant la vie religieuse et la vie sociale du peuple juif, d'où le nom de Loi ou Torah.

Le judaïsme et le christianisme ont, pendant de longs siècles, considéré que l'auteur en était Moïse lui-même. Peut-être s'est-on fondé pour l'affirmer sur le fait que Dieu ait dit à Moïse (Exode, 17, 14) : « Ecris cela [la défaite d'Amaleq] en mémorial dans le Livre » ou encore, à propos de l'Exode depuis l'Egypte, que « Moïse mit par écrit les lieux d'où ils partirent » (Nombres, 33, 2), ou bien que

« Moïse écrivit cette loi... » (Deutéronome, 31, 9). A partir du Ier siècle avant J.-C., on défend la thèse selon laquelle tout le Pentateuque a été écrit par Moïse ; Flavius Josèphe, Philon d'Alexandrie la soutiennent.

Aujourd'hui, cette thèse est absolument abandonnée, tout le monde est d'accord sur ce point, mais il n'empêche que le Nouveau Testament attribue à Moïse cette paternité. En effet, Paul, dans l'Epître aux Romains (10, 5), citant une phrase du Lévitique affirme : « Moïse lui-même écrit de la justice qui vient de la loi... », etc. Jean, dans son Evangile (5, 46-47), fait dire à Jésus cette phrase : « Si vous aviez vu Moïse, vous croiriez en moi, car c'est à mon sujet qu'il a écrit. Si vous ne croyez pas ce qu'il a écrit, comment croiriez-vous ce que je dis ? » Il s'agit bien ici d'une rédaction, le mot grec correspondant au texte original (écrit en cette langue) est *episteute*. Or, il s'agit là d'une affirmation totalement fausse mise par l'Evangéliste dans la bouche de Jésus : ce qui va suivre le démontre.

J'emprunte les éléments de cette démonstration au R. P. de Vaux, directeur de l'Ecole biblique de Jérusalem, qui a fait précéder sa traduction de la Genèse de 1962 d'une Introduction générale au Pentateuque contenant de très précieux arguments allant à l'encontre des affirmations évangéliques sur la paternité de l'œuvre en question.

Le R. P. de Vaux rappelle que « la tradition juive, à laquelle se conformèrent le Christ et les Apôtres », fut acceptée jusqu'à la fin du Moyen

Age, Aben Esra ayant été au XIIe siècle le seul contestataire de cette thèse. C'est au XVIe siècle que Carlstadt fait remarquer que Moïse n'a pas pu écrire le récit de sa propre mort dans Deutéronome, 34, 5-12. L'auteur cite ensuite d'autres critiques qui refusent à Moïse au moins une partie du Pentateuque, et surtout l'ouvrage de Richard Simon, de l'Oratoire, *Histoire critique du Vieux Testament* (1678), qui souligne les difficultés chronologiques, les répétitions, les désordres des récits et les différences de style dans le Pentateuque. Le livre fit scandale ; on ne suivit guère l'argumentation de R. Simon : dans des livres d'histoire du début du XVIIIe siècle, les références à la haute Antiquité procèdent très souvent de « ce que Moïse avait écrit ».

On imagine combien il était difficile de combattre une légende forte de l'appui que Jésus lui-même lui aurait apportée dans le Nouveau Testament, comme nous l'avons vu. On doit à Jean Astruc, médecin de Louis XV, d'avoir fourni l'argument décisif.

En publiant en 1753 ses *Conjectures sur les Mémoires originaux dont il paraît que Moyse s'est servi pour composer le livre de la Genèse,* il mit l'accent sur la pluralité des sources. Il ne fut sans doute pas le premier à en avoir fait la remarque, mais en tout cas il eut le courage de rendre publique une constatation primordiale : deux textes marqués chacun d'une particularité d'appellation de Dieu par *Yahvé* et *Elohim* étaient côte à côte présents dans la Genèse ; cette dernière contenait donc deux textes juxtaposés. Eichhorn (1780-1783) fit la même découverte pour les quatre autres livres, puis Ilgen (1798) s'aperçut qu'un des deux textes individualisés par Astruc, celui où Dieu est appelé Elohim, devait être lui-même scindé en deux. Le Pentateuque éclatait littéralement.

Le XIXe siècle s'employa à une recherche encore plus minutieuse des sources. En 1854, quatre sources sont admises. On leur donne les noms de : document yahviste, document élohiste, Deutéronome, Code sacerdotal. On réussit à leur attribuer des âges :

1. Le document yahviste est situé au IXe siècle avant J.-C. (rédigé en pays de Juda) ;
2. Le document élohiste serait un peu plus récent (rédigé en Israël) ;
3. Le Deutéronome est du VIIIe siècle avant J.-C. pour les uns (E. Jacob), de l'époque de Josias (VIIe siècle avant J.-C.) pour d'autres (R. P. de Vaux) ;
4. Le Code sacerdotal est de l'époque de l'exil ou d'après l'exil : VIe siècle avant J.-C.

Ainsi l'arrangement du texte du Pentateuque s'étale sur au moins trois siècles.

Mais le problème est encore plus complexe. En 1941, A. Lods distingue trois sources dans le document yahviste, quatre dans l'élohiste, six dans le Deutéronome, neuf dans le Code sacerdotal, « sans compter, écrit le R. P. de Vaux, les additions réparties entre huit rédacteurs ». A une date plus récente, on en vient à penser que « beaucoup des constitutions ou des lois du Pentateuque avaient des parallèles extrabibliques très antérieurs aux dates qu'on attribuerait aux documents » et que « nombre de récits du Pentateuque supposaient un milieu autre — et plus ancien — que celui d'où seraient sortis ces documents », ce qui amène à s'intéresser à la « formation des traditions ». Le problème apparaît alors d'une complexité telle que plus personne ne s'y reconnaît.

La multiplicité des sources entraîne des discordances et des répétitions nombreuses. Le R. P. de Vaux donne des exemples de ces imbrications de traditions diverses concernant la création, les descendants de Caïn, le Déluge, l'enlèvement de Joseph, ses aventures en Egypte, des discordances de noms intéressant un même personnage, des présentations différentes d'événements importants.

Ainsi le Pentateuque apparaît formé de traditions diverses réunies plus ou moins adroitement par des rédacteurs, ayant tantôt juxtaposé leurs compilations, tantôt transformé les récits dans un but de synthèse, mais en laissant cependant apparaître les invraisemblances et les discordances qui ont conduit les modernes à la recherche objective des sources.

Sur le plan de la critique textuelle, le Pentateuque offre l'exemple sans doute le plus évident des remaniements effectués par les hommes, à différentes périodes de l'histoire du peuple juif, des traditions orales et des textes reçus des générations passées. Ayant commencé au xe ou au IXe siècle avant J.-C. avec la tradition yahviste qui prend le récit à partir des origines, celui-ci ne fait qu'ébaucher la destinée particulière d'Israël, comme l'écrit le R. P. de Vaux, pour la « replacer dans le grand dessein de Dieu concernant l'humanité ». Il finit au VIe siècle avant J.-C. par la tradition sacerdotale soucieuse de précision par la mention de dates et de généalogies[1].

« Les rares récits que cette tradition a en propre, écrit le R. P. de Vaux, témoignent de ses préoccupations légalistes : le repos sabbatique à la fin de la création, l'alliance avec Noé, l'alliance avec Abraham et la circoncision, l'achat de la grotte de Makpela, qui donne aux Patriarches un titre foncier en Canaan. » Rappelons que la tradition sacerdotale se situe au retour de la déportation à Babylone et au moment de la réinstallation en Palestine à partir de 538 avant J.-C. Il y a donc intrication de problèmes religieux et de problèmes de pure politique.

Pour la seule Genèse, la fragmentation du livre en trois sources principales est bien établie : le R.P. de Vaux, dans les commentaires de sa traduction, énumère pour chacune d'elles les passages du texte actuel de la Genèse qui en dépendent. En se fondant sur ces données, on peut définir pour n'importe quel chapitre les apports des diverses

1. On verra dans le prochain chapitre à quelles erreurs dans le récit, apparaissant après confrontation avec les données modernes de la science, sont conduits les rédacteurs de la version sacerdotale à propos de l'ancienneté de l'homme sur la terre, la situation dans le temps et le déroulement de la création, les erreurs découlant manifestement des manipulations des textes par les hommes.

sources. Pour ce qui concerne, par exemple, la création, le Déluge et la période allant du Déluge à Abraham, qui occupent les onze premiers chapitres de la Genèse, on voit se succéder à tour de rôle dans le récit biblique une portion de texte yahviste et une portion de texte sacerdotal ; le texte élohiste n'est pas présent dans ces onze premiers chapitres. L'imbrication des apports yahviste et sacerdotal apparaît ici en toute clarté. Pour la création et jusqu'à Noé (cinq premiers chapitres), l'ordonnance est simple : un passage yahviste alterne avec un passage sacerdotal du début à la fin du récit. Mais, pour le Déluge et spécialement pour les chapitres 7 et 8, le découpage du texte selon les sources isole des passages très courts allant jusqu'à une seule phrase. Pour un peu plus de cent lignes de texte français, on passe dix-sept fois d'un texte à l'autre : de là les invraisemblances et les contradictions à la lecture du récit actuel. (Voir ci-contre le tableau qui schématise cette répartition des sources.)

DETAIL DE LA REPARTITION DU TEXTE YAHVISTE ET DU TEXTE SACERDOTAL DANS LES CHAPITRES 1 A 11 DE LA GENESE

Le premier chiffre indique le chapitre.

Le deuxième chiffre entre parenthèses indique le numéro des phrases, parfois divisées en deux parties désignées par les lettres a et b.

Les lettres : Y désigne le texte yahviste
S désigne le texte sacerdotal.

Exemple : la première ligne du tableau signifie :

Du chapitre 1er, phrase 1, au chapitre 2, phrase 4 a, le texte actuel publié dans les Bibles est le texte sacerdotal.

Chapitre	*Phrase*	*à*	*Chapitre*	*Phrase*	*Texte*
1	(1)		2	(4a)	S
2	(4b)		4	(26)	Y
5	(1)		5	(32)	S
6	(1)		6	(8)	Y
6	(9)		6	(22)	S
7	(1)		7	(5)	Y
7	(6)				S
7	(7)		7	(10)	Y remanié
7	(11)				S
7	(12)				Y
7	(13)		7	(16a)	S
7	(16b)		7	(17)	Y
7	(18)		7	(21)	S
7	(22)		7	(23)	Y
7	(24)		8	(2a)	S
8	(2b)				Y
8	(3)		8	(5)	S
8	(6)		8	(12)	Y
8	(13a)				S
8	(13b)				Y
8	(14)		8	(19)	S
8	(20)		8	(22)	Y

9	(1)	9	(17)	S
9	(18)	9	(27)	Y
9	(28)	10	(7)	S
10	(8)	10	(19)	Y
10	(20)	10	(23)	S
10	(24)	10	(30)	Y
10	(31)	10	(32)	S
11	(1)	11	(9)	Y
11	(10)	11	(32)	S

Quelle illustration plus claire pourrait-on donner des manipulations par les hommes de l'Ecriture biblique !

Les livres historiques

On aborde avec eux l'histoire du peuple juif depuis son entrée en Terre promise (que l'on situe le plus vraisemblablement à la fin du XIIIe siècle avant J.-C.) jusqu'à la déportation à Babylone au VIe siècle avant J.-C.

L'accent est mis ici sur ce que l'on peut appeler le « fait national », présenté comme l'accomplissement de la parole divine. Dans le récit, d'ailleurs, on fait bon marché de l'exactitude historique : un livre comme le livre de Josué obéit avant tout à des motifs théologiques. A ce propos, le professeur

E. Jacob souligne la contradiction ouverte entre l'archéologie et les textes à propos des prétendues destructions de Jéricho et de Aÿ.

Le livre des Juges est axé sur la défense du peuple élu contre les ennemis qui l'entouraient et sur l'aide apportée par Dieu. Le livre a été plusieurs fois remanié, ce que signale très objectivement le R. P. A. Lefèvre dans les Préliminaires de la Bible de Crampon : les préfaces entremêlées et les appendices en témoignent. L'histoire de Ruth se rattache à ces récits des Juges.

Le livre de Samuel et les livres des Rois sont surtout des recueils biographiques intéressant Samuel, Saül, David et Salomon. Leur valeur historique est discutée. E. Jacob y trouve de ce point de vue de nombreuses erreurs, les versions d'un même événement pouvant y être doubles ou triples. Les prophètes Elie, Elisée, Isaïe y ont aussi leur place, mêlant les traits historiques et les légendes. Mais pour d'autres commentateurs, comme le R. P. A. Lefèvre, « la valeur historique de ces livres est fondamentale ».

Le premier et le deuxième livre des Chroniques, les livres d'Esdras et de Néhémie auraient un auteur unique, dit le Chroniste, vivant à la fin du IVe siècle avant J.-C. Il reprend toute l'histoire de la création jusqu'à cette époque, ses généalogies n'allant toutefois que jusqu'à David. En fait, il utilise surtout le livre de Samuel et le livre des Rois, les copie « machinalement sans se soucier des inconséquences » (E. Jacob), mais il ajoute aussi bien des faits précis que l'archéologie confirme. Il y a, dans ces ouvrages, le souci d'adapter l'histoire aux nécessités théologiques : l'auteur, écrit E. Jacob, « fait parfois l'histoire à partir de la théologie ». « Ainsi, pour expliquer que le roi Manassé, sacrilège et persécuteur, a eu un règne long et prospère, il postule une conversion de ce roi au cours d'un séjour en Assyrie (Chroniques, 2e livre, 33, 11-12), dont il n'est question dans aucune source biblique ou extrabiblique. » Les livres d'Esdras et de Néhémie ont été extrêmement critiqués parce que pleins d'obscurités et parce qu'ils concernent une période qui reste elle-même très mal connue, faute de documents extra-bibliques, celle du IVe siècle avant J.-C.

On classe parmi les livres historiques les livres de Tobie, de Judith et d'Esther, dans lesquels les libertés les plus grandes sont prises vis-à-vis de l'histoire : changements de noms propres, invention de personnages et d'événements, tout cela dans le meilleur dessein religieux. Ce sont, en fait, des nouvelles à vocation moralisatrice, truffées d'invraisemblances historiques et d'inexactitudes.

Tout autres sont les deux livres des Maccabées, qui donnent sur les événements du IIe siècle avant J.-C. une version aussi exacte que possible de l'histoire de cette période et constituent, de ce fait, des témoignages de grande valeur.

L'ensemble des livres dits historiques est donc

très disparate. L'histoire y est traitée d'une manière aussi bien scientifique que fantaisiste.

Les livres prophétiques

On isole sous ce nom les prédications de divers prophètes classés dans l'Ancien Testament en dehors des grands premiers prophètes dont l'enseignement est évoqué dans d'autres livres comme Moïse, Samuel, Elie ou Elisée.

Les livres prophétiques couvrent la période du VIIIe au IIe siècle avant J.-C.

Au VIIIe siècle avant J.-C., ce sont les livres d'Amos, d'Osée, d'Isaïe et de Michée. Le premier est célèbre par sa condamnation des injustices sociales, le deuxième par celle de la corruption religieuse qui lui vaut d'en souffrir jusque dans sa chair (après avoir dû épouser une prostituée sacrée d'un culte païen), à l'image de Dieu qui souffre de la dégradation de son peuple, mais lui donne toujours son amour. Isaïe est une figure de l'histoire politique : consulté par les rois, il domine les événements ; c'est le Prophète de la Grandeur. A ses œuvres personnelles s'ajoute la publication de ses oracles par ses disciples, et ce jusqu'au IIIe siècle avant J.-C. : protestations contre les iniquités, crainte du jugement de Dieu, annonce de la libération au temps de l'exil, annonce à une période plus tardive du retour des Juifs en Palestine. Il est certain que, dans ces deuxième et troisième Isaïe, le souci prophétique se double d'un souci politique qui apparaît en pleine lumière. La prédication de Michée, qui est le contemporain d'Isaïe, procède des mêmes idées générales.

Au VIIe siècle avant J.-C., ce sont Sophonie, Jérémie, Nahum, Habacuc qui s'illustrent dans la prédication. Jérémie finira martyr. Ses oracles furent recueillis par Baruch. Il est peut-être l'auteur des Lamentations.

L'exil à Babylone au début du VIe siècle avant J.-C. a donné naissance à une activité prophétique intense dont Ezéchiel est une grande figure au titre de consolateur de ses frères, parmi lesquels il sème l'espérance. Ses visions sont célèbres. Le livre d'Abdias est en relation avec les malheurs de la Jérusalem conquise.

Après l'exil, qui finit en 538 avant J.-C., l'activité prophétique reprend avec Aggée et Zacharie pour exhorter à la reconstruction du temple. Celle-ci achevée, ce qui est écrit sous le nom de Malachie comporte des oracles divers de nature spirituelle.

Pourquoi le livre de Jonas est-il inclus dans les livres prophétiques puisque l'Ancien Testament ne lui attribue pas de textes à proprement parler? Jonas est une histoire dont il ressort un fait principal : la nécessaire soumission à la volonté divine.

Daniel est une apocalypse « déconcertante » du

point de vue historique selon les commentateurs chrétiens, écrite en trois langues (hébreu, araméen et grec). Ce serait une œuvre du IIe siècle avant J.-C., de l'époque maccabéenne. L'auteur aurait voulu convaincre ses compatriotes du temps de « l'abomination de la désolation » que le temps de la délivrance était proche, pour entretenir leur foi (E. Jacob).

Les livres poétiques et de sagesse

Ils forment des recueils possédant une indiscutable unité littéraire.

Au premier rang de ceux-ci, les Psaumes, qui sont le monument de la poésie hébraïque. Composés par David pour un grand nombre, par des prêtres et des lévites pour d'autres, ils ont pour thème les louanges, les supplications, les méditations. Leur fonction était d'ordre liturgique.

Le livre de Job, le livre de sagesse et de piété par excellence, daterait de 400 ou 500 avant J.-C.

Les Lamentations sur la chute de Jérusalem, du début du VIe siècle avant J.-C., pourraient avoir Jérémie pour auteur.

Il faut encore citer le Cantique des cantiques, chants allégoriques avant tout sur l'amour divin, le livre des Proverbes, collection de paroles de Salomon et d'autres sages de la cour, l'Ecclésiaste ou

Qohelet dans lequel on débat du bonheur terrestre et de la sagesse.

Comment cet assemblage, extrêmement disparate par le contenu, de livres écrits pendant une période de sept siècles au moins, provenant de sources extrêmement variées, qui ont été ensuite amalgamés à l'intérieur d'un même ouvrage, a-t-il pu au fil des siècles parvenir à constituer un tout indissociable et devenir — avec quelques variantes selon les communautés — le livre de la Révélation judéo-chrétienne, le « canon », mot grec auquel le sens d'intangibilité est attaché ?

L'amalgame ne date pas du christianisme, mais du judaïsme lui-même, avec sans doute une première étape au VIIe siècle avant J.-C., les livres postérieurs étant venus s'ajouter aux premiers retenus. Il faut remarquer cependant la place toute privilégiée accordée de tout temps aux cinq premiers livres formant la Torah ou Pentateuque. Les annonces des prophètes (promesse d'un châtiment en fonction des fautes) s'étant accomplies, on n'eut pas de mal à ajouter leurs textes aux livres précédemment admis. Il en fut de même des promesses d'espérance prodiguées par les mêmes prédicateurs. Au IIe siècle avant J.-C., le « Canon » des prophètes est constitué.

Les autres livres comme les Psaumes, en fonction de leur rôle liturgique, furent intégrés avec les autres écrits comme les Lamentations et les écrits de sagesse de Salomon ou de Job.

Le christianisme, initialement judéo-christianisme, si bien étudié — on le verra plus loin — par les auteurs modernes comme le cardinal Daniélou, avant de subir sa transformation sous l'influence de Paul, a très normalement reçu cet héritage de l'Ancien Testament auquel les auteurs des Evangiles se sont si étroitement rattachés. Mais si l'on a fait la « purge » des Evangiles en éliminant les « Apocryphes », on n'a pas cru devoir effectuer le même tri pour l'Ancien Testament, et l'on a pour ainsi dire tout accepté, tout ou à peu de chose près.

Qui osa contester quoi que ce soit concernant cet amalgame disparate jusqu'à la fin du Moyen Age, en Occident tout au moins ? Personne ou presque. De la fin du Moyen Age au début des Temps modernes, quelques critiques se firent jour, on l'a vu plus haut, mais les Eglises ont toujours réussi à imposer leur autorité. Une authentique critique textuelle est certes née de nos jours mais, si ses spécialistes ecclésiastiques ont consacré beaucoup de talent à examiner une multitude de points de détail, ils ont jugé préférable de ne pas aller trop de l'avant dans ce qu'ils appellent avec euphémisme des « difficultés ». Ils n'apparaissent guère portés à étudier ces dernières à la lumière des connaissances modernes. Si l'on veut bien faire des parallèles historiques — principalement lorsqu'une certaine concordance apparaît entre eux et les récits bibliques — on ne s'est pas encore engagé dans la voie d'une comparaison franche et approfondie avec des notions scientifiques dont on perçoit qu'elle amènerait à contester la notion jusqu'alors indiscutée de la vérité des Ecritures judéo-chrétiennes.

III. L'ANCIEN TESTAMENT ET LA SCIENCE MODERNE. CONSTATATIONS

Peu de sujets traités dans l'Ancien Testament, comme d'ailleurs dans les Evangiles, donnent lieu à une confrontation avec les données des connaissances modernes. Mais lorsqu'il y a incompatibilité entre le texte biblique et la science, c'est à propos de questions qu'on peut qualifier de majeures.

Nous avons déjà vu, dans le chapitre précédent, que l'on retrouvait dans la Bible des erreurs d'ordre historique et nous avons cité certaines de celles-ci relevées par quelques exégètes juifs et chrétiens. Ces derniers ont une tendance toute naturelle à en minimiser l'importance ; ils trouvent tout à fait normal que l'auteur sacré puisse présenter des faits historiques en fonction de la théologie, écrivant donc l'histoire pour les besoins de la cause. On verra plus loin, à propos de l'Evangile de Matthieu, les mêmes libertés prises avec la réalité et les mêmes commentaires ayant pour but de faire admettre comme vrai ce qui est une contre-vérité. Un esprit objectif et logique ne peut être satisfait de cette manière de procéder.

Sous l'angle de la logique, on peut relever dans la Bible un nombre considérable de contradictions et d'invraisemblances. L'existence de sources différentes qui ont servi à la confection du récit peut être à l'origine de la narration d'un même fait sous deux présentations ; mais il y a plus : les remaniements divers, les additions ultérieures au texte lui-même comme les commentaires rajoutés *a posteriori,* puis inclus plus tard encore dans le récit lors d'une nouvelle copie, tout cela est bien connu des spécialistes de la critique textuelle et très honnêtement souligné par certains. Pour le seul Pentateuque, par exemple, le R. P. de Vaux a détaillé, dans l'Introduction générale précédant sa traduction de la Genèse (pages 13 et 14), de très nombreuses discordances qu'il ne paraît pas utile de reproduire ici puisque citation sera faite de plusieurs d'entre elles dans cette étude. On en retire l'idée générale qu'il ne faut pas prendre le texte à la lettre.

En voici un exemple très caractéristique :

Dans Genèse, 6, 3, Dieu décide, juste avant le Déluge, de limiter désormais la vie de l'homme à cent vingt ans. « Sa vie ne sera que de cent vingt ans », est-il écrit. Or, on note plus loin (Genèse, 11, 10-32) que les dix descendants de Noé ont eu des durées de vie qui vont de 148 à 600 ans (voir le tableau dans lequel est figurée, dans ce chapitre, la descendance de Noé jusqu'à Abraham). La contradiction entre ces deux passages est manifeste. L'explication en est simple. Le premier passage (Genèse, 6, 3) est un texte yahviste qui, comme on l'a vu plus haut, date sans doute du xe siècle avant J.-C. Le deuxième passage de la Genèse (11, 10-32) est un texte beaucoup plus récent (vie siècle avant J.-C.) de la tradition sacerdotale qui est à l'origine de ces généalogies aussi précises dans l'énumération des durées de vie qu'invraisemblables lorsqu'on les prend en bloc.

C'est dans la Genèse qu'existent les incompatibilités les plus évidentes avec la science moderne. Celles-ci concernent trois points essentiels :

1) la création du monde, ses étapes;
2) la date de la création du monde et la date de l'apparition de l'homme sur la terre;
3) le récit du Déluge.

La création du monde

Comme le fait remarquer le R. P. de Vaux, la Genèse « débute par deux récits juxtaposés de la création ». Il faut, du point de vue de l'examen de leur compatibilité avec les données scientifiques, les examiner séparément.

PREMIER RECIT DE LA CREATION

Le premier récit occupe le chapitre 1er et les tout premiers versets du 2e chapitre. Il est un monument d'inexactitudes du point de vue scientifique. Il faut envisager sa critique alinéa par alinéa. Le texte reproduit ici est celui de la traduction selon l'Ecole biblique de Jérusalem.

— *Chapitre 1er, versets 1 et 2 :*

« Au commencement, Dieu créa le ciel et la terre. Or la terre était vague et vide, les ténèbres couvraient l'abîme. L'esprit de Dieu planait sur les eaux. »

On peut fort bien admettre qu'au stade où la terre n'avait pas été créée, ce qui va devenir l'univers tel que nous le connaissons était plongé dans les ténèbres, mais mentionner l'existence des eaux à cette période est une allégorie pure et simple. C'est probablement la traduction d'un mythe. On verra, dans la troisième partie de ce livre, que tout permet de penser qu'au stade initial de la formation de l'univers, il existait une masse gazeuse ; y placer l'eau est une erreur.

— *Versets 3 à 5 :*

« Dieu dit : "Que la lumière soit" et la lumière fut. Dieu vit que la lumière était bonne et sépara la lumière et les ténèbres. Dieu appela la lumière jour et les ténèbres nuit. Il y eut un soir et il y eut un matin : premier jour. »

La lumière qui parcourt l'univers est la résultante de réactions complexes qui se passent au niveau des étoiles, sur lesquelles on reviendra dans la troisième partie de ce livre. Or, à ce stade de la création, les étoiles ne sont pas encore formées, selon la Bible, puisque les « luminaires » du firmament ne sont cités dans la Genèse qu'au verset 14 comme une création du quatrième jour « pour séparer le jour et la nuit », « pour éclairer la terre », ce qui est rigoureusement exact. Mais il est illogique de citer l'effet produit (la lumière) au premier jour, en situant la création du moyen de production de cette lumière (les « luminaires ») trois jours plus tard. De plus, placer au premier jour l'existence d'un soir et d'un matin est purement allégorique : le soir et le matin comme éléments d'un jour ne sont concevables qu'après l'existence de la terre et sa rotation sous l'éclairage de son étoile propre : le Soleil !

— *Versets 6 à 8 :*

« Dieu dit : "Qu'il y ait un firmament au milieu des eaux et qu'il sépare les eaux d'avec les eaux", et il en fut ainsi. Dieu fit le firmament qui sépara les eaux qui sont sous le firmament d'avec les eaux qui sont au-dessus du firmament, et Dieu appela le firmament "ciel". Il y eut un soir et il y eut un matin : deuxième jour. »

Le mythe des eaux se poursuit ici avec la séparation de celles-ci en deux couches par un firmament qui, dans le récit du Déluge, va laisser passer les eaux du dessus qui vont se déverser sur la terre. Cette image d'une scission des eaux en deux masses est scientifiquement inacceptable.

— *Versets 9 à 13 :*

« Dieu dit : "Que les eaux qui sont sous le ciel s'amassent en une seule masse et qu'apparaisse le continent" et il en fut ainsi. Dieu appela le continent "terre" et la masse des eaux "mer" et Dieu vit que cela était bon.

Dieu dit : "Que la terre verdisse de verdure : des herbes portant semence selon leur espèce, des arbres donnant selon leur espèce des fruits contenant leur semence", et il en fut ainsi [...] et Dieu vit que cela était bon. Il y eut un soir et il y eut un matin : troisième jour. »

Le fait qu'à une certaine époque de l'histoire de la terre, alors que celle-ci était recouverte d'eau, des continents aient émergé est tout à fait acceptable scientifiquement. Mais qu'un règne végétal très organisé avec une reproduction par graine soit apparu avant qu'il existât un soleil (ce sera, dit la Genèse, pour le quatrième jour) et que s'établisse l'alternance des jours et des nuits est tout à fait insoutenable.

— *Versets 14 à 19 :*

« Dieu dit : "Qu'il y ait des luminaires au firmament du ciel pour séparer le jour et la nuit ; qu'ils servent de signes, tant pour les fêtes que pour les jours et les années ; qu'ils soient des luminaires au firmament du ciel pour éclairer la terre." Et il en fut ainsi. Dieu fit les deux luminaires majeurs : le grand luminaire comme puissance du jour et le petit luminaire comme puissance de la nuit, et les étoiles. Dieu les plaça au firmament du ciel pour éclairer la terre, pour commander au jour et à la nuit, pour séparer la lumière et les ténèbres, et Dieu vit que cela était bon. Il y eut un soir et il y eut un matin : quatrième jour. »

Ici, la description de l'auteur biblique est acceptable. La seule critique que l'on peut faire à ce passage est la place qu'il occupe dans l'ensemble du récit. Terre et Lune ont émané, on le sait, de leur étoile originelle, le Soleil. Placer la création du Soleil et de la Lune après la création de la Terre est tout à fait contraire aux notions les plus solidement établies sur la formation des éléments du système solaire.

— *Versets 20 à 23 :*

« Dieu dit : "Que les eaux grouillent d'un grouillement d'êtres vivants et que des oiseaux volent au-dessus de la terre contre le firmament du ciel", et il en fut ainsi. Dieu créa les grands serpents de mer et tous les êtres vivants qui glissent et qui grouillent dans les eaux selon leur espèce, et toute la gent ailée selon son espèce, et Dieu vit que cela était bon. Dieu les bénit et dit : "Soyez féconds, multipliez, emplissez l'eau des mers et que les oiseaux se multiplient sur la terre." Il y eut un soir et il y eut un matin : cinquième jour. »

Ce passage contient des assertions inacceptables.

L'apparition du règne animal se fait, dit la Genèse, d'abord à partir des animaux marins et des oiseaux. Selon le récit biblique, c'est seulement le lendemain — on le verra dans les versets suivants — que la terre elle-même va être peuplée d'animaux.

Certes, l'origine de la vie est marine : on envisagera cette question dans la troisième partie du livre. A partir de là, la terre fut, si l'on peut dire, colonisée par le règne animal et c'est d'animaux vivant à la surface du sol, une classe particulière de reptiles appelés « pseudosuchiens » qui vivaient à l'ère secondaire, que proviennent — pense-t-on — les oiseaux ; de nombreux caractères biologiques communs à ces deux classes autorisent cette déduction. Or, les animaux terrestres ne sont mentionnés par la Genèse qu'au sixième jour, après l'apparition des oiseaux. Cet ordre d'apparition des animaux terrestres et des oiseaux n'est donc pas acceptable.

— *Versets 24 à 31 :*

« Dieu dit : "Que la terre produise des êtres vivants selon leur espèce : bestiaux, bestioles, bêtes sauvages selon leur espèce", et il en fut ainsi. Dieu fit les bêtes sauvages selon leur espèce, les bestiaux selon leur espèce, et toutes les bestioles du sol selon leur espèce, et Dieu vit que cela était bon.

Dieu dit : "Faisons l'homme à notre image comme notre ressemblance, et qu'ils dominent *(sic)* sur les poissons de la mer, les oiseaux du ciel, les bestiaux, toutes les bêtes sauvages et toutes les bestioles qui rampent sur la terre."

Dieu créa l'homme à son image, à l'image de Dieu, il le créa, homme et femme il les créa.

Dieu les bénit et leur dit : "Soyez féconds, multipliez, emplissez la terre et soumettez-la ; dominez sur les poissons de la mer, les oiseaux du ciel et tous les animaux qui rampent sur la terre." Dieu dit : "Je vous donne toutes les herbes portant semence, qui sont sur la surface de la terre, et tous les arbres qui ont des fruits portant semence ; ce sera votre nourriture. A toutes les bêtes sauvages, à tous les oiseaux du ciel, à tout ce qui rampe sur la terre et qui est animé de vie, je donne pour nourriture toute la verdure des plantes", et il en fut ainsi. Dieu vit tout ce qu'il avait fait : cela était très bon. Il y eut un soir et il y eut un matin : sixième jour. »

C'est la description de l'achèvement de la création dans lequel l'auteur énumère toutes les créatures vivantes non mentionnées précédemment et évoque les subsistances diverses mises à la disposition des hommes et des animaux.

L'erreur, on vient de le voir, est d'avoir placé l'apparition des animaux terrestres après celle des oiseaux. Mais l'apparition de l'homme sur la terre est située correctement après l'apparition des autres classes d'êtres vivants.

— Le récit de la création s'achève par les *trois premiers versets du chapitre 2 :*

« Ainsi furent achevés le ciel et la terre avec toute leur armée *(sic)*. Dieu conclut au septième jour l'ouvrage qu'il avait fait et, au septième jour, il chôma, après tout l'ouvrage qu'il avait fait. Dieu bénit le septième jour et le sanctifia, car il avait chômé après tout son ouvrage de création. Telle fut la genèse du ciel et de la terre, lorsqu'ils furent créés. »

Ce récit du septième jour appelle des commentaires.

D'abord sur le sens des mots. Le texte est celui de la traduction de l'Ecole biblique de Jérusalem. « Armée » signifie ici la multitude des êtres créés, selon toute probabilité. Quant à l'expression « il chôma », c'est la manière du directeur de l'Ecole biblique de Jérusalem de traduire le mot hébreu « chabbat », qui veut dire très exactement : « il se reposa », d'où le jour de repos juif qui est transcrit en français par « sabbat ».

Il est bien évident que ce « repos » que Dieu aurait pris après avoir effectué un travail de six jours est une légende, mais elle a une explication. Il ne faut pas oublier que le récit de la création examiné ici est de tradition appelée sacerdotale, écrit par les prêtres ou scribes, héritiers spirituels d'Ezéchiel, le prophète de l'exil à Babylone, au VIe siècle avant J.-C. On sait que ces prêtres ont repris les versions yahviste et élohiste de la Genèse, les ont remodelées à leur guise, selon leurs préoccupations propres, dont le R. P. de Vaux a écrit que le caractère « légaliste » était essentiel. On en a donné plus haut un aperçu.

Alors que le texte yahviste de la création, de plusieurs siècles antérieur au texte sacerdotal, ne fait aucune mention du sabbat de Dieu, fatigué de son travail de la semaine, l'auteur sacerdotal l'introduit dans son récit. Il divise celui-ci en jours, avec le sens très précis de jours de la semaine, et l'axe sur ce repos sabbatique qu'il faut justifier aux yeux des fidèles en soulignant que Dieu le premier l'a respecté. A partir de cette nécessité pratique, le récit de la création est conduit avec une apparente logique religieuse, mais d'une manière que les données de la science permettent de qualifier de fantaisiste.

Cette intégration dans le cadre d'une semaine des phases successives de la création, voulue par l'auteur sacerdotal, dans un but d'incitation à l'observance religieuse, n'est pas défendable du point de vue scientifique. On sait parfaitement, de nos jours, que la formation de l'univers et de la terre, qui sera traitée dans la troisième partie du livre, à propos des données coraniques concernant la création, s'est effectuée par étapes s'étalant sur des périodes de temps extrêmement longues dont les données modernes ne permettent pas de définir la durée même approximativement. Même si le récit s'achevait au soir du 6e jour et ne comportait pas la mention du 7e jour du « Sabbat » où Dieu se serait reposé, même si, comme pour le récit coranique, on était autorisé à considérer qu'il s'agit en fait de périodes non définies plutôt que de jours à proprement parler, le récit sacerdotal n'en resterait pas moins inacceptable, car la succession de ses épisodes est en contradiction formelle avec des notions scientifiques élémentaires.

Ainsi le récit sacerdotal de la création apparaît comme une ingénieuse construction imaginative qui avait un objectif tout autre que celui de faire connaître la vérité.

DEUXIEME RECIT

Le deuxième récit de la création contenu dans la Genèse, qui fait suite sans transition et sans commentaires au récit précédent, ne prête pas aux mêmes critiques.

Rappelons que ce récit est de date beaucoup plus ancienne, de trois siècles environ. Il est très court. Il s'étend davantage sur la création de l'homme et du paradis terrestre que sur la création de la terre et du ciel, qu'il évoque très succinctement : « Au temps où Yahvé Dieu fit la terre et le ciel, il n'y avait encore aucun arbuste des champs sur la terre et aucune herbe des champs n'avait encore poussé, car Yahvé Dieu n'avait pas fait pleuvoir sur la terre et il n'y avait pas d'homme pour cultiver le sol. Toutefois, un flot montait de terre et arrosait toute la surface du sol. Alors Yahvé Dieu modela l'homme avec la glaise du sol, il insuffla dans ses narines une haleine de vie et l'homme devint un être vivant. » (Chap. 2, 4b-7.)

Tel est le récit dit yahviste qui figure dans les textes des Bibles que nous possédons actuellement. Ce récit, auquel a été adjoint plus tard le récit sacerdotal, était-il initialement aussi court ? Nul ne pourrait dire si le texte yahviste n'a pas été amputé au cours des temps, nul ne pourrait dire si les quelques lignes que nous possédons représentent bien tout ce que pouvait contenir le texte le plus ancien de la Bible sur la création.

Ce récit yahviste ne mentionne pas la formation de la terre à proprement parler, ni celle du ciel. Il laisse entendre qu'au moment où Dieu créa l'homme, il n'y avait pas de végétation terrestre (il n'avait pas encore plu), bien que les eaux, venant de terre, aient recouvert la surface du sol. La suite du texte en donne confirmation : Dieu plante un jardin en même temps que l'homme est créé. Ainsi donc, le règne végétal apparaît en même temps que l'homme sur la terre, ce qui est scientifiquement inexact : l'homme est apparu sur la terre alors que depuis fort longtemps celle-ci était porteuse d'une végétation, bien que l'on ne saurait dire combien de centaines de millions d'années se sont passées entre les deux événements.

Telle est la seule critique que l'on peut faire au texte yahviste : ne situant pas dans le temps la création de l'homme par rapport à la formation du monde et de la terre, que le texte sacerdotal place dans la même semaine, il échappe à une critique grave qui s'adressait à ce dernier.

Date de la création du monde et date de l'apparition de l'homme sur la terre

Etabli conformément aux données de l'Ancien Testament, le calendrier juif situe ces dates avec précision : la seconde partie de l'année chrétienne 1975 correspond au début de la 5 736e année de la création du monde. L'homme, dont la création lui est de quelques jours postérieure, possède donc la même ancienneté chiffrée en années par le calendrier juif.

Il est certes une correction à faire en raison des calculs du temps qui s'exprimait initialement en années lunaires, alors que le calendrier occidental est fondé sur les années solaires. Mais la correction de 3 % qui serait à effectuer si l'on voulait être absolument exact est de bien peu d'importance. Pour ne pas compliquer les calculs, il est préférable de s'en abstenir. Ce qui compte ici, c'est un ordre de grandeur et peu importe si le chiffre d'années d'un millénaire est calculé avec une marge d'erreur de trente ans. Pour être plus près de la vérité, disons que l'on situe dans cette évaluation hébraïque la création du monde à environ trente-sept siècles avant J.-C.

Que nous apprend la science moderne ? Il serait bien difficile de répondre en ce qui concerne la formation de l'univers. Tout ce que l'on peut chiffrer est l'époque de la formation du système solaire qui est, elle, susceptible d'être située dans le temps avec une approximation satisfaisante. On évalue à quatre milliards et demi d'années le temps qui nous en sépare. On mesure donc la marge qui sépare la réalité aujourd'hui bien établie (sur laquelle on s'étendra dans la troisième partie de cet ouvrage) avec les données extraites de l'Ancien Testament. Elles découlent de l'examen minutieux du texte biblique. La Genèse fournit des indications très précises sur le temps écoulé entre Adam et Abraham. Pour la période allant d'Abraham à l'ère chrétienne, les renseignements fournis ne sont pas suffisants. Il faut les compléter par d'autres sources.

1. D'ADAM A ABRAHAM

La Genèse fournit, dans ses généalogies des chapitres 4, 5, 11, 21 et 25, des données extrêmement précises sur tous les ancêtres d'Abraham en ligne directe depuis Adam ; fournissant la durée de vie de chacun, l'âge du père à la naissance du fils, elle permet aisément d'établir les dates de naissance et de décès de chaque ancêtre par rapport à la création d'Adam, comme il est indiqué dans le tableau suivant :

GENEALOGIE D'ABRAHAM

	Date de naissance après la création d'Adam	*Durée de vie*	*Date de décès après la création d'Adam*
1. Adam		930	
Seth	130	912	1042
Enosch	235	905	1140
Kenan	325	910	1235
Mahaléel	395	895	1290
Jered	460	962	1422
Henoc	622	365	987
Metuschelach	687	969	1656
Lemek	874	777	1651
10. Noé	1056	950	2006
Sem	1556	600	2156
Arpaschad	1658	438	2096
Schelach	1693	433	2122
Heber	1723	464	2187
Peleg	1757	239	1996
Rehu	1787	239	2026
Serug	1819	230	2049
Nachor	1849	148	1997
Terah	1878	205	2083
20. Abraham	1948	175	2123

Ce tableau est établi selon des données provenant toutes du texte sacerdotal de la Genèse : c'est le seul texte biblique qui donne des précisions de cet ordre. On en déduit qu'Abraham, selon la Bible, aurait vu le jour 1 948 ans après Adam.

2. D'ABRAHAM A L'ERE CHRETIENNE

La Bible ne fournit pour cette période aucun renseignement chiffré susceptible de conduire à des évaluations aussi précises que celles de la Genèse pour les ascendants d'Abraham. Pour évaluer le temps qui sépare Abraham de Jésus, il faut recourir à d'autres sources. On situe actuellement l'époque d'Abraham dix-huit siècles environ avant J.-C., avec peu de marge d'erreur. Cette donnée, combinée aux indications de la Genèse sur l'intervalle séparant Abraham d'Adam, amènerait à situer Adam environ trente-huit siècles avant Jésus. Cette évaluation est incontestablement fausse : son inexactitude vient de l'erreur contenue dans la Bible sur la durée de la période Adam-Abraham, sur laquelle la tradition juive se fonde toujours pour établir son calendrier. De nos jours, on peut opposer aux défenseurs traditionnels de la vérité biblique l'incompatibilité avec les données modernes de ces évaluations fantaisistes des prêtres juifs du VIe siècle avant J.-C. Ces évaluations ont servi de base, pendant de longs siècles, à la situation dans le temps, par rapport à Jésus, des événements de l'Antiquité.

Des bibles éditées avant l'époque moderne présentaient couramment aux lecteurs, en un avant-propos explicatif, la chronologie des événements qui s'étaient déroulés depuis la création du monde jusqu'à l'époque où ces livres étaient édités ; les chiffres variaient un peu selon les époques. Par exemple, la Vulgate clémentine de 1621 donnait de telles indications, situant toutefois Abraham un peu plus tôt et plaçant la création au XLe siècle environ avant J.-C. La Bible polyglotte de Walton, éditée au XVIIe siècle, offrait au lecteur, en dehors des textes bibliques en plusieurs langues, des tableaux analogues à celui établi ici pour les ascendants d'Abraham. A peu de chose près, toutes les évaluations concordaient avec les chiffres avancés ici. Quand vint l'époque moderne, il ne fut plus possible à l'éditeur de maintenir de telles chronologies fantaisistes sans être en opposition avec les découvertes scientifiques qui plaçaient la création à une époque bien antérieure. On se contenta de supprimer de tels tableaux et avant-propos, mais on se garda bien d'avertir le lecteur de la caducité des textes bibliques sur lesquels on s'était fondé auparavant pour rédiger de telles chronologies et qu'on ne pouvait plus considérer comme exprimant la vérité. On préféra jeter sur eux un voile pudique et trouver des formules de savante dialectique pour faire accepter le texte tel qu'il était jadis, sans aucune soustraction. C'est ainsi que les généalogies du texte sacerdotal de la Bible se trouvent toujours en honneur, alors qu'on ne peut raisonnablement plus, aujourd'hui, compter le temps en se fondant sur une telle fiction.

Quant à la date d'apparition de l'homme sur la terre, les données scientifiques modernes ne permettent de la définir qu'au-delà d'une certaine limite. On peut être convaincu que l'homme existait bien sur la terre, avec sa capacité d'intelligence et d'action qui le différencie d'êtres vivants qui paraissent anatomiquement voisins, postérieurement à une date évaluable, mais personne ne peut situer de façon précise sa date d'apparition. On peut affirmer toutefois aujourd'hui que des vestiges d'une humanité pensante et agissante en tant que telle ont été retrouvés, dont l'ancienneté se calcule par unités de l'ordre de la dizaine de milliers d'années.

Cette datation approximative se rapporte au type humain préhistorique découvert comme étant le plus récent, du genre néo-anthropien (homme de Cro-Magnon). Certes, d'autres mises au jour de restes apparemment humains ont été faites en de multiples points de la terre, concernant des types moins évolués (paléo-anthropiens) dont l'ordre de grandeur d'ancienneté pouvait être la centaine de milliers d'années. Mais sont-ils des hommes authentiques ?

Quoi qu'il en soit, les données scientifiques sont suffisamment précises concernant les néo-anthropiens pour les situer très au-delà d'une époque où la Genèse situe les premiers hommes. Il y a donc incompatibilité manifeste entre ce que l'on peut déduire des données numériques de la Genèse quant à la date d'apparition de l'homme sur la terre et les connaissances scientifiques les mieux établies de notre temps.

Les chapitres 6, 7 et 8 de la Genèse sont consacrés au récit du Déluge. Plus exactement, il y a deux récits non pas placés côte à côte, mais dissociés en des passages intriqués les uns dans les autres avec une apparence de cohérence dans la succession des divers épisodes. Il y a en réalité dans ces trois chapitres des contradictions flagrantes ; ici encore, elles s'expliquent par l'existence de deux sources nettement distinctes : la source yahviste et la source sacerdotale.

On a vu plus haut qu'elles formaient un amalgame disparate ; chaque texte original a été découpé en paragraphes ou en phrases, les éléments d'une source alternant avec les éléments de l'autre source, de sorte qu'on passe pour tout le récit d'une source à l'autre dix-sept fois en cent lignes environ de texte français.

Le récit est, dans son ensemble, le suivant.

La perversion des hommes étant devenue générale, Dieu décide de les anéantir avec toutes les autres créatures vivantes. Il prévient Noé et lui ordonne de construire l'Arche où il fera entrer sa femme, ses trois fils et leurs trois femmes, ainsi que d'autres êtres vivants. Pour ces derniers, les deux sources diffèrent : un passage du récit (il est d'origine sacerdotale) indique que Noé prendra un couple de chaque espèce ; puis, dans le passage suivant (il est de source yahviste), on précise que Dieu ordonne de prendre — pour les animaux dits purs — sept de chaque espèce mâle et femelle et — pour les animaux dits impurs — une seule paire. Mais, un peu plus loin, il est précisé que Noé ne fera entrer effectivement dans l'Arche qu'un couple de chacun des animaux. Les spécialistes, comme le R. P. de Vaux, affirment qu'il s'agit ici d'un passage du récit yahviste remanié.

Un paragraphe (il est d'origine yahviste) indique que l'agent du Déluge est l'eau de pluie, mais dans un autre (d'origine sacerdotale), la cause du Déluge est présentée comme double : eau de pluie et sources terrestres.

La terre entière fut submergée jusque et au-dessus du sommet des montagnes. Toute vie y fut anéantie. Après une année, Noé sortit de l'Arche qui s'était posée sur le mont Ararat après la décrue.

Ajoutons encore que, selon les sources, le Déluge a une durée différente : quarante jours de crue pour le récit yahviste, cent cinquante jours pour le récit sacerdotal.

Le récit yahviste ne précise pas à quelle date se plaça l'événement dans la vie de Noé, mais le récit sacerdotal le situe alors que Noé aurait eu six cents ans. Ce même récit donne des indications, par ses généalogies, sur sa localisation par rapport à Adam et par rapport à Abraham. Noé étant né, selon les calculs faits d'après les indications de la Genèse, 1 056 ans après Adam (voir le tableau des ancêtres d'Abraham), le Déluge a donc eu lieu 1 656 ans après la création d'Adam. Par rapport à Abraham, la Genèse situe le déluge 292 ans avant la naissance de ce patriarche.

Or, selon la Genèse, le Déluge aurait intéressé tout le genre humain, et tous les êtres vivants créés par Dieu auraient été anéantis sur la terre ; l'humanité se serait reconstituée à partir des trois fils de Noé et de leurs femmes d'une manière telle que lorsque, trois siècles environ plus tard, naîtrait Abraham, celui-ci trouverait une humanité reformée en sociétés. Comment, en si peu de temps, cette reconstitution aurait-elle pu se produire ? Cette simple constatation enlève au récit toute vraisemblance.

Qui plus est, les données historiques démontrent son incompatibilité avec les connaissances modernes. En effet, on situe Abraham dans les années 1800-1850 avant J.-C. Si le Déluge avait eu lieu, comme la Genèse le suggère par ses généalogies, trois siècles environ avant Abraham, il faudrait le placer vers le XXIe ou XXIIe siècle avant J. C. C'est l'époque où — les connaissances historiques modernes permettent de l'affirmer — ont déjà fleuri en plusieurs points de la terre des civilisations dont les vestiges sont passés à la postérité.

C'est, par exemple pour l'Egypte, la période qui précède le Moyen Empire (2100 avant J.-C.), approximativement la date de la première période intermédiaire avant la onzième dynastie. C'est, en Babylonie, la troisième dynastie d'Ur. Or, on sait parfaitement qu'il n'y eut pas d'interruption dans ces civilisations, donc pas d'anéantissement intéressant toute l'humanité comme la Bible le voudrait.

On ne peut pas par conséquent considérer les trois récits bibliques comme apportant aux hommes une relation des faits conforme à la vérité. Force est d'admettre, si l'on est objectif, que les textes en question parvenus jusqu'à nous ne représentent pas l'expression de la réalité. Dieu aurait-il pu révéler autre chose que la vérité ? On ne peut concevoir, en effet, l'idée d'un Dieu instruisant les hommes à l'aide de fictions et, qui plus est, de fictions contradictoires. On en vient alors tout naturellement à soulever l'hypothèse d'une altération par les hommes ou bien des traditions verbalement transmises de génération en génération, ou bien des textes après fixation de ces traditions. Lorsqu'on sait qu'un ouvrage comme la Genèse a été remanié au moins à deux reprises, et cela sur trois siècles, comment s'étonner d'y trouver des invraisemblances ou des récits incompatibles avec la réalité des choses depuis que les progrès des connaissances humaines ont permis, sinon de tout savoir, du moins de posséder de certains événements une connaissance suffisante pour que l'on puisse juger du degré de compatibilité avec elle de récits anciens les concernant ? Quoi de plus logique que de s'en tenir à cette interprétation des erreurs des textes bibliques qui ne mettent en cause que des hommes ? Il est regrettable qu'elle ne soit pas retenue par la majorité des commentateurs, aussi bien juifs que chrétiens. Néanmoins, les arguments invoqués par eux méritent de retenir l'attention.

IV. POSITION DES AUTEURS CHRETIENS DEVANT LES ERREURS SCIENTIFIQUES DES TEXTES BIBLIQUES. LEUR EXAMEN CRITIQUE

On est frappé par la diversité des réactions des commentateurs chrétiens devant l'existence de cette accumulation d'erreurs, d'invraisemblances et de contradictions. Quelques-uns en admettent certaines et n'hésitent pas dans leurs ouvrages à aborder des problèmes épineux. D'autres glissent allègrement sur des affirmations inacceptables, s'attachent à défendre le texte mot à mot et cherchent à convaincre par des déclarations apologétiques et à grand renfort d'arguments souvent inattendus, espérant faire oublier ainsi ce que la logique rejette.

Le R. P. de Vaux admet, dans son Introduction à sa traduction de la Genèse, l'existence de ces critiques et s'étend même sur leur bien-fondé mais, pour lui, la reconstitution objective des événements du passé est sans intérêt. Que la Bible ait repris, écrit-il dans ses notes, « le souvenir d'une ou de plusieurs inondations désastreuses de la vallée du Tigre et de l'Euphrate, que la tradition avait grossies aux dimensions d'un cataclysme universel », peu importe ; « seulement, et c'est l'essentiel, l'auteur sacré a chargé ce souvenir d'un enseignement éternel sur la justice et la miséricorde de Dieu, sur la malice de l'homme et le salut accordé au juste ».

Ainsi est justifiée la transformation d'une légende populaire en un événement à l'échelle divine — et qu'en tant que tel on se propose d'offrir à la croyance des hommes — à partir du moment où un auteur l'a utilisée pour lui servir d'illustration à un enseignement religieux. Une telle position apologétique justifie tous les abus humains dans la confection d'écritures dont on prétend qu'elles sont sacrées et contiennent la Parole de Dieu. Admettre de telles ingérences humaines dans le divin, c'est couvrir toutes les manipulations humaines des textes bibliques. S'il y a visée théologique, toute manipulation devient légitime, et l'on justifie ainsi celles des auteurs « sacerdotaux » du VIe siècle, aux préoccupations légalistes qui ont abouti aux récits fantaisistes que l'on sait.

Un nombre important de commentateurs chrétiens a trouvé ingénieux d'expliquer les erreurs, invraisemblances ou contradictions des récits bibliques en avançant l'excuse qu'avaient les auteurs bibliques de s'exprimer en fonction de facteurs sociaux, d'une culture ou d'une mentalité différentes, ce qui aboutissait à la définition de « genres littéraires » particuliers. L'introduction de cette expression dans la dialectique subtile des commentateurs couvre alors toutes les difficultés.

Toute contradiction entre deux textes aurait pour explication la différence dans la manière de s'exprimer de chaque auteur, son « genre littéraire » particulier. Certes, l'argument n'est pas admis par tous car il manque vraiment de sérieux. Il n'est cependant pas totalement tombé en désuétude de nos jours, et l'on verra à propos du Nouveau Testament de quelle manière abusive on tente d'expliquer ainsi des contradictions flagrantes des Evangiles.

Une autre manière de faire accepter ce que la logique rejetterait si on l'appliquait au texte litigieux est d'entourer le texte en question de considérations apologétiques. L'attention du lecteur est détournée du problème crucial de la vérité même du récit pour se porter sur d'autres problèmes.

Les réflexions du cardinal Daniélou sur le Déluge, parues dans la revue *Dieu vivant*[1] sous le titre : « Déluge, Baptême, Jugement », relèvent de ce mode d'expression. Il écrit : « La plus antique tradition de l'Eglise a vu dans la théologie du Déluge une figure du Christ et de l'Eglise. » C'est un « épisode d'une signification éminente », « un jugement qui frappe la race humaine tout entière ». Après avoir cité Origène qui, dans ses *Homélies sur Ezéchiel*, parle de « naufrage de l'univers entier sauvé dans l'Arche », le cardinal évoque la valeur du chiffre huit « exprimant le nombre de

1. N° 38, 1947, p. 95-112.

personnes sauvées par l'Arche (Noé et sa femme, les trois fils et leurs trois femmes) ». Il reprend à son compte ce qu'écrivait Justin dans son *Dialogue* : « Ils offraient le symbole du huitième jour, auquel notre Christ est apparu ressuscité des morts », et il écrit : « Noé, premier-né d'une nouvelle création, une figure du Christ qui a réalisé ce que Noé avait figuré. » Il poursuit la comparaison entre, d'une part, Noé sauvé par le bois de l'Arche et par l'eau qui la fait flotter, d'autre part l'eau du baptême (« eau du Déluge dont naît une humanité nouvelle ») et le bois de la Croix. Il insiste sur la valeur de ce symbolisme et conclut en mettant l'accent sur la « richesse spirituelle et doctrinale du sacrement du Déluge » *(sic)*.

Il y aurait beaucoup à dire sur tous ces rapprochements apologétiques. Ils commentent — rappelons-le — un événement dont la réalité n'est pas défendable — à l'échelle universelle et à l'époque où la Bible le situe. Avec un commentaire comme celui du cardinal Daniélou, on en revient à l'époque médiévale où il fallait recevoir le texte comme il était et où toute dissertation autre que conformiste était hors de propos.

Il est réconfortant, cependant, de constater qu'antérieurement à cette époque d'obscurantisme imposé, on peut relever des prises de position très logiques, comme celle de saint Augustin, qui procède d'une réflexion singulièrement en avance sur son temps.

A l'époque des Pères de l'Eglise, des problèmes

de critique textuelle avaient dû se poser puisque saint Augustin en évoque un dans sa lettre n° 82, dont le passage le plus caractéristique est le suivant :

« C'est uniquement à ces livres de l'Ecriture que l'on appelle canoniques que j'ai appris à accorder une attention et un respect tels que je crois très fermement qu'aucun de leurs auteurs ne s'est trompé en écrivant. Quand dans ces livres je rencontre une affirmation qui semble contredire la vérité, alors je ne doute pas ou bien que le texte (de mon exemplaire) ne soit fautif, ou bien que le traducteur n'ait pas rendu correctement le texte original, ou encore que mon intelligence ne soit déficiente. »

Pour saint Augustin, il n'était pas concevable qu'un texte sacré puisse contenir une erreur. Saint Augustin définissait très clairement le dogme de l'inerrance. Devant un passage semblant contredire la vérité, il envisageait la recherche d'une cause et il n'excluait pas l'hypothèse d'une origine humaine. Une telle attitude est celle d'un croyant ayant un sens critique. A l'époque de saint Augustin, il n'existait pas de possibilité de confrontation entre le texte biblique et la science. Une largeur de vue identique à la sienne permettrait d'aplanir bien des difficultés soulevées à notre époque par la confrontation de certains textes bibliques avec les connaissances scientifiques.

Les spécialistes de notre temps s'évertuent, bien au contraire, à défendre le texte biblique de toute accusation d'erreur. Le R. P. de Vaux nous donne dans son Introduction à la Genèse les raisons qui le portent à cette défense à tout prix du texte, même s'il est manifestement, historiquement ou scientifiquement, inacceptable. Il nous demande de ne pas regarder l'histoire biblique « selon les règles du genre historique que pratiquent les modernes », comme s'il pouvait exister plusieurs manières d'écrire l'histoire. Racontée de façon inexacte, l'histoire devient — tout le monde l'admet — un roman historique. Mais ici elle échappe aux normes découlant de nos conceptions. Le commentateur biblique récuse tout contrôle des récits bibliques par la géologie, la paléontologie, les données de la préhistoire. « La Bible ne relève, écrit-il, d'aucune de ces disciplines et, si l'on voulait la confronter avec les données de ces sciences, on ne pourrait aboutir qu'à une opposition irréelle ou à un concordisme factice[1]. » Il faut remarquer que ces réflexions sont faites à propos de ce qui, dans la Genèse, n'est pas du tout en accord avec les données de la science moderne, en l'espèce les onze premiers chapitres. Mais si quelques récits sont parfaitement vérifiés de nos jours, en l'espèce certains épisodes du temps des patriarches, l'auteur ne manque pas d'invoquer les connaissances modernes à l'appui de la vérité biblique. Il écrit[2] : « Les suspicions qui ont frappé ces récits devraient céder devant le témoignage favorable que leur apportent l'histoire et l'archéologie orientales. » Autrement dit : si la science est utile pour confirmer le récit biblique, on l'invoque, mais, si elle l'infirme, lui faire référence n'est pas admissible.

1. Introduction à la Genèse, p. 35.
2. *Ibid.*, p. 34.

Pour concilier l'inconciliable, c'est-à-dire la théorie de la vérité de la Bible avec le caractère inexact de certains faits rapportés dans les récits de l'Ancien Testament, des théologiens modernes se sont appliqués à réviser les concepts classiques de vérité. Ce serait sortir du cadre de ce livre que de faire un exposé détaillé des considérations subtiles développées longuement dans des ouvrages traitant de la vérité de la Bible, comme celui de O. Loretz (1972), *Quelle est la vérité de la Bible ?*[1]. Contentons-nous de mentionner simplement ce jugement concernant la science :

L'auteur note que le concile de Vatican II « s'est gardé de fournir des règles pour distinguer entre erreur et vérité dans la Bible. Des considérations fondamentales montrent que cela est impossible, puisque l'Eglise ne peut décider de la vérité ou de la fausseté des méthodes scientifiques de telle façon qu'elle résoudrait en principe et de façon générale la question de la vérité de l'Ecriture ».

Il est bien évident que l'Eglise ne saurait se prononcer sur la valeur d'une « méthode » scientifique comme un moyen d'accès au savoir. Il s'agit ici de tout autre chose. Il ne s'agit pas de discuter de théories, mais de faits bien établis. Est-il besoin d'être grand clerc, à notre époque, pour savoir que le monde n'a pas été créé et que l'homme n'est pas apparu sur la terre il y a trente-sept ou trente-huit

1. Le Centurion.

siècles, et que cette estimation issue des généalogies bibliques peut être affirmée erronée sans risque de se tromper ? L'auteur cité ici ne saurait l'ignorer. Ses affirmations sur la science n'ont pour but que de dévier le problème pour n'avoir pas à le traiter comme il devrait l'être.

Le rappel de toutes ces positions prises par les auteurs chrétiens devant les erreurs scientifiques des textes bibliques illustre bien le malaise qu'elles entraînent et l'impossibilité de définir une position logique autre que celle de la reconnaissance de leur origine humaine et de l'impossibilité de les accepter comme faisant partie d'une révélation.

Ce malaise régnant dans les milieux chrétiens touchant la Révélation s'est traduit lors du concile de Vatican II (1962-1965) où il ne fallut pas moins de cinq rédactions pour que l'on se mît d'accord sur le texte final après trois ans de discussions et que prît fin « cette douloureuse situation qui menaçait d'enliser le concile », selon l'expression de Mgr Weber dans son introduction au document conciliaire n° 4 sur la Révélation[1].

Deux phrases de ce document concernant l'Ancien Testament (chap. IV, p. 53) évoquent les imperfections et la caducité de certains textes d'une manière qui ne prête à aucune contestation :

« Compte tenu de la situation humaine qui pré-

1. Le Centurion, 1966.

cède le salut instauré par le Christ, *les livres de l'Ancien Testament* permettent à tous de connaître qui est Dieu et qui est l'homme, non moins que la manière dont Dieu, dans sa justice et sa miséricorde, agit avec les hommes. Ces livres, *bien qu'ils contiennent de l'imparfait et du caduc,* sont pourtant les témoins d'une véritable pédagogie divine. »

On ne saurait mieux dire, par les qualificatifs d'« imparfait » et de « caduc » appliqués à certains textes, que ceux-ci peuvent prêter à critique et même être abandonnés ; le principe en est très clairement admis.

Ce texte fait partie d'une déclaration d'ensemble qui, pour avoir été définitivement votée par 2 344 voix contre 6, n'a pas dû faire cette apparente quasi-unanimité. En effet, on trouve dans les commentaires du document officiel, sous la signature de Mgr Weber, une phrase qui corrige manifestement l'affirmation de la caducité de certains textes contenus dans la déclaration solennelle du concile : « Sans doute certains livres de la Bible israélite ont une portée temporaire et ont en eux quelque chose d'imparfait. »

« Caduc », expression de la déclaration officielle, n'est assurément pas synonyme de « portée temporaire », expression du commentateur, et quant à l'épithète « israélite » curieusement ajoutée par ce dernier, elle suggérerait que le texte conciliaire a pu critiquer la seule version en hébreu, alors qu'il n'en est rien et que c'est bien l'Ancien Testament tout court qui, lors de ce concile, a été l'objet d'un jugement concernant l'imperfection et la caducité de certaines de ses parties.

V. CONCLUSIONS

Il faut regarder les Ecritures bibliques non pas en les parant artificiellement des qualités que l'on voudrait qu'elles possèdent, mais en examinant objectivement ce qu'elles sont. Cela implique non seulement la connaissance des textes, mais encore celle de leur histoire. Cette dernière permet, en effet, de se faire une idée des circonstances qui ont conduit à des remaniements textuels au cours des siècles, à la lente formation du recueil tel que nous le possédons, avec des soustractions et des additions nombreuses.

Ces notions rendent tout à fait plausible que l'on puisse trouver dans l'Ancien Testament des versions différentes d'un même récit, des contradictions, des erreurs historiques, des invraisemblances et des incompatibilités avec des données scientifiques bien établies. De telles choses sont tout à fait naturelles dans toutes les œuvres humaines anciennes. Comment n'en trouverait-on pas dans des livres écrits dans les conditions qui sont celles de l'élaboration du texte biblique ?

Avant même que les problèmes scientifiques pussent se poser, à une époque où l'on ne pouvait donc juger que d'invraisemblances ou de contradictions, un homme de bon sens comme saint Augustin, considérant que Dieu ne pouvait enseigner aux hommes ce qui ne correspondait pas à la réalité, posait le principe de l'impossibilité de l'origine divine d'une affirmation contraire à la vérité. Il était prêt à exclure de tout texte sacré ce qui lui paraissait devoir être exclu pour ce motif.

Plus tard, à une époque où l'on se rendit compte de l'incompatibilité avec les connaissances modernes de certains passages de la Bible, on s'est refusé à suivre une telle attitude. On a assisté alors à l'éclosion de toute une littérature visant à justifier le maintien dans la Bible, envers et contre tout, de textes qui n'y ont plus leur place.

Le concile de Vatican II (1962-1965) a fortement atténué cette intransigeance en introduisant une réserve pour « les livres de l'Ancien Testament » qui « contiennent de l'imparfait et du caduc ». Restera-t-elle un vœu pieux ou sera-t-elle suivie d'un changement d'attitude vis-à-vis de ce qui n'est plus acceptable au XXe siècle dans des livres qui étaient destinés à n'être, hors de toute manipulation humaine, que « les témoins d'une véritable pédagogie divine » ?

ÉVANGILES

I. INTRODUCTION

Beaucoup de lecteurs des Evangiles sont embarrassés et même décontenancés lorsqu'ils réfléchissent sur le sens de certains récits ou lorsqu'ils effectuent des comparaisons entre diverses versions d'un même événement, qu'ils trouvent rapporté dans plusieurs Evangiles. C'est la constatation que fait, dans son livre *Initiation à l'Evangile*[1], le R. P. Roguet. Avec la grande expérience que lui confère le fait d'avoir été, durant de longues années, chargé de répondre dans un hebdomadaire catholique à ces lecteurs des Evangiles déroutés par les textes, le R.P. Roguet a pu mesurer chez ses correspondants l'importance des perturbations provoquées par leurs lectures. Il note que les demandes d'éclaircissement de ses interlocuteurs, qui appartenaient à des milieux sociaux et culturels très variés, portaient sur des textes « trouvés obscurs, incompréhensibles, voire contradictoires, absurdes ou scandaleux ». Il n'est donc

1. Éditions du Seuil, 1973.

pas douteux que la lecture des textes complets des Evangiles est susceptible de troubler profondément les chrétiens.

Une telle observation est de date récente : le livre du R. P. Roguet fut publié en 1973. En des temps qui ne sont pas si lointains, la grande majorité des chrétiens ne connaissait des Evangiles que des morceaux choisis lus lors des offices ou commentés en chaire. Le cas des protestants mis à part, il n'était pas courant de lire les Evangiles dans leur totalité, en dehors de ces circonstances. Les manuels d'instruction religieuse n'en comprenaient que des extraits ; le texte *in extenso* ne circulait guère. Au cours de mes études secondaires dans un établissement catholique, j'ai eu en main des œuvres de Virgile et de Platon, mais pas le Nouveau Testament. Et pourtant, le texte grec de celui-ci eût été bien instructif : j'ai compris beaucoup plus tard pourquoi on ne nous donnait pas à faire des traductions des livres saints chrétiens. Elles auraient pu nous amener à poser à nos maîtres des questions auxquelles ils auraient été embarrassés de répondre.

Ces découvertes que l'on fait, si l'on a l'esprit critique, en lisant *in extenso* les Evangiles ont conduit l'Eglise à intervenir et à aider les lecteurs à surmonter leur embarras. « Beaucoup de chrétiens ont besoin d'apprendre à lire l'Evangile », constate le R.P. Roguet. Que l'on soit ou non d'accord avec les explications données, le mérite de l'auteur est grand d'affronter ces délicats problèmes. Il n'en est malheureusement pas toujours ainsi dans nombre d'écrits sur la Révélation chrétienne.

Dans les éditions de la Bible destinées à une large divulgation, les notices introductives exposent le plus souvent un ensemble de considérations qui tendraient à persuader le lecteur que les Evangiles ne posent guère de problèmes quant à la personnalité des auteurs des différents livres, à l'authenticité des textes et au caractère véridique des récits. Alors que tant d'inconnues existent à propos des auteurs dont on n'est nullement sûr de l'identité, que de précisions trouvons-nous dans ce genre de notices qui présentent souvent comme certitudes ce qui n'est que simple hypothèse, affirmant que tel évangéliste a été témoin oculaire des faits tandis que des ouvrages spécialisés prétendent le contraire. On réduit tout à fait exagérément les délais entre la fin du ministère de Jésus et la parution des textes. On voudrait faire croire à une seule rédaction à partir d'une tradition orale alors que les remaniements des textes sont démontrés par les spécialistes. On parle bien, de-ci de-là, de certaines difficultés d'interprétation, mais on glisse sur des contradictions manifestes sautant aux yeux de qui réfléchit. Dans les petits dictionnaires explicatifs placés en annexe, à titre de complément des préliminaires rassurants, on constate souvent que des invraisemblances, contradictions ou erreurs flagrantes sont escamotées ou étouffées sous une habile argumentation apologétique. Un tel état de choses, mettant en évidence le caractère captieux de ces commentaires, est consternant.

Les considérations développées ici vont étonner, à n'en pas douter, ceux de mes lecteurs encore non avertis de ces problèmes. Aussi bien, avant d'entrer dans le vif du sujet, je souhaite illustrer dès à présent mon propos par un exemple qui me semble tout à fait démonstratif.

Ni Matthieu, ni Jean ne parlent de l'Ascension de Jésus. Luc la situe le jour de la Résurrection dans son Evangile et quarante jours plus tard dans les Actes des Apôtres dont il serait l'auteur. Quant à Marc, il la mentionne (sans préciser la date) dans un final actuellement considéré comme non authentique. L'Ascension n'a donc aucune base scripturaire solide. Les commentateurs abordent cependant cette importante question avec une incroyable légèreté.

A. Tricot, dans son *Petit Dictionnaire du Nouveau Testament* de la Bible de Crampon, ouvrage de grande diffusion (édition de 1960)[1], ne consacre pas un article à l'Ascension. La *Synopse des quatre Evangiles* (édition de 1972)[2] des RR. PP. Benoit et Boismard, professeurs à l'Ecole biblique de Jérusalem, nous apprend en son tome II, pages 451 et 452, que la contradiction, chez Luc, entre son Evangile et les Actes des Apôtres s'explique par un « artifice littéraire ». Comprenne qui pourra !

1. Desclée et Cie.
2. Éditions du Cerf.

Très vraisemblablement, le R. P. Roguet, dans son *Initiation à l'Evangile* de 1973 (p. 187), n'a pas été séduit par un tel argument. Mais l'explication qu'il nous offre est pour le moins singulière : « Ici, comme en beaucoup de cas semblables, le problème ne semble insoluble que si l'on prend à la lettre matériellement les affirmations de l'Ecriture en oubliant leur signification religieuse. Il ne s'agit pas de dissoudre la réalité des faits dans un symbolisme inconsistant, mais de rechercher l'intention théologique de ceux qui nous révèlent des mystères, en nous livrant des faits sensibles, des signes appropriés à l'enracinement charnel de notre esprit. »

Comment se contenter d'une pareille exégèse ? Des formules apologétiques de ce genre ne peuvent convenir qu'à des inconditionnels.

L'intérêt de la citation du R. P. Roguet réside également dans son aveu qu'il y a « beaucoup de cas semblables » à celui de l'Ascension dans les Evangiles. Il est donc nécessaire d'aborder le problème globalement, par le fond, en toute objectivité. Il paraît sage de rechercher des explications dans l'étude des conditions dans lesquelles ont été écrits les Evangiles et dans celle du climat religieux qui régnait à cette époque. La mise en évidence des remaniements des rédactions initiales effectuées à partir de traditions orales, les altérations des textes lors de la transmission jusqu'à nous, rendent beaucoup moins étonnante la présence de passages obscurs, incompréhensibles, contradictoires, invraisemblables, pouvant aller parfois jusqu'à l'absurdité, ou incompatibles avec des réalités démontrées de nos jours par le progrès scientifique. De telles constatations sont la marque de la participation humaine à la rédaction, puis à la modification ultérieure des textes.

Depuis quelques décennies, c'est un fait, on s'est intéressé à l'étude des Ecritures dans un esprit de recherche objective. Dans son livre, *Foi en la Résurrection, Résurrection de la foi*[1], le R. P. Kannengiesser, professeur à l'Institut catholique de Paris, donne un aperçu de ce changement profond en ces termes : « Le peuple des fidèles sait à peine qu'une révolution s'est opérée dans les méthodes de l'exégèse biblique depuis l'époque de Pie XII[2]. » La « révolution » dont parle l'auteur est donc récente. Elle commence à avoir des prolongements dans l'enseignement des fidèles, tout au moins de la part de certains spécialistes animés de cet esprit de renouveau. « Un renversement des perspectives les plus assurées de la tradition pastorale, écrit l'auteur, se trouve peu ou prou mis en route par cette révolution des méthodes exégétiques. »

Le R. P. Kannengiesser avertit « qu'il ne faut plus prendre au pied de la lettre » les faits rapportés au sujet de Jésus par les Evangiles, « écrits de circonstances » ou « de combat », dont les auteurs « consignent par écrit les traditions de leurs com-

1. Beauchesne, coll. « Le Point théologique », 1974.
2. Pie XII régna de 1939 à 1958.

munautés sur Jésus ». A propos de la résurrection de Jésus, sujet de son livre, il souligne qu'aucun auteur des Evangiles ne peut s'attribuer la qualité de témoin oculaire, laissant entendre que pour le reste de la vie publique de Jésus il doit en être de même puisque aucun des apôtres — Judas mis à part —, selon les Evangiles, ne s'est séparé du Maître à partir du moment où il l'a suivi jusqu'à ses dernières manifestations sur cette terre.

Nous voici donc très loin des positions traditionnelles, encore affirmées avec solennité par le concile de Vatican II, et que reprennent encore les ouvrages modernes de vulgarisation destinés aux fidèles. Mais petit à petit, la vérité se fait jour.

Il n'est pas facile de la saisir tant est lourd le poids d'une tradition si âprement défendue. Si l'on veut s'en libérer, il faut reprendre le problème à sa base, c'est-à-dire examiner d'abord les circonstances qui ont marqué la naissance du christianisme.

II. RAPPEL HISTORIQUE. LE JUDEO-CHRISTIANISME ET SAINT PAUL

La plupart des chrétiens croient que les Evangiles ont été écrits par les témoins directs de la vie de Jésus et qu'ils constituent de ce fait des témoignages indiscutables sur les événements qui ont émaillé son existence et sa prédication. En présence de telles garanties d'authenticité, comment pourrait-on discuter les enseignements qu'on en retire, comment pourrait-on mettre en doute la validité de l'institution de l'Eglise par application des directives générales données par Jésus lui-même ? Les éditions de vulgarisation actuelles des Evangiles contiennent des commentaires destinés à répandre ces notions dans le public.

Aux fidèles on présente comme un axiome la qualité de témoins oculaires des rédacteurs des Evangiles. Les Evangiles n'étaient-ils pas appelés par saint Justin, au milieu du IIe siècle, les « Mémoires des Apôtres » ? Et puis, on affiche tant de précisions sur les auteurs que l'on se demande comment on pourrait douter de leur exactitude : Matthieu était un personnage bien connu, « employé au bureau de douane ou de péage de Capharnaüm »; on sait même qu'il connaissait l'araméen et le grec. Marc est aussi parfaitement identifié comme collaborateur de Pierre; nul doute qu'il ne soit aussi un témoin oculaire. Luc est le « cher médecin » dont parle Paul : les renseignements sur lui sont très précis. Jean est l'apôtre toujours proche de Jésus, fils de Zébédée, le pêcheur du lac de Génésareth.

Les études modernes sur les débuts du christianisme montrent que cette façon de présenter les choses ne correspond guère à la réalité. On verra ce qu'il en est des auteurs des Evangiles. Pour ce qui concerne les décennies qui suivirent la mission de Jésus, il faut savoir que les événements ne se sont pas du tout déroulés comme on l'a dit et que l'arrivée de Pierre à Rome n'a nullement établi l'Eglise sur ses fondements. Bien au contraire, entre le moment où Jésus quitta cette terre et jusqu'à la moitié du IIe siècle, soit pendant plus d'un siècle, on assista à une lutte entre deux tendances, entre ce que l'on peut appeler le christianisme paulinien et le judéo-christianisme; ce n'est que très progressivement que le premier supplanta le second et que le paulinisme triompha du judéo-christianisme.

Un grand nombre de travaux remontant aux dernières décennies, fondés sur des découvertes de notre temps, ont permis d'aboutir à ces notions modernes auxquelles est attaché le nom du cardinal Daniélou. L'article qu'il fit paraître en décembre

1967 dans la revue *Etudes* : « Une vision nouvelle des origines chrétiennes, le judéo-christianisme », reprenant des travaux antérieurs, en retrace l'histoire et nous permet de situer l'apparition des Evangiles dans un contexte bien différent de celui qui ressort des exposés destinés à la grande vulgarisation. On trouvera ci-dessous un condensé des points essentiels de son article avec d'amples citations.

Après Jésus, le « petit groupe des apôtres » forme une « secte juive fidèle aux observances et au culte du temple ». Toutefois, lorsque se joint à eux celle des convertis venus du paganisme, on leur propose, si l'on peut dire, un régime spécial : le concile de Jérusalem de 49 les dispense de la circoncision et des observances juives ; « beaucoup de judéo-chrétiens se refusent à cette concession ». Ce groupe est complètement séparé de Paul. Qui plus est, à propos des païens venus au christianisme, Paul et les judéo-chrétiens se heurtent (incident d'Antioche de l'an 49). « Pour Paul, la circoncision, le sabbat, le culte du temple étaient désormais périmés, même pour les juifs. Le christianisme devait se libérer de son appartenance politico-religieuse au judaïsme pour s'ouvrir aux Gentils. »

Pour les judéo-chrétiens restant de « loyaux israélites », Paul est un traître : des documents judéo-chrétiens le qualifient d'« ennemi », l'accusent de « duplicité tactique », mais « le judéo-christianisme représente, jusqu'en 70, la majorité de l'Eglise » et « Paul reste un isolé ». Le chef de la communauté est alors Jacques, parent de Jésus. Avec lui, il y a Pierre (au début) et Jean. « Jacques peut être considéré comme la colonne du judéo-christianisme, qui reste délibérément engagé dans le judaïsme en face du christianisme paulinien. » La famille de Jésus tient une grande place dans cette Eglise judéo-chrétienne de Jérusalem. « Le successeur de Jacques sera Siméon, fils de Cléopas, cousin du Seigneur. »

Le cardinal Daniélou cite ici les écrits judéo-chrétiens traduisant les vues sur Jésus de cette communauté formée initialement autour des apôtres : l'Evangile des Hébreux (relevant d'une communauté judéo-chrétienne d'Egypte), les Hypotyposes de Clément, les Reconnaissances clémentines, la seconde Apocalypse de Jacques, l'Evangile de Thomas[1]. « C'est à ces judéo-chrétiens qu'il faut sans doute rattacher les plus antiques monuments de la littérature chrétienne », dont le cardinal Daniélou fait une mention détaillée.

« Ce n'est pas seulement à Jérusalem et en Palestine que le judéo-christianisme est dominant durant le premier siècle de l'Eglise. Partout, la mission judéo-chrétienne paraît s'être développée antérieurement à la mission paulinienne. C'est bien

1. Remarquons que tous ces écrits vont être plus tard jugés apocryphes, c'est-à-dire comme devant être cachés, par l'Église triomphante qui va naître du succès de Paul. Faisant des coupes sombres dans la littérature évangélique, elle ne va retenir que les quatre Évangiles canoniques.

ce qui explique que les épîtres de Paul fassent sans cesse allusion à un conflit. » Ce sont les mêmes adversaires qu'il rencontrera partout, en Galatie, à Corinthe, à Colosses, à Rome, à Antioche.

La côte syro-palestinienne, de Gaza à Antioche, est judéo-chrétienne « comme en témoignent les Actes des Apôtres et les écrits clémentins ». En Asie Mineure, l'existence de judéo-chrétiens est attestée par les épîtres aux Galates et aux Colossiens de Paul. Les écrits de Papias renseignent sur le judéo-christianisme de Phrygie. En Grèce, la première épître de Paul aux Corinthiens fait état de judéo-chrétiens, à Apollos en particulier. Rome est un « centre important » selon l'épître de Clément et le Pasteur d'Hermias. Pour Suétone et Tacite, les chrétiens forment une secte juive. Le cardinal Daniélou pense que la première évangélisation de l'Afrique fut judéo-chrétienne. L'Evangile des Hébreux et des écrits de Clément d'Alexandrie s'y rattachent.

Il est capital de connaître ces faits pour comprendre dans quelle ambiance de lutte entre communautés ont été écrits les Evangiles. La mise à jour des textes que nous avons aujourd'hui, après bien des remaniements des sources, va commencer autour de l'an 70, époque où les deux communautés rivales sont en pleine lutte, les judéo-chrétiens dominant encore. Mais avec la guerre juive et la chute de Jérusalem en 70, la situation va se renverser. Le cardinal Daniélou explique ainsi le déclin :

« Les Juifs étant discrédités dans l'Empire, les chrétiens tendent à se désolidariser d'eux. Les chrétientés hellénistiques prendront alors le dessus : Paul remportera une victoire posthume ; le christianisme se dégagera sociologiquement et politiquement du judaïsme ; il deviendra le troisième peuple. Toutefois jusqu'à la dernière révolte juive, en 140, le judéo-christianisme restera dominant culturellement. »

De 70 à une période que l'on situe avant 110 vont être produits les Evangiles de Marc, Matthieu, Luc et Jean. Ils ne constituent pas les premiers documents chrétiens fixés : les épîtres de Paul leur sont bien antérieures. Selon O. Cullmann, Paul aurait rédigé en 50 son épître aux Thessaloniciens. Mais il avait disparu sans doute depuis quelques années lorsque l'Evangile de Marc fut achevé.

Figure la plus discutée du christianisme, considéré comme traître à la pensée de Jésus par la famille de celui-ci et par les apôtres restés à Jérusalem autour de Jacques, Paul a fait le christianisme aux dépens de ceux que Jésus avait réunis autour de lui pour propager ses enseignements. N'ayant pas connu Jésus vivant, il justifia la légitimité de sa mission en affirmant que Jésus ressuscité lui était apparu sur le chemin de Damas. Il est permis de se demander ce qu'eût été le christianisme sans Paul et l'on pourrait à ce sujet échafauder de multiples hypothèses. Mais, pour ce qui concerne les Evangiles, il y a fort à parier que si l'atmosphère de lutte entre communautés créée par la dissidence paulinienne n'avait pas existé, nous n'aurions pas les écrits que nous avons aujourd'hui. Apparus dans la période de lutte intense entre les deux communautés, ces « écrits de combat », comme les qualifie le R.P. Kannengiesser, ont émergé de la multitude des écrits parus sur Jésus, lorsque le christianisme de style paulinien définitivement triomphant constitua son recueil de textes officiels, le « Canon » qui exclut et condamna comme contraires à l'orthodoxie tous autres documents qui ne convenaient pas à la ligne choisie par l'Eglise.

Les judéo-chrétiens disparus en tant que communauté influente, on entend encore parler d'eux sous le vocable général de « judaïsants ». Le cardinal Daniélou évoque ainsi leur fin :

« Coupés de la Grande Eglise qui se libère progressivement de ses attaches juives, ils dépériront très vite en Occident. Mais on suit leurs traces du IIIe au IVe siècle en Orient, en particulier en Palestine, en Arabie, en Transjordanie, en Syrie, en Mésopotamie. Certains seront absorbés par l'Islam, qui en est pour une part l'héritier ; d'autres se rallieront à l'orthodoxie de la Grande Eglise tout en conservant un fond de culture sémitique et quelque chose en persiste dans les Eglises d'Ethiopie et de Chaldée. »

III. LES QUATRE EVANGILES. LEURS SOURCES. LEUR HISTOIRE

Dans les écrits des premiers temps du christianisme, la mention des Evangiles n'est faite que très postérieurement aux œuvres de Paul. C'est seulement au milieu du IIe siècle, après 140 exactement, qu'apparaissent des témoignages relatifs à une collection d'écrits évangéliques, alors que, « dès le début du IIe siècle, maints auteurs chrétiens laissent entendre clairement qu'ils connaissent un grand nombre d'épîtres pauliniennes ». Ces constatations, exposées dans l'*Introduction à la Traduction œcuménique de la Bible, Nouveau Testament,* éditée en 1972[1], méritent d'être rappelées d'emblée, en même temps qu'il est utile de souligner que l'ouvrage auquel référence est faite est le résultat d'un travail collectif qui a groupé plus de cent spécialistes catholiques et protestants.

Les Evangiles, qui vont devenir plus tard officiels, c'est-à-dire canoniques, furent connus très tardivement, bien que leur rédaction eût été ache-

1. Éditions du Cerf et Les Bergers et les Mages.

vée au début du IIe siècle. Selon la *Traduction œcuménique*, on commence à citer des narrations qui leur appartiennent vers le milieu du IIe siècle, mais « il est presque toujours difficile de décider si les citations sont faites d'après les textes écrits que les auteurs avaient sous les yeux, ou s'ils se sont contentés d'évoquer de mémoire des fragments de la tradition orale ».

« Avant 140, lit-on dans les commentaires de cette traduction de la Bible, il n'existe en tout cas aucun témoignage selon lequel on aurait connu une collection d'écrits évangéliques. » Cette affirmation va tout à fait à l'encontre de ce qu'écrit A. Tricot (1960) dans les commentaires de sa traduction du Nouveau Testament : « De très bonne heure, dès le début du second siècle, écrit-il, l'usage s'établissait de dire l'Evangile pour désigner les livres que, vers 150, saint Justin appelait aussi "les Mémoires des Apôtres". » Des assertions de ce genre sont malheureusement suffisamment fréquentes pour que le grand public ait sur la date de collection des Evangiles des notions fausses.

Les Evangiles forment un tout plus d'un siècle après la fin de la mission de Jésus et non pas de très bonne heure. La *Traduction œcuménique de la Bible* évalue aux alentours de 170 la date à laquelle les quatre Evangiles ont acquis le statut de littérature canonique.

L'affirmation de Justin qualifiant leurs auteurs d'apôtres n'est pas non plus admissible aujourd'hui, comme on le verra.

Quant à la date de la rédaction des Evangiles, A. Tricot affirme que ceux de Matthieu, de Marc et de Luc ont été rédigés avant 70 : cela n'est pas acceptable, sauf peut-être pour Marc. Ce commentateur s'évertue, après bien d'autres, à présenter les auteurs des Evangiles comme des apôtres ou des compagnons de Jésus et avance, de ce fait, des dates de rédaction qui les situent très près de l'époque où Jésus vécut. Quant à Jean, que A. Tricot fait vivre jusqu'aux environs de l'an 100, les chrétiens sont habitués depuis toujours à le voir représenté très près de Jésus en des circonstances solennelles, mais il est bien difficile d'affirmer qu'il est l'auteur de l'Evangile qui porte son nom. L'apôtre Jean (comme Matthieu), pour A. Tricot et pour d'autres commentateurs, est le témoin autorisé et qualifié des faits qu'il raconte, alors que la majorité des critiques ne retient pas l'hypothèse selon laquelle il aurait rédigé le quatrième évangile.

Mais alors, si les quatre Evangiles en question ne peuvent raisonnablement pas être considérés comme des « Mémoires » d'apôtres ou de compagnons de Jésus, quelle est leur origine ?

O. Cullmann, dans son livre *Le Nouveau Testament*[1], écrit à ce sujet que les évangélistes n'ont été que les « porte-parole de la communauté chrétienne primitive qui a fixé la tradition orale. Pendant trente ou quarante ans, l'Evangile a existé presque exclusivement sous forme orale ; or la tra-

1. Presses Universitaires de France, 1967.

dition orale a transmis surtout des paroles et des récits isolés. Les évangélistes ont tissé des liens, chacun à sa façon, chacun avec sa personnalité propre et ses préoccupations théologiques particulières, entre les récits et les paroles qu'ils ont reçus de la tradition ambiante. Le groupement des paroles de Jésus, comme l'enchaînement des récits par des formules de liaison assez vagues, telles que : "après cela", "aussitôt", etc., bref le "cadre" des synoptiques[1], sont donc d'ordre purement littéraire et n'ont pas de fondement historique ».

Le même auteur poursuit : « Il faut enfin noter que ce sont les besoins de la prédication, de l'enseignement et du culte, plutôt qu'un intérêt biographique, qui ont guidé la communauté primitive dans la fixation de cette tradition sur la vie de Jésus. Les apôtres illustraient les vérités de la foi chrétienne qu'ils prêchaient en racontant des événements de la vie de Jésus, et ce sont leurs sermons qui donnaient lieu à la fixation des récits. Les paroles de Jésus, elles, se sont transmises particulièrement dans l'enseignement catéchétique de l'Eglise primitive. »

Les commentateurs de la *Traduction œcuménique de la Bible* n'évoquent pas autrement la composition des Evangiles : formation d'une tradition orale sous l'influence de la prédication des disciples de Jésus et d'autres prédicateurs, conservation de ces matériaux qu'on trouvera en fin de

1. Les trois Évangiles de Marc, Matthieu et Luc.

compte dans les Evangiles par la prédication, la liturgie, l'enseignement des fidèles, possibilité d'une matérialisation précoce sous forme écrite de certaines confessions de foi, de certaines paroles de Jésus, de récits de la Passion par exemple, recours des évangélistes à ces formes écrites diverses autant qu'à des données de la tradition orale pour produire des textes « s'adaptant aux divers milieux, répondant aux besoins des Eglises, exprimant une réflexion sur l'Ecriture, redressant les erreurs et répliquant même à l'occasion aux arguments des adversaires. Les évangélistes ont ainsi recueilli et mis par écrit, selon leur perspective propre, ce qui leur était donné par les traditions orales ».

Une telle prise de position collective, qui émane de plus de cent exégètes du Nouveau Testament, catholiques et protestants, diffère notablement de la ligne définie par le concile de Vatican II dans sa constitution dogmatique sur la Révélation élaborée entre 1962 et 1965. On trouvera plus haut une première référence à ce document conciliaire, relative à l'Ancien Testament. Le concile avait pu déclarer à son sujet que les livres qui le composent « contiennent de l'imparfait et du caduc », mais il n'a pas formulé pareilles réserves à propos des Evangiles. Bien au contraire, on peut lire ce qui suit :

« Il n'échappe à personne qu'entre toutes les Ecritures, même celles du Nouveau Testament, les Evangiles possèdent une supériorité méritée, en tant qu'ils constituent le témoignage par excellence sur la vie et l'enseignement du Verbe incarné, notre Sauveur. Toujours et partout l'Eglise a tenu et tient l'origine apostolique des quatre Evangiles. Ce que les apôtres, en effet, sur l'ordre du Christ, ont prêché, par la suite, eux-mêmes et les hommes de leur entourage nous l'ont, sous l'inspiration divine de l'Esprit, transmis dans des écrits qui sont le fondement de la foi, à savoir l'Evangile quadriforme, selon Matthieu, Marc, Luc et Jean. »

« Notre Sainte Mère l'Eglise a tenu et tient fermement et avec la plus grande constance que ces quatre Evangiles, dont elle affirme sans hésiter l'historicité, transmettent fidèlement ce que Jésus, le fils de Dieu, durant sa vie parmi les hommes, a réellement fait et enseigné pour leur salut éternel, jusqu'au jour où il fut enlevé au ciel... Les auteurs sacrés composent donc les quatre Evangiles de manière à nous livrer toujours sur Jésus des choses vraies et sincères. »

C'est l'affirmation sans aucune ambiguïté de la fidélité de la transmission par les Evangiles des actes et paroles de Jésus.

On ne voit guère de compatibilité entre cette affirmation du concile et celles des auteurs précédemment cités, notamment :

« *Il ne faut plus prendre au pied de la lettre* » les Evangiles, « *écrits de circonstances* » ou « *de combat* », dont les auteurs « consignent par écrit les *traditions de leurs communautés sur Jésus.* » (R.P. Kannengiesser.)

Les Evangiles sont des textes « s'adaptant aux divers milieux, répondant aux besoins des Eglises, exprimant une réflexion sur l'Ecriture, redressant les erreurs et répliquant même à l'occasion aux arguments des adversaires. Les évangélistes ont ainsi recueilli et mis par écrit, *selon leur perspective propre*, ce qui leur était donné par les traditions orales » *(Traduction œcuménique de la Bible).*

Il est bien évident qu'entre la déclaration conciliaire et ces prises de position plus récentes, on se trouve en présence d'affirmations qui se contredisent. Il n'est pas possible de concilier la déclaration de Vatican II, selon laquelle on devrait trouver dans les Evangiles une transmission fidèle des actes et paroles de Jésus, avec l'existence dans ces textes des contradictions, invraisemblances, impossibilités matérielles et affirmations contraires à la réalité des choses dûment établie.

Par contre, si l'on regarde les Evangiles comme l'expression des perspectives propres des collecteurs des traditions orales appartenant à des communautés diverses, comme des écrits de circonstances ou de combat, on ne peut s'étonner de trouver dans les Evangiles tous ces défauts qui sont la marque de leur confection par des hommes en de telles circonstances. Ceux-ci peuvent être tout à fait sincères bien qu'ils relatent des faits dont ils ne soupçonnent pas l'inexactitude, en nous fournissant des narrations en contradiction avec celles d'autres auteurs, ou encore, pour des raisons de rivalité d'ordre religieux entre communautés, en présentant des récits de la vie de Jésus selon une optique tout à fait différente de celle de l'adversaire.

On a déjà vu que le contexte historique est en accord avec cette dernière manière de concevoir les Evangiles. Les données que l'on possède sur les textes eux-mêmes la confirment totalement.

Des quatre Evangiles, celui de Matthieu occupe la première place dans l'ordre de présentation des livres du Nouveau Testament. Celle-ci est parfaitement justifiée car cet Evangile n'est en quelque sorte que la prolongation de l'Ancien Testament : il est écrit pour démontrer que « Jésus accomplit l'histoire d'Israël », comme l'écrivent les commentateurs de la *Traduction œcuménique de la Bible*, à laquelle nous ferons de larges emprunts. Pour cela, Matthieu fait appel constamment à des citations de l'Ancien Testament, montrant que Jésus se comporte comme le Messie attendu par les Juifs.

Cet Evangile commence par une généalogie de Jésus[1]. Matthieu la fait remonter à Abraham par David. On verra plus loin la faute du texte généralement passée sous silence par les commentateurs. Quoi qu'il en soit, l'intention de Matthieu était évidente de donner d'emblée, par cette filiation, le sens général de son livre. L'auteur poursuit la même idée en mettant constamment en avant l'attitude de Jésus devant la loi juive dont les grands principes : prière, jeûne et aumône, sont ici repris.

Jésus veut adresser son enseignement en tout premier lieu et par priorité à son peuple. Il parle

1. La contradiction avec la généalogie de l'Évangile de Luc sera traitée dans un chapitre spécial.

ainsi aux douze apôtres : « Ne prenez pas le chemin des païens et n'entrez pas dans une ville de Samaritains[1] ; allez plutôt vers les brebis perdues de la maison d'Israël » (Matthieu, 10, 5-6). « Je n'ai été envoyé qu'aux brebis perdues de la maison d'Israël » (Matthieu, 15, 24). Dans le final de son Evangile, Matthieu étend secondairement à toutes les nations l'apostolat des premiers disciples de Jésus, lui faisant donner cet ordre : « Allez donc : de toutes les nations faites des disciples » (Matthieu, 28, 19), mais le départ doit se faire par priorité vers « la maison d'Israël ». A. Tricot dit de cet Evangile : « Sous le vêtement grec, le livre est juif pour la chair et les os et pour l'esprit ; il en a le relent et en porte les marques distinctives. »

Ces considérations, à elles seules, situent l'origine de l'Evangile de Matthieu dans une tradition de communauté judéo-chrétienne qui, comme l'écrit O. Cullmann, « s'efforce de rompre, tout en maintenant la continuité avec l'Ancien Testament, les amarres qui la reliaient au judaïsme. Les centres d'intérêt, le ton général de cet Evangile suggèrent l'existence d'une situation tendue ».

Des facteurs d'ordre politique ne sont peut-être pas étrangers au texte. L'occupation romaine de la Palestine rend naturellement vif le désir du pays occupé de voir survenir sa libération et l'on prie

1. Les Samaritains avaient pour code religieux la Torah ou Pentateuque ; ils attendaient la venue du Messie et étaient fidèles à la plupart des observances du judaïsme mais ils avaient édifié un temple concurrent de celui de Jérusalem.

Dieu d'intervenir en faveur du peuple qu'Il a élu entre tous, dont Il est le souverain tout-puissant et qui peut, comme Il le fit maintes fois au cours de l'histoire, apporter son soutien direct dans les affaires des hommes.

Quelle est la personnalité de Matthieu ? Disons d'emblée qu'il n'est pas admis aujourd'hui qu'il s'agit d'un compagnon de Jésus. A. Tricot le présente pourtant ainsi dans son commentaire de la traduction du Nouveau Testament de 1960 : « Matthieu, *alias* Lévi, de son métier publicain ou gabelou, était employé au bureau de douane ou de péage de Capharnaüm quand Jésus l'appela pour faire de lui un de ses disciples. » C'est ce que pensaient les Pères de l'Eglise, comme Origène, Jérôme, Epiphane. Ce n'est plus ce que l'on croit de nos jours. Un point non contesté est que l'auteur est juif ; le vocabulaire est palestinien, la rédaction est grecque. L'auteur s'adresse, écrit O. Cullmann, « à des gens qui, tout en parlant grec, connaissaient les coutumes juives et la langue araméenne ».

Pour les commentateurs de la *Traduction œcuménique*, l'origine de cet Evangile paraît être la suivante :

> « Ordinairement, on estime qu'il a été écrit en Syrie, peut-être à Antioche [...], ou en Phénicie, car dans ces contrées vivaient un grand nombre de Juifs[1] [...]. On peut entrevoir une polémique

1. On s'est demandé si la communauté judéo-chrétienne de Matthieu ne pouvait pas être située aussi bien à Alexandrie. O. Cullmann cite cette hypothèse parmi bien d'autres.

contre le judaïsme synagogal orthodoxe des pharisiens tel qu'il se manifeste à l'assemblée synagogale de Jamina vers les années 80. En ces conditions, nombreux sont les auteurs qui datent le premier Evangile des années 80-90, peut-être un peu plus tôt; on ne peut parvenir à une entière certitude sur le sujet... Faute de connaître précisément le nom de l'auteur, convient-il de se contenter de quelques traits dessinés dans l'Evangile lui-même : l'auteur se reconnaît à son métier. Versé dans les Ecritures et les traditions juives, connaissant, respectant mais interpellant rudement les chefs religieux de son peuple, passé maître dans l'art d'enseigner et de faire comprendre Jésus à ses auditeurs, insistant toujours sur les conséquences pratiques de son enseignement, il répondrait assez bien au signalement d'un lettré juif devenu chrétien, un maître de maison "qui tire de son trésor du neuf et du vieux" », comme Matthieu l'évoque en 13, 52. On est bien loin de l'employé de bureau de Capharnaüm appelé Lévi par Marc et Luc et devenu un des douze apôtres...

Tout le monde s'accorde à penser que Matthieu a écrit son Evangile à partir de sources communes avec Marc et avec Luc. Mais son récit va différer, et cela sur des points essentiels, comme nous le verrons par la suite. Et pourtant, Matthieu a largement utilisé l'Evangile de Marc qui n'était pas disciple de Jésus (O. Cullmann).

Matthieu prend de sérieuses libertés avec les textes. On le constatera en ce qui concerne l'Ancien Testament à propos de la généalogie de Jésus placée en tête de son Evangile. Il insère dans son livre des récits à proprement parler incroyables. C'est le qualificatif qu'emploie dans l'ouvrage cité plus haut le R. P. Kannengiesser au sujet d'un épisode de la résurrection de Jésus : celui de la garde. Il relève l'invraisemblance de cette histoire de gardes militaires du tombeau, « ces soldats païens » qui « vont au rapport non chez leurs supérieurs hiérarchiques, mais chez les grands prêtres qui les paient pour raconter des mensonges ». Il ajoute cependant : « Il faut se garder de railler, car l'intention de Matthieu est infiniment respectable puisqu'il intègre à sa façon une donnée ancienne de la tradition orale à son œuvre écrite. Mais sa mise en scène est digne de *Jésus-Christ Superstar*[1]. »

Ce jugement sur Matthieu émane, rappelons-le, d'un éminent théologien, professeur à l'Institut catholique de Paris.

Matthieu donne dans sa narration des événements qui accompagnèrent la mort de Jésus un autre exemple de sa fantaisie.

> « Voici que le voile du sanctuaire se déchira en deux du haut en bas ; la terre trembla, les rochers se fendirent, les tombeaux s'ouvrirent, les corps de nombreux saints ressuscitèrent. Sortis des tombeaux, après sa résurrection, ils entrèrent dans la ville sainte et apparurent à un grand nombre de gens. »

Ce passage de Matthieu (27, 51-53) n'a pas son pareil dans les autres Evangiles. On voit mal comment les corps des saints en question auraient pu ressusciter *lors de la mort de Jésus* (la veille du sabbat, disent les Evangiles) et ne sortir de leurs tombeaux qu'*après sa résurrection* (le lendemain du sabbat, selon les mêmes sources).

C'est peut-être chez Matthieu qu'on trouve l'invraisemblance la plus caractérisée et la moins discutable de tous les Evangiles qu'un de leurs auteurs ait mise dans la bouche même de Jésus. Il

1. Film américain sur Jésus travestissant son histoire.

raconte ainsi, en 12, 38-40, l'épisode du signe de Jonas :

Jésus est au milieu des scribes et des pharisiens qui s'adressent à lui en ces termes : « "Maître, nous voudrions que tu nous fasses voir un signe." Jésus leur répondit : "Génération mauvaise et adultère *(sic)* qui réclame un signe ! En fait de signe, il ne lui en sera pas donné d'autre que le signe du prophète Jonas. Car, tout comme Jonas fut dans le ventre du monstre trois jours et trois nuits, ainsi le Fils de l'Homme sera dans le sein de la terre trois jours et trois nuits" » (texte de la *Traduction œcuménique*).

Jésus annonce donc qu'il restera en terre trois jours et trois nuits. Or, Matthieu, et avec lui Luc et Marc, situent la mort et l'inhumation de Jésus la veille du sabbat, ce qui fait, certes, porter le séjour en terre sur trois jours (*treis êmeras* dans le texte grec). Mais ce laps de temps ne peut comprendre que deux nuits et non trois nuits (*treis nuktas* dans le texte grec[1]).

Les commentateurs des Evangiles font très souvent silence devant cet épisode. Cependant, le R. P. Roguet relève l'invraisemblance car il note que Jésus « n'est resté au tombeau » que trois jours (dont un seul complet) et deux nuits. Mais, ajoute-

1. En un autre passage de son Évangile, Matthieu fait une deuxième mention de cet épisode, mais sans précision de temps (16, 1-4). Il en est de même pour Luc (11, 29-32). Pour Marc, on le verra plus loin, Jésus aurait déclaré qu'il ne serait donné par lui aucun signe à cette génération (Marc, 8, 11-12).

t-il, « l'expression est figée et ne veut pas dire autre chose que trois jours ». Il est consternant de constater que des commentateurs en soient réduits à user de tels arguments qui ne veulent rien dire de positif, alors qu'il serait si satisfaisant pour l'esprit de suggérer qu'une telle énormité puisse provenir de l'erreur d'un scribe !

Outre ces invraisemblances, ce qui caractérise avant tout l'Evangile de Matthieu, c'est qu'il est celui d'une communauté judéo-chrétienne en rupture de ban avec le judaïsme tout en restant dans la ligne de l'Ancien Testament. Il a, du point de vue de l'histoire du judéo-christianisme, une importance considérable.

Evangile de Marc

C'est le plus court des quatre Evangiles. Il est aussi le plus ancien, mais il n'en est pas pour autant le livre d'un apôtre : c'est tout au plus un livre rédigé par le disciple d'un apôtre.

O. Cullmann a écrit qu'il ne considérait pas Marc comme un disciple de Jésus. Mais l'auteur fait cependant remarquer à ceux à qui l'attribution de cet Evangile à l'apôtre Marc peut sembler suspecte que « Matthieu et Luc n'auraient peut-être pas utilisé cet Evangile comme ils l'ont fait, s'ils ne l'avaient pas su fondé effectivement sur l'enseignement d'un apôtre ». Mais c'est là un argument non décisif. O. Cullmann cite également à l'appui de la réserve qu'il émet les fréquentes citations dans le Nouveau Testament d'un « Jean surnommé Marc », mais ces citations ne contiennent pas la mention d'un auteur d'Evangile, et le texte de Marc lui-même ne mentionne pas d'auteur.

La pauvreté des renseignements sur ce point a conduit des commentateurs à prendre comme éléments de valeur des détails qui paraissent rocambolesques, tels que celui-ci : sous le prétexte que Marc est le seul évangéliste à raconter dans son récit de la Passion l'épisode d'un jeune homme ayant un drap pour tout vêtement qui, arrêté, lâche le drap et s'enfuit nu (Marc, 14, 51-52), certains en ont conclu que le jeune homme en question pouvait être Marc, « disciple fidèle qui essaie de suivre le Maître » (*Traduction œcuménique*) ; pour d'autres, on peut voir ici « par ce souvenir personnel une marque d'authenticité, une signature anonyme », « prouvant qu'il a été témoin oculaire » (O. Cullmann).

Pour cet auteur, « de nombreuses tournures de phrases araméennes corroborent l'hypothèse selon laquelle l'auteur était un Juif d'origine », mais la présence de latinismes peut suggérer qu'il a écrit son Evangile de Rome. « Il s'adresse d'ailleurs à des chrétiens qui ne vivent pas en Palestine, et il prend soin de leur expliquer les expressions araméennes qu'il emploie. »

En effet, la tradition a voulu voir dans Marc le compagnon de Pierre à Rome, en se fondant sur la fin de la première épître de Pierre (si tant est que celui-ci en soit bien l'auteur). Pierre aurait écrit aux destinataires de l'épître : « La communauté des élus qui est à Babylone vous salue ainsi que Marc, mon fils. » « Babylone, c'est-à-dire probablement Rome », lit-on dans les commentaires de la *Traduction œcuménique*, d'où l'on se croit autorisé à déduire que le Marc qui aurait été avec Pierre à Rome serait l'évangéliste... Est-ce un raisonnement de ce genre qui a poussé Papias, évêque de Hiérapolis, vers l'an 150, à attribuer l'Evangile en question à un Marc qu'il disait avoir été « l'interprète de Pierre » et qui aurait été aussi un collaborateur de Paul ?

Dans cette optique, on situerait la composition de l'Evangile de Marc après la mort de Pierre, donc au plus tôt entre 65 et 70 pour la *Traduction œcuménique,* aux environs de 70 pour O. Cullmann.

Le texte lui-même laisse apparaître indiscutablement un premier défaut majeur : il est rédigé sans le moindre souci de la chronologie. Ainsi Marc place au début de son récit (1, 16-20) l'épisode des quatre pêcheurs que Jésus entraîne à le suivre en leur disant simplement : « Vous serez des pêcheurs d'hommes », alors qu'ils ne le connaissaient même pas. L'évangéliste manifeste, en outre, une absence complète de vraisemblance.

Comme l'a dit le R. P. Roguet, Marc est un « écrivain maladroit », « le plus piètre de tous les évangélistes », il ne sait guère composer une narration, et le commentateur appuie sa remarque sur la citation d'un passage racontant l'institution des douze apôtres, dont la traduction littérale est la suivante :

> « Et il monte sur la montagne, et il appelle à lui ceux qu'il voulait et ils vinrent à lui. Et il fit les douze pour qu'ils soient avec lui, et pour qu'il les envoie prêcher et avoir pouvoir de chasser les démons. Et il fit les douze et il imposa à Simon le nom de Pierre » (Marc, 3, 13-16).

Pour certains épisodes, il est en contradiction avec Matthieu et avec Luc, comme on l'a rappelé plus haut à propos du signe de Jonas. Qui plus est, à propos de signes que Jésus donne aux hommes au cours de sa mission, Marc raconte (8, 11-12) un épisode qui n'est pas crédible :

> « Les pharisiens vinrent et se mirent à discuter avec Jésus ; pour lui tendre un piège, ils lui demandent un signe qui vienne du ciel. Poussant un profond soupir, Jésus dit : "Pourquoi cette génération demande-t-elle un signe ? En vérité, je vous le déclare, il ne sera pas donné de signe à cette génération." Et, les quittant, il remonta dans la barque et il partit pour l'autre rive. »

C'est, à n'en pas douter, l'affirmation, venant de Jésus lui-même, de son intention de n'accomplir aucun acte qui puisse paraître surnaturel. Aussi, les commentateurs de la *Traduction œcuménique de la Bible,* en s'étonnant que Luc déclare que Jésus ne donnera qu'un signe, celui de Jonas (voir Evangile de Matthieu), jugent « paradoxal » que Marc dise que « cette génération n'aura aucun signe » après, font-ils remarquer, « les miracles que Jésus présente lui-même comme des signes » (Luc, 7, 22, et 11, 20).

La totalité de l'Evangile de Marc est officiellement reconnue canonique. Il n'en reste pas moins que le final de son Evangile (16, 9-20) est considéré par les auteurs modernes comme une œuvre surajoutée : la *Traduction œcuménique* le signale très explicitement.

Ce final n'est pas contenu dans les deux plus anciens manuscrits complets des Evangiles, le *Codex Vaticanus* et le *Codex Sinaiticus* qui datent du IVe siècle. O. Cullmann écrit à ce propos : « Des manuscrits grecs plus récents et certaines versions ont ajouté à cet endroit une conclusion sur des apparitions, qui n'est pas de Marc mais est tirée d'autres Evangiles. » En fait, les versions de ce final surajouté sont nombreuses. Il y a, dans les textes, tantôt une version longue, tantôt une version courte (les deux étant reproduites dans la *Traduction œcuménique*), tantôt la version longue avec un additif, tantôt les deux versions.

Le R. P. Kannengiesser commente ainsi ce final : « On a dû supprimer les derniers versets lors de la réception officielle (ou de l'édition vulgarisée) de son ouvrage dans la communauté qui s'en portait garante. Ni Matthieu, ni Luc, ni *a fortiori* Jean n'ont connu la partie manquante. Pourtant, la lacune était intolérable. Longtemps plus tard, une fois les écrits similaires de Matthieu, Luc et Jean mis entre toutes les mains, on compila une digne conclusion de Marc, en prenant des éléments à droite et à gauche chez les autres évangélistes. Il serait facile de repérer les pièces de ce puzzle en détaillant Marc, 16, 9-20. On aurait une idée plus concrète de la liberté avec laquelle on traitait le genre littéraire de la narration évangélique jusqu'au seuil du second siècle. »

Quel aveu sans ambages de l'existence de manipulations par les hommes des textes des Ecritures nous fournissent ces réflexions d'un grand théologien !

Evangile de Luc

« Chroniqueur » pour O. Cullmann, « vrai romancier » pour le R. P. Kannengiesser, Luc nous avertit dans son prologue adressé à Théophile qu'il va, à son tour, après d'autres qui ont composé des récits sur Jésus, rédiger une narration sur les mêmes faits, en utilisant ces récits et les informations de témoins oculaires — ce qui implique qu'il n'en est pas un — ainsi que celles provenant des prédications des apôtres. C'est donc un travail méthodique qu'il présente en ces termes :

> « Puisque beaucoup ont entrepris de composer un récit des événements accomplis parmi nous, d'après ce que nous ont transmis ceux qui furent dès le début témoins oculaires et qui sont devenus serviteurs de la parole, il m'a paru bon, à moi aussi, après m'être soigneusement informé de tout à partir des origines, d'en écrire pour toi un récit ordonné, très honorable Théophile, afin que tu puisses constater la solidité des enseignements que tu as reçus. »

On discerne dès les premières lignes tout ce qui

sépare Luc du « piètre écrivain » qu'est Marc, dont on vient d'évoquer l'œuvre. Son Evangile est une incontestable œuvre littéraire, écrite en un grec classique sans barbarismes.

Luc est un lettré païen converti au christianisme. Son orientation vis-à-vis des Juifs est tout de suite apparente. Comme le souligne O. Cullmann, Luc omet de reprendre les versets les plus judaïques de Marc et il met en relief les paroles de Jésus contre l'incrédulité des Juifs et ses bons rapports avec les Samaritains, que les Juifs détestaient, alors que Matthieu, on l'a vu, faisait demander par Jésus aux apôtres de les fuir. Exemple saisissant entre bien d'autres du fait que, faisant dire à Jésus ce qui convient à leurs perspectives personnelles, les évangélistes, avec sans doute une très sincère conviction, nous donnent des paroles de Jésus la version adaptée au point de vue des communautés auxquelles ils appartiennent. Comment soutenir, devant de pareilles évidences, que les Evangiles ne sont pas les « écrits de combat » ou « de circonstances » déjà évoqués ? La comparaison entre l'allure générale de l'Evangile de Luc et celle de l'Evangile de Matthieu apporte à cet égard une démonstration.

Qui est Luc ? On a voulu l'identifier au médecin portant ce nom que cite Paul en quelques-unes de ses épîtres. La *Traduction œcuménique* remarque que « plusieurs ont trouvé confirmation de la profession médicale de l'auteur de l'Evangile dans la précision de la description des malades ». Cette appréciation est tout à fait exagérée. Luc ne donne pas de « descriptions » de cet ordre à proprement parler ; « le vocabulaire qu'il emploie est celui de tout homme cultivé de son temps ». Un certain Luc a été le compagnon de voyage de Paul. Est-ce le même personnage ? O. Cullmann le pense.

La date de l'Evangile de Luc peut être évaluée en fonction de divers facteurs : Luc s'est servi de l'Evangile de Marc et de celui de Matthieu. Il semble, lit-on dans la *Traduction œcuménique,* qu'il ait connu le siège et la ruine de Jérusalem par les armées de Titus en l'an 70. L'Evangile serait donc postérieur à cette date. Les critiques actuels situent souvent sa rédaction vers les années 80-90, mais plusieurs lui attribuent une date encore plus ancienne.

Les narrations diverses de Luc présentent des différences importantes avec celles de ses prédécesseurs. On en a donné ci-dessus un aperçu. La *Traduction œcuménique* les signale, pages 181 et suivantes. O. Cullmann cite dans son livre *Le Nouveau Testament,* page 18, des récits de l'Evangile de Luc qui ne sont pas retrouvés par ailleurs. Et il ne s'agit pas de points de détail.

Les récits concernant l'enfance de Jésus dans l'Evangile de Luc lui sont propres. Matthieu raconte différemment de Luc l'enfance de Jésus. Marc n'en dit pas un mot.

Matthieu et Luc donnent des généalogies de Jésus différentes : la contradiction est si importante, l'invraisemblance est si grande du point de vue scientifique qu'un chapitre spécial sera consacré ici à ce sujet. Il est explicable que Matthieu, s'adressant à des Juifs, fasse débuter la généalogie à Abraham et la fasse passer par David, et que Luc, païen converti, ait le souci de remonter plus haut. Mais on verra qu'à partir de David, les deux généalogies sont contradictoires.

La mission de Jésus est racontée différemment sur de nombreux points par Luc, Matthieu et Marc.

Un événement d'une importance aussi capitale pour les chrétiens que l'institution de l'Eucharistie est sujet à des variantes entre Luc et les deux autres évangélistes[1]. Le R. P. Roguet remarque, dans son livre *Initiation à l'Evangile* (p. 75), que les paroles par lesquelles l'Eucharistie est instituée nous sont rapportées par Luc (22, 19-24) dans une forme très différente de celles qu'on trouve en Matthieu (26, 26-29) et en Marc (14, 22-24) qui sont presque identiques. « Au contraire, la formule transmise par Luc est très voisine de celle que saint Paul évoque » (1re Epître aux Corinthiens, 11, 23-25).

Luc, comme on l'a vu, émet sur l'Ascension de Jésus, dans son Evangile, un propos en contradiction avec ce qu'il en dit dans les Actes des Apôtres dont il est reconnu l'auteur et qui fait partie intégrante du Nouveau Testament. Dans son Evangile, il situe l'Ascension le jour de Pâques et, dans les

1. Il n'est pas possible de faire la comparaison avec Jean puisque celui-ci ne parle pas de l'institution de l'Eucharistie au cours de la Cène précédant la Passion.

Actes, quarante jours plus tard. On sait à quels curieux commentaires d'exégètes chrétiens cette contradiction a conduit.

Mais les commentateurs qui ont le souci de l'objectivité sont bien obligés de reconnaître, comme ceux de la *Traduction œcuménique de la Bible,* sur un plan très général, que, pour Luc, « le souci premier n'est pas de décrire les faits dans leur exactitude matérielle... ». Comparant des récits des Actes des Apôtres, œuvre de ce même Luc, avec des récits de faits analogues de Paul sur Jésus ressuscité, le R. P. Kannengiesser donne sur Luc cette opinion : « Luc est le plus sensible et le plus littéraire des quatre évangélistes, il présente toutes les qualités d'un vrai romancier. »

Evangile de Jean

L'Evangile de Jean est radicalement différent des trois autres, à telle enseigne que, dans son livre *Initiation à l'Evangile,* le R. P. Roguet, après avoir commenté les premiers, donne d'emblée du quatrième Evangile une image expressive : « un autre monde ». C'est, en effet, un livre très à part : différences dans l'ordonnancement et le choix des sujets, des récits, des discours, différences de style, différences géographiques et chronologiques et même différence dans les « perspectives théologiques » (O. Cullmann). Les paroles de Jésus sont donc diversement rapportées par Jean et par les autres évangélistes : le R. P. Roguet fait remarquer à ce propos qu'alors que les synoptiques rapportent les paroles de Jésus en un style « percutant, beaucoup plus proche du style oral », chez Jean tout est à la méditation, à telle enseigne que « nous pouvons nous demander parfois si c'est encore Jésus qui parle ou bien si ses propos ne sont pas prolongés insensiblement par les réflexions de l'évangéliste ».

Quel est l'auteur ? La question est très débattue, les opinions les plus diverses sont émises à ce sujet.

A. Tricot et le R. P. Roguet sont avec ceux que n'effleure pas le moindre doute : l'Evangile de Jean est l'œuvre d'un témoin oculaire ; l'auteur est Jean, fils de Zébédée et frère de Jacques, l'apôtre sur lequel tant de détails sont connus et exposés dans les manuels de vulgarisation. L'iconographie populaire le situe se tenant près de Jésus comme lors de la Cène précédant la Passion. Qui imaginerait que l'Evangile de Jean ne soit pas l'œuvre de ce Jean l'apôtre, dont la figure est si communément répandue ?

La rédaction très tardive de ce quatrième Evangile n'est pas un argument formel contre cette prise de position. La version définitive doit avoir été rédigée vers la fin du Ier siècle. Situer la rédaction soixante ans après Jésus serait compatible avec l'existence d'un apôtre très jeune au temps de Jésus et qui aurait vécu près d'un siècle.

Le R. P. Kannengiesser dans son étude de la Résurrection arrive à cette conclusion qu'aucun auteur du Nouveau Testament autre que Paul ne peut s'attribuer la qualité d'avoir été un témoin oculaire de la Résurrection de Jésus. Néanmoins, Jean relate l'apparition aux apôtres dont il aurait dû faire partie et qui étaient réunis, à l'exception de Thomas (20, 19-24), puis huit jours plus tard aux apôtres au complet (20, 25-29).

O. Cullmann, dans son livre *Le Nouveau Testament,* ne prend pas parti.

La *Traduction œcuménique de la Bible* précise que la majorité des critiques ne retient pas l'hypothèse d'une rédaction par l'apôtre Jean, dont l'éventualité ne peut être malgré tout absolument exclue. Mais tout porte à croire que le texte actuellement divulgué eut plusieurs auteurs : « Il est probable que l'Evangile, tel que nous le possédons, a été publié par des disciples de l'auteur qui ont ajouté le chapitre 21 et, sans doute, quelques annotations (ainsi 4, 2 et peut-être 4, 1 ; 4, 44 ; 7, 37 b ; 11, 2 ; 19, 35). Quant au récit de la femme adultère (7, 53-8, 11), tout le monde s'accorde à reconnaître qu'il s'agit d'un morceau d'origine inconnue, inséré plus tard (mais qui appartient cependant à l'Ecriture canonique). » Le passage 19, 35 apparaît comme une « signature » de « témoin oculaire » (O. Cullmann), la seule explicite de tout l'Evangile de Jean ; mais les commentateurs pensent qu'il a été sans doute surajouté.

O. Cullmann pense que les additions ultérieures

sont manifestes dans cet Evangile : tel le chapitre 21 qui serait l'œuvre d'« un disciple qui aurait apporté des retouches aussi dans le corps de l'Evangile ».

Sans évoquer toutes les autres hypothèses faites par les exégètes, les seules remarques provenant d'auteurs chrétiens les plus éminents rapportées ici sur la question de l'auteur du quatrième Evangile montrent que l'on se trouve en pleine confusion à propos du parrainage.

La valeur historique des récits de Jean a été beaucoup contestée. Les discordances avec les trois autres Evangiles sont flagrantes. O. Cullmann en donne une explication. Il reconnaît à Jean des perspectives théologiques différentes de celles des autres évangélistes. Cet objectif « guide le choix des récits et des *logia*[1] rapportés, ainsi que la manière dont ils sont reproduits. Ainsi, l'auteur prolonge souvent les lignes et fait dire au Jésus historique ce que le Saint-Esprit lui a révélé à lui-même ». Telle est, pour cet exégète, la raison des discordances.

Certes, on concevrait que Jean, écrivant après les autres évangélistes, aurait pu choisir certains récits propres à mieux illustrer ses thèses et l'on ne devrait pas s'étonner de ne pas retrouver chez Jean tout ce que contiennent les autres récits. La *Traduction œcuménique* relève un certain nombre de cas de ce genre (p. 282). Mais ce qui étonne beau-

1. Paroles.

coup plus, ce sont certaines lacunes. Certaines paraissent à peine croyables, comme celle du récit de l'institution de l'Eucharistie. Comment peut-on imaginer qu'un épisode aussi primordial pour le christianisme, qui va devenir le pilier de sa liturgie : la messe, ne soit pas évoqué par Jean, l'évangéliste méditatif par excellence ? Or, il se contente de décrire *seulement,* dans la narration de ce repas qui précède la Passion, le lavement des pieds des disciples, l'annonce de la trahison de Judas et celle du reniement de Pierre.

Il est, à l'inverse, des récits propres à Jean et manquant chez les trois autres. La *Traduction œcuménique* les mentionne (p. 283). Là encore, on pourrait arguer que les trois auteurs auraient pu ne pas discerner dans ces épisodes une importance que Jean aurait, lui, décelée. Mais comment ne pas être surpris de trouver chez Jean un récit de l'apparition de Jésus *ressuscité* à ses disciples au bord du lac de Tibériade (Jean, 21, 1-14), qui n'est que la reproduction avec de nombreux détails surajoutés de la pêche miraculeuse présentée par Luc (5, 1-11) comme un épisode survenu *du vivant* de Jésus ? Dans ce récit, Luc fait allusion à la présence de l'apôtre Jean qui, selon la tradition, serait l'évangéliste. Ce récit de l'Evangile de Jean faisant partie de ce chapitre 21, dont on s'accorde à dire qu'il est une addition ultérieure, on imagine aisément que la citation du nom de Jean dans le récit de Luc aurait pu pousser à l'inclure artificiellement dans le quatrième Evangile : la nécessité pour cela de transformer un récit du vivant de Jésus en un récit posthume n'a pas pour autant arrêté le manipulateur du texte évangélique.

Une autre divergence considérable entre l'Evangile de Jean et les trois autres est la durée de la mission de Jésus. Marc, Matthieu et Luc la situent sur une année. Pour Jean, elle s'étale sur plus de deux ans. O. Cullmann note le fait. La *Traduction œcuménique* s'exprime ainsi à ce sujet :

> « Alors que les synoptiques évoquaient une longue période galiléenne suivie d'une marche plus ou moins prolongée vers la Judée, et enfin un bref séjour à Jérusalem, Jean, par contre, relate de fréquents déplacements d'une région à l'autre et envisage une présence de longue durée en Judée et surtout à Jérusalem (1, 19-51 ; 2, 13-3, 36 ; 5, 1-47 ; 14, 20-31). Il mentionne plusieurs célébrations pascales (2, 13 ; 5, 1 ; 6, 4 ; 11, 55) et suggère ainsi un ministère de plus de deux ans. »

Alors, de Marc, de Matthieu, de Luc et de Jean, qui faut-il croire ?

Les sources des Evangiles

L'aperçu général que l'on a donné des Evangiles et qui ressort de l'examen critique des textes conduit à acquérir la notion d'une littérature « décousue, dont le plan manque de continuité » et « dont les contradictions semblent insurmontables », pour reprendre les termes du jugement porté par les commentateurs de la *Traduction œcuménique de la Bible*, à l'autorité desquels il importe de se référer, tant les appréciations sur ce sujet sont graves de conséquences. On a vu que des notions sur l'histoire religieuse contemporaine de la naissance des Evangiles pouvaient expliquer certains caractères de cette littérature déconcertante pour le lecteur qui réfléchit. Mais il faut aller plus loin et rechercher ce que peuvent nous apprendre les travaux publiés à l'époque moderne sur les sources auxquelles les évangélistes ont puisé pour rédiger leurs textes ; il est également intéressant d'examiner si l'histoire des textes après leur établissement est susceptible d'expliquer certains aspects qu'ils présentent de nos jours.

Le problème des sources fut abordé de façon très simpliste à l'époque des Pères de l'Eglise. Dans les premiers siècles de l'ère chrétienne, la source ne pouvait être que l'Evangile que les manuscrits complets présentaient le premier, c'est-à-dire l'Evangile de Matthieu. La question des sources se posait seulement pour Marc et pour Luc, Jean constituant un cas tout à fait à part. Saint Augustin considérait que Marc, deuxième dans l'ordre traditionnel de présentation, s'était inspiré de Matthieu, qu'il avait résumé, et que Luc, venu en troisième position dans les manuscrits, s'était servi des données de l'un et de l'autre : son prologue dont on a parlé plus haut le suggérait.

Les exégètes de cette époque pouvaient aussi bien que nous évaluer le degré de convergence des textes et retrouver un grand nombre de versets communs à deux ou trois des synoptiques. Les commentateurs de la *Traduction œcuménique de la Bible* les chiffrent de nos jours approximativement ainsi :

Versets communs aux trois synoptiques .	330
Versets communs à Marc et à Matthieu .	178
Versets communs à Marc et à Luc	100
Versets communs à Matthieu et à Luc ..	230

tandis que les versets propres à chacun des trois premiers évangélistes sont de 330 pour Matthieu, 53 pour Marc et 500 pour Luc.

Des Pères de l'Eglise à la fin du XVIIIe siècle, un millénaire et demi se passe sans que soit soulevé quelque problème nouveau que ce soit sur les sources des évangélistes : on se conformait à la tradition. Ce n'est qu'à l'époque moderne qu'on se rendit compte devant ces données que chaque évangéliste, tout en reprenant les informations trouvées chez les autres, a en fait construit un récit à sa manière, selon ses perspectives personnelles. On a alors attaché une place importante à la collection des matériaux du récit, d'une part dans la tradition orale des communautés d'origine, d'autre part dans une source écrite commune, araméenne, qui n'a pas été retrouvée. Cette source écrite aurait pu former un bloc compact ou être constituée de multiples fragments de récits divers qui auraient servi à chaque évangéliste pour édifier son œuvre originale.

Des recherches plus approfondies ont conduit

depuis un siècle environ à des théories plus précises qui vont se compliquer avec le temps. La première des théories modernes est celle dite des « deux sources » de Holtzmann (1863). Selon elle, comme O. Cullmann et la *Traduction œcuménique* le précisent, Matthieu et Luc auraient été inspirés d'une part par Marc, d'autre part par un document commun aujourd'hui perdu. De plus, les deux premiers avaient chacun à leur disposition une source propre. On a abouti alors au schéma suivant :

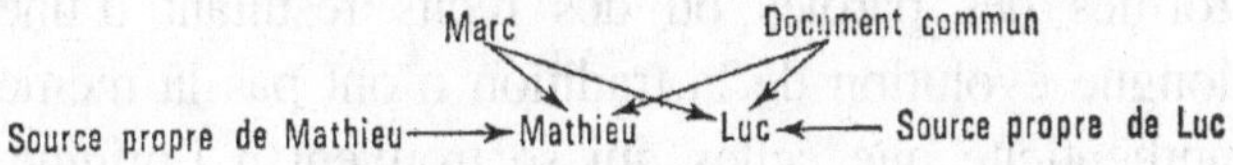

Cullmann critique le schéma sur les points suivants :

1. L'ouvrage de Marc dont se sont servis Luc et Matthieu ne devrait pas être l'Evangile de cet auteur, mais une rédaction antérieure.
2. Une importance suffisante n'est pas donnée dans ce schéma à la tradition orale, qui apparaît capitale car elle a, à elle seule, conservé pendant trente ou quarante ans les paroles de Jésus et les récits de sa mission, chaque évangéliste n'ayant été que le porte-parole de la communauté chrétienne qui a fixé la tradition orale.

On arrive ainsi à cette notion que les Evangiles tels que nous les possédons nous ont apporté le reflet de ce que les communautés chrétiennes primitives connaissaient de la vie et du ministère de Jésus et celui de leurs croyances et de leurs conceptions théologiques, dont les évangélistes ont été les porte-parole.

Les recherches les plus modernes de la critique

textuelle sur les sources des Evangiles ont mis en évidence un processus beaucoup plus complexe encore de la formation des textes. La *Synopse des quatre Evangiles* (1972-1973), œuvre des RR. PP. Benoit et Boismard, professeurs à l'Ecole biblique de Jérusalem, met l'accent sur l'évolution des textes en plusieurs étapes parallèlement à une évolution de la tradition, ce qui entraîne des conséquences que le R. P. Benoit expose en ces termes en présentant la partie du livre œuvre du R. P. Boismard : « [...] les formes des paroles ou des récits résultant d'une longue évolution de la tradition n'ont pas la même authenticité que celles qui se trouvent à l'origine. Certains des lecteurs de cet ouvrage seront peut-être surpris, ou gênés, d'apprendre que telle parole de Jésus, telle parabole, telle annonce de sa destinée, n'ont pas été prononcées comme nous les lisons, mais qu'elles ont été retouchées et adaptées par ceux qui nous les ont transmises. Pour ceux qui ne sont pas accoutumés à ce genre d'enquête historique, il y a là une source possible d'étonnement, voire de scandale ».

Ces retouches des textes et leur adaptation pratiquées par ceux qui nous les ont transmis se sont effectuées selon un mode dont le R. P. Boismard nous donne le schéma très complexe, qui est un développement de la théorie dite des deux sources. Le schéma a été établi après un travail d'examen et de comparaison des textes qu'il est impossible de résumer. Le lecteur intéressé devra, pour plus de détails, se reporter à l'ouvrage original publié à Paris aux éditions du Cerf.

Quatre documents de base appelés A, B, C et Q représentent les sources originales des Evangiles (voir le schéma général).

Le document A est un document émanant de milieux judéo-chrétiens, qui a inspiré Matthieu et Marc.

Le document B est une réinterprétation du document A, à l'usage des Eglises pagano-chrétiennes : il a inspiré tous les évangélistes, sauf Matthieu.

Le document C a inspiré Marc, Luc et Jean.

Le document Q est constitué par la plupart des sources communes à Matthieu et à Luc ; c'est le « document commun » de la théorie des deux sources citée plus haut.

Aucun de ces documents de base n'a abouti à la rédaction des textes définitifs que nous possédons. Entre eux et la rédaction finale se placent des rédactions intermédiaires que l'auteur appelle : Matthieu intermédiaire, Marc intermédiaire, Proto-Luc et Jean. Ce sont ces quatre documents intermédiaires qui vont aboutir aux ultimes rédactions des quatre Evangiles, tout en inspirant à la fois aussi bien les ultimes rédactions correspondantes que celles d'autres Evangiles. Il faut se reporter au schéma général pour saisir tous les circuits complexes mis en évidence par l'auteur.

Les résultats de cette recherche scripturaire sont d'une importance considérable. Ils démontrent que les textes des Evangiles qui ont une histoire (elle sera traitée plus loin) ont aussi, selon l'expression du R. P. Boismard, une « préhistoire », c'est-à-dire qu'ils ont subi, avant l'apparition des ultimes rédactions, des modifications lors de l'étape des documents intermédiaires. Ainsi s'explique, par exemple, qu'une histoire bien connue de la vie de Jésus, la pêche miraculeuse, soit présentée, on l'a vu, par Luc comme un événement survenu de son vivant et par Jean comme un épisode de ses apparitions après sa résurrection

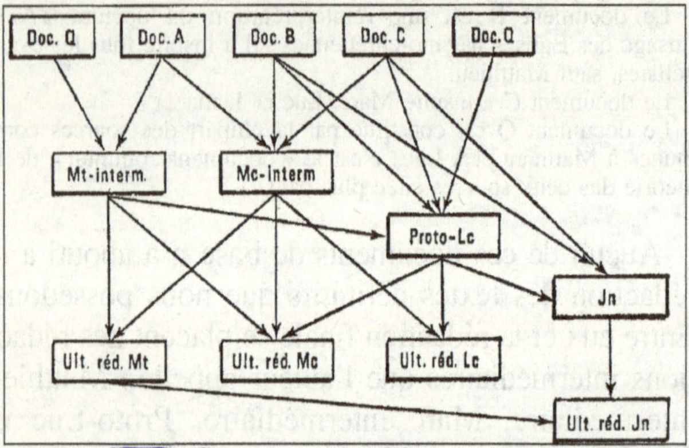

La conclusion de tout cela est qu'en lisant l'Evangile, nous ne sommes plus du tout assurés de recevoir la parole de Jésus. Le R. P. Benoit, s'adressant au lecteur de l'Evangile, l'en avertit et lui présente une compensation : « S'il doit renoncer dans plus d'un cas à entendre la voix directe de Jésus, il entend celle de l'Eglise, et il se confie à elle comme à l'interprète divinement autorisé du Maître qui, après avoir parlé jadis sur notre terre, nous parle aujourd'hui dans sa gloire. »

Comment concilier cette constatation formelle de l'inauthenticité de certains textes avec la phrase de la constitution dogmatique sur la Révélation divine du concile de Vatican II qui nous assure au contraire d'une transmission fidèle des paroles de Jésus : « Ces quatre Evangiles, dont elle [l'Eglise] affirme sans hésiter l'historicité, transmettent fidèlement ce que Jésus, le fils de Dieu, durant sa vie parmi les hommes, a réellement fait et enseigné pour leur salut éternel, jusqu'au jour où il fut enlevé au ciel. »

Il apparaît en toute clarté que le travail de l'Ecole biblique de Jérusalem a apporté à la déclaration du concile un démenti rigoureux.

Histoire des textes

Ce serait une erreur de croire que, dès qu'ils furent rédigés, les Evangiles constituèrent les Ecritures fondamentales du christianisme naissant et que l'on s'y référa au même titre que l'on se référait à l'Ancien Testament. L'autorité prédominante était alors celle de la tradition orale véhiculant les paroles de Jésus et l'enseignement des apôtres. Les premiers écrits qui circulèrent et qui prévalurent bien avant les Evangiles ont été les épîtres de Paul : n'avaient-elles pas été rédigées plusieurs décennies plus tôt ?

On a vu qu'avant 140 il n'existait aucun témoignage attestant que l'on connaissait une collection d'écrits évangéliques, contrairement à ce qu'écrivent encore de nos jours certains commentateurs. Il faut attendre 170 environ pour que les quatre Evangiles acquièrent le statut de littérature canonique.

Circulaient aussi, en ces premiers temps du christianisme, de multiples écrits sur Jésus qui, par la suite, n'ont pas été retenus comme dignes d'authenticité et que l'Eglise commanda de cacher, d'où le nom d'apocryphes. Il reste de ces textes des œuvres bien conservées parce qu'elles « jouissaient de l'estime générale », nous dit la *Traduction œcuménique*, comme la *didachè* ou l'épître de Barnabé, mais malheureusement d'autres furent « écartés de façon plus brutale » et il n'en reste que des fragments. Considérés comme des véhicules de l'erreur, ils furent soustraits aux yeux des fidèles. Pourtant, des œuvres comme les Evangiles des Nazaréens, des Hébreux, des Egyptiens, connues par des relations des Pères de l'Eglise, s'apparentaient d'assez près aux Evangiles canoniques. Il en est de même de l'Evangile de Thomas et de l'Evangile de Barnabé.

Certains de ces écrits apocryphes contiennent des détails fantasmagoriques, produits de l'imagination populaire. Aussi des auteurs d'ouvrages sur les Apocryphes en citent-ils avec une très évidente satisfaction des passages à proprement parler ridicules. Mais de tels passages peuvent être retrouvés dans *tous* les Evangiles. Rappelons simplement la description fantaisiste des événements que Matthieu prétend s'être produits à la mort de Jésus. On peut trouver des passages manquant de sérieux dans tous ces écrits des premiers temps du christianisme : il faut avoir l'honnêteté de le reconnaître.

L'abondance de la littérature sur Jésus conduisit l'Eglise en phase d'organisation à effectuer des éliminations. Peut-être cent Evangiles ont-ils été supprimés. Quatre seulement ont été conservés pour entrer dans une liste officielle d'écrits néotestamentaires qui constituent ce qu'on appelle le « Canon ».

Marcion, au milieu du IIe siècle, poussa fortement les autorités ecclésiales à prendre position. C'était un farouche adversaire des Juifs, qui rejetait alors tout l'Ancien Testament et ce qui, des écrits postérieurs à Jésus, lui paraissait s'y rattacher de trop près ou provenir de la tradition judéochrétienne. Marcion ne reconnut comme valable que l'Evangile de Luc, parce que, pensait-il, il était le porte-parole de Paul, ainsi que les écrits de Paul.

L'Eglise déclara Marcion hérétique et mit dans son canon toutes les épîtres de Paul mais avec les autres Evangiles de Matthieu, Marc, Luc et Jean et adjoignit aussi quelques autres œuvres comme les Actes des Apôtres. Cependant, la liste officielle varie avec le temps en ces premiers siècles de l'ère chrétienne. Des œuvres considérées plus tard comme non valables (apocryphes) y figurèrent momentanément, tandis que d'autres œuvres, que le canon actuel du Nouveau Testament contient, en étaient exclues à cette époque. Les hésitations durèrent jusqu'aux conciles d'Hippone en 393 et de Carthage en 397. Mais les quatre Evangiles y figurèrent toujours. CANON

Avec le R. P. Boismard, il faut regretter la disparition d'une prodigieuse somme de littérature déclarée apocryphe par l'Eglise, car elle avait un intérêt historique. Cet auteur lui donne, en effet, une place dans sa *Synopse des quatre Evangiles* à côté des Evangiles officiels. Ces livres existaient encore, remarque-t-il, dans les bibliothèques vers la fin du IVe siècle.

Ce siècle est une époque de sérieuse mise en ordre. C'est d'elle que datent les manuscrits complets les plus anciens des Evangiles. Des documents antérieurs, des papyri du IIIe siècle, un qui pourrait dater du IIe, ne nous transmettent que des fragments. Les deux manuscrits sur parchemin les plus anciens sont des manuscrits grecs du IVe siècle. Ce sont le *Codex Vaticanus,* dont on ignore le lieu de découverte et qui est conservé à la Bibliothèque du Vatican, et le *Codex Sinaiticus,* découvert au mont Sinaï et qui est conservé au British Museum de Londres. Le second contient deux ouvrages apocryphes.

Selon la *Traduction œcuménique*, il existerait dans le monde deux cent cinquante autres parchemins connus, les derniers du XIe siècle. Mais « toutes les copies du Nouveau Testament qui nous sont parvenues ne sont pas identiques. Bien au contraire, on peut discerner entre elles des différences qui sont d'importance variable mais dont le nombre en tout cas est très considérable. Certaines de ces différences ne concernent que des détails grammaticaux, le vocabulaire ou l'ordre des mots, mais d'autres fois on constate entre les manuscrits des divergences qui affectent le sens de passages entiers ». Si l'on veut se rendre compte des divergences d'ordre textuel, il suffit de parcourir *Novum Testamentum graece*[1]. Cet ouvrage contient un texte grec dit « moyen », qui est un texte de synthèse avec, en note, toutes les variantes rencontrées dans les diverses versions.

L'authenticité d'un texte, même celui des manuscrits les plus vénérables, est toujours discutable. Le *Codex Vaticanus* en fournit un exemple. Sa reproduction en fac-similé, éditée par la Cité du Vatican en 1965, est accompagnée d'une notice de même provenance qui nous apprend que, « plusieurs siècles après la copie (vers le xe ou le xie siècle, croit-on), un scribe a repassé à l'encre toutes les lettres, sauf celles qu'il jugeait erronées ». Il est des passages du texte où, très visiblement, les lettres primitives, de couleur brune, persistent et contrastent avec le reste du texte dont l'encre est de couleur brun foncé. Rien ne permet d'affirmer que la restauration a été fidèle. D'ailleurs, la notice précise : « On n'a pas encore distingué de manière définitive les différentes mains qui, au cours des siècles, ont corrigé et annoté le manuscrit; un certain nombre de corrections ont certainement été faites au moment où fut repassé le texte. » Or, dans tous les manuels, le manuscrit est présenté comme une copie du ive siècle. Il faut

1. Nestle et Aland, éd. 1971.

aller aux sources vaticanes pour s'apercevoir que des mains ont pu, des siècles plus tard, altérer le texte.

On rétorquera que d'autres textes peuvent servir de comparaison, mais comment choisir entre des variantes qui altèrent le sens ? On sait bien que la correction très ancienne d'un scribe peut entraîner la reproduction définitive du texte ainsi corrigé. On se rendra parfaitement compte plus loin qu'un seul mot d'un texte de Jean relatif au Paraclet change radicalement le sens du passage et modifie de fond en comble sa signification du point de vue théologique.

Voici ce que O. Cullmann écrit à propos des variantes dans son livre *Le Nouveau Testament* :

« Celles-ci résultent tantôt de fautes involontaires : le copiste a sauté un mot, ou au contraire l'a écrit deux fois de suite, ou encore tout un membre de phrase est omis par mégarde, parce qu'il était placé, dans le manuscrit à recopier, entre deux mots identiques. Tantôt il s'agit de corrections volontaires : ou bien le copiste s'est permis de corriger le texte selon ses idées personnelles, ou bien il cherche à harmoniser le texte avec un texte parallèle, pour en réduire, plus ou moins adroitement, les divergences. A mesure que les écrits du Nouveau Testament se dégageront du reste de la littérature chrétienne primitive et seront regardés comme Ecriture sainte, les copistes hésiteront davantage à se permettre de telles corrections de leurs prédécesseurs : ils croient recopier le texte authentique et fixeront ainsi les variantes. Tantôt, enfin, un copiste annote le texte en marge pour expliquer un passage obscur. Le copiste suivant, pensant que telle phrase qu'il trouve écrite en marge avait été oubliée au passage par son prédécesseur, croit nécessaire de réintroduire cette annotation marginale dans le texte. Ainsi le nouveau texte devient parfois encore plus obscur. »

Les scribes de certains manuscrits prennent parfois de très grandes libertés avec le texte. Il en est ainsi du copiste d'un des manuscrits les plus vénérables après les deux manuscrits cités plus haut, le *Codex Bezae Cantabrigiensis* du VIe siècle. S'apercevant sans doute de la différence entre les généalogies de Jésus dans Luc et dans Matthieu, le scribe met dans sa copie de l'Evangile de Luc la généalogie de Matthieu mais, comme la seconde contient moins de noms que la première, il la gonfle de noms supplémentaires (sans toutefois rétablir l'équilibre).

Les traductions latines comme la Vulgate de saint Jérôme (IVe siècle) et les traductions plus anciennes *(Vetus Itala)*, les traductions syriaque et copte sont-elles plus fidèles que les manuscrits grecs de base ? Elles auraient pu être faites à partir de manuscrits plus anciens que ceux précités et qui auraient été perdus de nos jours. On n'en sait rien.

On a réussi à sérier l'ensemble de ces versions en familles réunissant un certain nombre de caractères communs. C'est ainsi qu'on peut définir, selon Cullmann :

— un texte dit syrien, à la constitution duquel pourraient aboutir les plus anciens, en très grande majorité, des manuscrits grecs ; ce texte est largement répandu en Europe dès le xvie siècle par l'imprimerie ; il serait le plus mauvais, disent les spécialistes ;

— un texte dit occidental avec ses anciennes versions latines et avec le *Codex Bezae Cantabrigiensis* à la fois en grec et en latin (selon la *Traduction œcuménique*, une tendance prononcée aux explications, aux imprécisions, aux paraphrases, aux harmonisations, est une de ses caractéristiques) ;

— le texte dit neutre auquel appartiennent le *Codex Vaticanus* et le *Codex Sinaiticus* aurait une assez grande pureté ; les éditions modernes du Nouveau Testament le suivent volontiers, bien qu'il présente, lui aussi, des défauts (*Traduction œcuménique*).

Tout ce que la critique textuelle moderne peut nous offrir à ce point de vue est de tenter de reconstituer « un texte ayant le plus de chances possible de se rapprocher du texte original. Il est de toute manière hors de question d'espérer remonter jusqu'au texte original lui-même » (*Traduction œcuménique*).

IV. LES EVANGILES ET LA SCIENCE MODERNE. LES GENEALOGIES DE JESUS

Les Evangiles contiennent très peu de passages qui puissent conduire à une confrontation avec les données scientifiques modernes.

Tout d'abord, beaucoup de récits des Evangiles qui ont trait à des miracles ne se prêtent guère à un commentaire scientifique. Ces miracles intéressent aussi bien les personnes : guérison de malades (possédés, aveugles, paralytiques, lépreux, résurrection de Lazare), que des phénomènes purement matériels en marge des lois de la nature (marche de Jésus sur les eaux qui le supportent, changement de l'eau en vin). Parfois, ce peut être un phénomène naturel à aspect inhabituel en raison de sa réalisation en un temps extrêmement court comme l'apaisement immédiat de la tempête, le dessèchement instantané du figuier, ou encore la pêche miraculeuse comme si tous les poissons du lac s'étaient rassemblés en un point précis où des filets étaient jetés.

Dans tous ces événements, Dieu intervient par sa Toute-Puissance, on ne saurait s'étonner de ce qu'il soit capable de faire ce qui semble aux humains des prodiges, mais qui, pour Lui, n'en est pas. Ces considérations ne signifient nullement que le croyant n'a pas à se mêler de science. Croire au miracle divin et croire en la science sont parfaitement compatibles : l'un est à l'échelle divine et l'autre à l'échelle humaine.

Personnellement, je crois volontiers que Jésus ait pu guérir le lépreux, mais je ne peux pas accepter que l'on déclare authentique et inspiré par Dieu un texte dans lequel je lis que vingt générations seulement ont existé entre le premier homme et Abraham, comme Luc, dans son Evangile (3, 23-28), nous le dit. On verra un peu plus loin les raisons qui établissent que le texte de Luc, comme celui de l'Ancien Testament sur le même sujet, est tout bonnement sorti de l'imagination humaine.

Les Evangiles (comme le Coran) nous donnent sur les origines biologiques de Jésus le même récit. La croissance de Jésus dans l'utérus maternel s'est opérée en dehors des lois de la nature communes à tous les êtres humains. L'ovule pondu par l'ovaire de sa mère n'a pas eu besoin de rencontrer un spermatozoïde qui eût dû venir de son père pour former un embryon, puis un enfant viable. Le phénomène qui aboutit à la naissance d'un individu normal, sans intervention de l'élément fécondant mâle, est appelé parthénogenèse. Dans le règne animal, la parthénogenèse peut être observée dans certaines conditions. C'est le cas de divers insectes, de certains invertébrés et, très exceptionnellement, celui d'une race sélectionnée d'oiseaux. Chez certains mammifères, on a pu, expérimentalement, chez les lapines par exemple, obtenir un début de développement de l'ovule sans intervention de spermatozoïde en un embryon au stade extrêmement rudimentaire, mais on n'a pas pu aller plus loin et l'on ne connaît chez eux aucun exemple de parthénogenèse achevée, ni expérimentale, ni naturelle. Jésus en est un cas. Marie fut mère vierge. Elle conserva sa virginité et n'eut pas d'autre enfant que Jésus. Jésus est une exception biologique[1].

Les généalogies de Jésus

Les deux généalogies contenues dans les Evangiles de Matthieu et de Luc posent des problèmes de vraisemblance, de conformité avec les données scientifiques et, par là, d'authenticité. Ces problèmes sont extrêmement embarrassants pour les commentateurs chrétiens car ils refusent d'y voir ce qui est à l'évidence le produit de l'imagination

1. Les Évangiles citent parfois des « frères » et des « sœurs » de Jésus (Matthieu, 13, 46-50 et 54-58 ; Marc, 6, 1-6 ; Jean, 7, 3 et 2, 12). Les termes grecs utilisés, *adelphoi* et *adelphai*, signifient bien frères et sœurs au sens biologique ; il s'agit certainement de traductions défectueuses de mots d'origine sémitique qui ont le sens de familiers, sans plus ; il s'agissait peut-être ici de cousins.

humaine : celle-ci avait déjà inspiré les auteurs sacerdotaux de la Genèse au VIe siècle avant J.-C. pour leurs généalogies des premiers hommes. C'est encore elle qui inspire Matthieu et Luc pour ce que ces deux auteurs n'ont pas puisé dans l'Ancien Testament.

Il faut remarquer d'emblée que ces généalogies masculines n'ont aucun sens pour Jésus. S'il fallait donner à Jésus, fils exclusif de Marie, sans père biologique, une généalogie, ce devrait être celle de Marie, sa mère.

En voici les textes selon la *Traduction œcuménique de la Bible, Nouveau Testament*.

La généalogie selon Matthieu est en tête de son Evangile :

LIVRE DES ORIGINES DE JESUS-CHRIST,
FILS DE DAVID, FILS D'ABRAHAM

Abraham	engendra Isaac
Isaac	engendra Jacob
Jacob	engendra Juda et ses frères
Juda	engendra Pharès et Zara, de Thamar
Pharès	engendra Esrôm
Esrôm	engendra Aram
Aram	engendra Aminabad
Aminabad	engendra Naassôn
Naassôn	engendra Salmon
Salmon	engendra Booz de Rahad
Booz	engendra Jobed de Ruth
Jobed	engendra Jessé

Jessé	engendra le roi David
David	engendra Salomon de la femme d'Urie
Salomon	engendra Roboam
Roboam	engendra Abia
Abia	engendra Asa
Asa	engendra Josaphat
Josaphat	engendra Joram
Joram	engendra Ozias
Ozias	engendra Joathan
Joathan	cngendra Achaz
Achaz	engendra Ezéchias
Ezéchias	engendra Manassé
Manassé	engendra Amon
Amon	engendra Josias
Josias	engendra Jéchonias et ses frères

Ce fut alors la déportation à Babylone.
Après la déportation à Babylone :

Jéchonias	engendra Salathiel
Salathiel	engendra Zorobabel
Zorobabel	engendra Abioud
Abioud	engendra Eliakim
Eliakim	engendra Azor
Azor	engendra Sadok
Sadok	engendra Akhim
Akhim	engendra Elioud
Elioud	engendra Eléazar
Eléazar	engendra Mathan
Mathan	engendra Jacob

Jacob engendra Joseph, l'époux de Marie, de laquelle est né Jésus que l'on appelle Christ.

Le nombre total des générations est donc : quatorze d'Abraham à David, quatorze de David à la déportation de Babylone, quatorze de la déportation de Babylone au Christ.

Luc (3, 23-38) donne une généalogie différente de celle de Matthieu. Elle est reproduite ici selon la même traduction :

« Jésus, à ses débuts, avait environ trente ans. Il était fils, croyait-on, de Joseph, fils de Héli, fils de Matthat, fils de Lévi, fils de Melchi, fils de Iannaï, fils de Joseph, fils de Mattathias, fils d'Amos, fils de Naoum, fils de Hesli, fils de Naggaï, fils de Maath, fils de Mattathias, fils de Semein, fils de Iôsech, fils de Iôda, fils de Iôanan, fils de Résa, fils de Zorobabel, fils de Salathiel, fils de Néri, fils de Melchi, fils d'Addi, fils de Kôsam, fils d'Elmadam, fils d'Er, fils de Jésus, fils d'Eliéser, fils de Iôrim, fils de Matthat, fils de Lévi, fils de Syméon, fils de Juda, fils de Joseph, fils de Iônam, fils d'Eliakim, fils de Méléa, fils de Menna, fils de Mattatha, fils de Natham, fils de David, fils de Jessé, fils de Iôbed, fils de Boos, fils de Sala, fils de Naassôn, fils d'Aminabad, fils d'Admin, fils d'Arni, fils d'Esrôm, fils de Pharès, fils de Juda, fils de Jacob, fils d'Isaac, fils d'Abraham, fils de Thara, fils de Nachôr, fils de Sérouch, fils de Ragau, fils de Phalek, fils d'Eber, fils de Sala, fils de Kaïnam, fils d'Arphaxad, fils de Sem, fils de Noé, fils de Lamech, fils de Mathousala, fils de Enoch, fils de Iaret, fils de Maleléel, fils de Kaïnam, fils de Enos, fils de Seth, fils d'Adam, fils de Dieu. »

Ces généalogies apparaissent plus clairement en deux tableaux exposant l'un la généalogie avant David, l'autre la généalogie après David.

GENEALOGIE DE JESUS, AVANT DAVID

Selon Matthieu		*Selon Luc*	
		1	Adam
		2	Seth
		3	Enos
		4	Kaînam
		5	Maleléel
		6	Iaret
		7	Enoch
		8	Mathousala
		9	Lamech
		10	Noé
Matthieu ne cite aucun nom avant Abraham		11	Sem
		12	Arphaxad
		13	Kaïnam
		14	Sala
		15	Eber
		16	Phalek
		17	Ragau
		18	Sérouch
		19	Nachôr
		20	Thara
1	Abraham	21	Abraham
2	Isaac	22	Isaac
3	Jacob	23	Jacob
4	Juda	24	Juda
5	Pharès	25	Pharès
6	Esrôm	26	Esrôm
7	Aram	27	Arni
		28	Admin

8 Aminabad	29 Aminabad
9 Naassôn	30 Naassôn
10 Salmon	31 Sala
11 Booz	32 Boos
12 Jobed	33 Iôbed
13 Jessé	34 Jessé
14 David	35 David

GENEALOGIE DE JESUS, APRES DAVID

Selon Matthieu	*Selon Luc*
14 David	35 David
15 Salomon	36 Natham
16 Roboam	37 Mattatha
17 Abia	38 Menna
18 Asa	39 Méléa
19 Josaphat	40 Eliakim
20 Joram	41 Iônam
21 Ozias	42 Joseph
22 Joathan	43 Juda
23 Achaz	44 Syméon
24 Ezéchias	45 Lévi
25 Manassé	46 Matthat
26 Amon	47 Iôrim
27 Josias	48 Eliéser
28 Jéchonias	49 Jésus
	50 Er
Déportation à Babylone	
	51 Elmadam
	52 Kôsam
29 Salathiel	53 Addi

30 Zorobabel
31 Abioud
32 Eliakim
33 Azor
34 Sadok
35 Akhim
36 Elioud
37 Eléazar
38 Mathan
39 Jacob
40 Joseph
41 Jésus

54 Melchi
55 Néri
56 Salathiel
57 Zorobabel
58 Résa
59 Iôanan
60 Iôda
61 Iôsech
62 Sémein
63 Mattathias
64 Maath
65 Naggaï
66 Hesli
67 Naoum
68 Amos
69 Mattathias
70 Joseph
71 Iannaï
72 Melchi
73 Lévi
74 Matthat
75 Héli
76 Joseph
77 Jésus

VARIATIONS SELON LES MANUSCRITS
ET PAR RAPPORT A L'ANCIEN TESTAMENT

Mises à part des variantes orthographiques, il faut citer :

a) Evangile de Matthieu

La généalogie a disparu du *Codex Bezae Cantabrigiensis*, manuscrit très important du VIe siècle, bilingue grec-latin, totalement pour le texte grec, en grande partie pour le texte latin, mais il peut s'agir ici d'une simple perte des premiers feuillets.

Il faut mentionner la très grande liberté de Matthieu vis-à-vis de l'Ancien Testament dont il ampute les généalogies pour les besoins d'une singulière démonstration chiffrée (qu'en fin de compte il ne donne pas, comme on le verra plus loin).

b) Evangile de Luc

1. — Avant Abraham : Luc mentionne 20 noms ; l'Ancien Testament n'en mentionne que 19 (voir tableau des descendants d'Adam dans la partie consacrée à l'Ancien Testament). Luc a ajouté après Arphaxad (n° 12) un certain Kaïnam (n° 13) dont on ne trouve pas trace dans la Genèse comme fils d'Arphaxad.

2. — D'Abraham à David : on trouve 14 à 16 noms selon les manuscrits.

3. — De David à Jésus : la variante très importante est celle du *Codex Bezae Cantabrigiensis* qui attribue à Luc une généalogie fantaisiste faite de celle de Matthieu à laquelle le scribe a ajouté cinq noms. Malheureusement, la généalogie de l'Evangile de Matthieu de ce manuscrit a disparu, ce qui ne permet plus la comparaison.

On est ici en présence de deux généalogies différentes ayant pour point commun essentiel de passer par Abraham et David. Pour la facilité de cet examen, on envisagera la critique en découpant l'ensemble en trois parties :

— d'Adam à Abraham ;
— d'Abraham à David ;
— de David à Jésus.

1. PERIODE D'ADAM A ABRAHAM

Matthieu, commençant sa généalogie à Abraham, n'est pas concerné ici. Luc seul donne des renseignements sur les ancêtres d'Abraham jusqu'à Adam : 20 noms dont 19 sont retrouvés, comme on l'a dit, dans la Genèse (chapitres 4, 5 et 11).

Peut-on concevoir qu'il n'y ait eu que 19 ou 20 générations d'êtres humains avant Abraham ? Le problème a été examiné à propos de l'Ancien Testament. Si l'on veut bien se reporter au tableau des descendants d'Adam établi d'après la Genèse et comportant les indications chiffrées de temps qui ressortent du texte biblique, dix-neuf siècles environ se seraient écoulés entre l'apparition de l'homme sur la terre et la naissance d'Abraham. Or, comme on estime actuellement qu'Abraham vivait aux alentours de 1850 avant J.-C., on en déduit que les indications fournies par l'Ancien

Testament situent l'apparition de l'homme sur la terre trente-huit siècles environ avant J.-C. Luc s'est évidemment inspiré de ces données pour son Evangile. Il exprime, pour les avoir copiées, une contre-vérité flagrante. On a vu plus haut quels arguments historiques péremptoires conduisaient à cette affirmation.

Que les données de l'Ancien Testament soient ici inadmissibles à notre époque, passe encore : celles-ci tombent dans le domaine du « caduc » évoqué par le concile de Vatican II. Mais que les évangélistes reprennent à leur compte ces mêmes données incompatibles avec la science est une constatation extrêmement grave, opposable aux défenseurs de l'historicité des textes évangéliques.

Les commentateurs en ont senti parfaitement le danger. Ils essaient de tourner la difficulté en disant qu'il ne s'agit pas d'un arbre généalogique complet, que des noms sont sautés par l'évangéliste, et ce à dessein, et qu'intervient seulement « l'intention d'établir dans ses grandes lignes ou ses éléments essentiels une lignée fondée sur la réalité historique[1] ». Rien dans les textes n'autorise à faire cette hypothèse car il est bien précisé : un tel engendra un tel, ou un tel fils d'un tel. De plus, l'évangéliste, pour ce qui précède Abraham notamment, puise ses sources dans l'Ancien Testament où les généalogies sont exposées dans la forme suivante :

1. A. Tricot, *Petit Dictionnaire du Nouveau Testament.*

X, à tel âge, engendra Y..., Y vécut tant d'années et il engendra Z...

Il n'y a donc pas de coupure.

La partie de la généalogie de Jésus selon Luc antérieure à Abraham n'est pas admissible à la lumière des connaissances modernes.

2. PERIODE D'ABRAHAM A DAVID

Ici, les deux généalogies correspondent ou presque, à un ou deux noms près : des erreurs involontaires de copistes peuvent expliquer la différence.

La vraisemblance est-elle ici du côté des évangélistes ?

David est situé par l'histoire autour de l'an 1000, Abraham vers 1800-1850 avant J.-C. : 14 à 16 générations pour huit siècles environ, est-ce croyable ? Disons que, pour cette période, les textes évangéliques sont à la limite des choses admissibles.

3. PERIODE POSTERIEURE A DAVID

Les textes, hélas ! ne concordent plus du tout pour établir l'ascendance davidique de Joseph, figurative de celle de Jésus pour l'Evangile.

Laissons de côté la falsification évidente du *Codex Bezae Cantabrigiensis* pour ce qui concerne Luc et comparons ce que nous rapportent les deux manuscrits les plus vénérables : le *Codex Vaticanus* et le *Codex Sinaiticus*.

Dans la généalogie de Luc, 42 noms ont leur place à la suite de David (n° 35) jusqu'à Jésus (n° 77). Dans la généalogie de Matthieu, 27 sont mentionnés à la suite de David (n° 14) jusqu'à Jésus (n° 41). Le nombre d'ascendants (fictifs) de Jésus est donc différent postérieurement à David dans les deux Evangiles. En outre, les noms sont eux-mêmes différents.

Mais il y a plus.

Matthieu nous dit avoir découvert que la généalogie de Jésus se divisait depuis Abraham en trois groupes de 14 noms : premier groupe, d'Abraham à David; deuxième groupe, de David à la déportation à Babylone; troisième groupe, de la déportation à Babylone à Jésus. Son texte comporte effectivement 14 noms dans les deux premiers groupes, mais, dans le troisième groupe — de la déportation à Babylone à Jésus —, il y a seulement 13 noms et non les 14 attendus, puisque le tableau montre que Salathiel a le n° 29 et Jésus le n° 41. Il n'y a pas une variante de Matthieu qui donne 14 noms pour ce groupe.

Enfin, pour réussir à avoir 14 noms dans son deuxième groupe, Matthieu prend de grandes libertés avec le texte de l'Ancien Testament. Les noms des six premiers descendants de David (n° 15 à 20) sont conformes aux données de l'Ancien Testament. Mais les trois descendants de Joram (n° 20) que le deuxième livre des Chroniques de la Bible nous apprend être Achazia, Joas et Amatsia sont escamotés par Matthieu. Par ailleurs, Jéchonias (n° 28) est pour Matthieu fils de Josias (n° 27) alors que, selon le deuxième livre des Rois de la Bible, c'est Eliakim qu'il faudrait placer entre Josias et Jéchonias.

Ainsi, il est démontré que Matthieu a modifié les suites généalogiques de l'Ancien Testament pour présenter un groupe factice de 14 noms entre David et la déportation à Babylone.

Quant au fait qu'un nom fait défaut dans le troisième groupe de Matthieu, si bien qu'aucun texte actuel de cet Evangile ne contient les 42 noms annoncés, l'étonnement vient moins de l'existence de la lacune elle-même (l'erreur très ancienne d'un scribe qui se serait perpétuée pourrait l'expliquer) que du silence quasi général des commentateurs à ce sujet. Comment, en effet, ne pas s'apercevoir de la lacune ? Le pieux mutisme est rompu par W. Trilling qui, dans son livre *L'Evangile selon Matthieu*[1], lui consacre une seule ligne. Or, le fait est loin d'être négligeable puisque les commentateurs de cet Evangile, y compris ceux de la *Traduction œcuménique* et d'autres comme le cardinal Daniélou, relèvent l'importance considérable du symbole 3 fois 14 de Matthieu. Pour l'illustrer, l'évangéliste n'a-t-il pas supprimé sans hésitation des noms bibliques, afin de réussir sa démonstration chiffrée ?

1. Desclée, coll. « Parole et Prière ».

Qu'à cela ne tienne, les commentateurs vont bâtir une apologétique rassurante, justifiant l'escamotage de noms et glissant sur la lacune qui fait choir ce que voulait démontrer l'évangéliste.

Commentaires d'exégètes modernes

Le cardinal Daniélou accorde, dans son livre *Les Evangiles de l'Enfance* (1967)[1], à la « schématisation numérique » de Matthieu une valeur symbolique de toute première importance puisque c'est elle qui établit l'ascendance de Jésus, affirmée aussi par Luc. Luc et Matthieu sont pour lui des « historiens » qui ont fait leur « enquête historique », la « généalogie » étant « empruntée aux archives de la famille de Jésus ». Il faut préciser que ces archives n'ont jamais été retrouvées[2].

Le cardinal Daniélou jette l'anathème sur ceux qui critiquent son point de vue : « C'est la mentalité occidentale, écrit-il, l'ignorance du judéo-

1. Éditions du Seuil.

2. Bien que l'auteur nous assure connaître l'existence de ces prétendues « archives » familiales par l'*Histoire ecclésiastique* d'Eusèbe de Césarée, sur le sérieux duquel il y aurait beaucoup à dire, on imagine mal que la famille de Jésus ait pu posséder deux arbres généalogiques qui eussent été nécessairement différents puisque chacun des deux prétendus « historiens » présente une généalogie en très grande partie différente de celle de l'autre pour les noms et le chiffre des ascendants.

christianisme, l'absence de sens sémitique qui ont égaré tant d'exégètes dans l'interprétation des Evangiles. Ils ont projeté leurs catégories *(sic)* platoniciennes, cartésiennes, hégéliennes, heideggériennes. Et l'on comprend dès lors que tout se soit troublé dans leur esprit. » Il est bien évident que ni Platon, ni Descartes, ni Hegel, ni Heidegger ne sont pour rien dans l'attitude critique que l'on peut avoir vis-à-vis de ces généalogies fantaisistes.

L'auteur recherchant le sens des 3 fois 14 de Matthieu se répand en suppositions singulières qu'on ne peut que citer : « Il peut s'agir des dix semaines familières à l'apocalyptique juive, les trois premières correspondant au temps qui va d'Adam à Abraham devant être soustraites : il reste alors sept semaines d'années, les six premières correspondant au six fois sept que représentent les trois groupes de quatorze et la septième étant inaugurée par le Christ, avec qui s'ouvre le septième âge du monde. » De telles explications se passent de tout commentaire !

Les commentateurs de la *Traduction œcuménique de la Bible, Nouveau Testament* nous offrent, eux aussi, des variations apologétiques chiffrées tout aussi inattendues :

Pour les 3 fois 14 de Matthieu :

a) 14 pourrait être la somme numérique des 3 consonnes qui forment le nom de David en hébreu (D = 4, V = 6), d'où : 4 + 6 + 4 = 14.

b) 3 fois 14 = 6 fois 7, et « Jésus vient au terme de la sixième semaine de l'Histoire sainte qui commence avec Abraham ».

Pour Luc, cette traduction donne 77 noms d'Adam à Jésus, ce qui permet de faire réintervenir le chiffre 7 comme diviseur de 77 ($7 \times 11 = 77$). Or il apparaît que, pour Luc, le nombre des variantes, supprimant des noms ou en rajoutant, est tel qu'une liste de 77 est absolument artificielle, mais elle a l'avantage de se prêter à ces jeux de chiffres.

Les généalogies de Jésus des Evangiles sont peut-être le sujet qui a suscité de la part des commentateurs chrétiens les acrobaties dialectiques les plus caractéristiques, à la mesure même de la fantaisie de Luc et de Matthieu.

V. CONTRADICTIONS ET INVRAISEMBLANCES DES RECITS

Chacun des quatre Evangiles comporte un nombre important de récits relatant des événements qui peuvent être propres à un seul Evangile, ou bien communs à plusieurs ou à tous. Propres à un seul Evangile, ils posent parfois de sérieux problèmes ; ainsi dans le cas où l'événement a une grande portée, on s'étonne qu'un seul évangéliste en parle : par exemple, l'Ascension de Jésus au ciel le jour de la Résurrection. Par ailleurs, nombre d'événements sont racontés différemment, et parfois très différemment par deux ou plusieurs évangélistes. Très souvent les chrétiens sont étonnés par l'existence de ces contradictions — lorsqu'ils les découvrent — entre les Evangiles, car on leur a répété avec tant d'assurance que leurs auteurs avaient été les témoins oculaires des faits qu'ils rapportaient !

Dans les chapitres précédents, on a signalé certaines de ces invraisemblances et contradictions déconcertantes. Mais ce sont tout particulièrement les derniers événements ayant marqué la vie de

Jésus et ayant suivi la Passion qui sont l'objet de récits divergents ou contradictoires.

Les récits de la Passion

Le R. P. Roguet lui-même note que la Pâque est située différemment dans le temps par rapport au dernier repas de Jésus avec les apôtres dans les Evangiles synoptiques et dans le quatrième Evangile. Jean place le repas « avant la fête de la Pâque » et les trois autres au cours de la Pâque elle-même. Il résulte d'ailleurs, du fait de cette divergence, des invraisemblances évidentes : tel épisode devient inconcevable en raison de la situation de la Pâque ainsi fixée par rapport à lui. Quand on sait quelle importance avait la Pâque dans la liturgie juive et quelle importance eut ce repas d'adieu de Jésus à ses disciples, comment imaginer que le souvenir soit à ce point dissipé de la place de l'un par rapport à l'autre dans la tradition rapportée plus tard par les évangélistes ?

D'une manière plus générale, les récits de la Passion diffèrent selon les évangélistes, tout particulièrement entre les trois premiers Evangiles et celui de Jean. Le dernier repas de Jésus et la Passion occupent une très grande place dans l'Evangile de Jean, deux fois plus que chez Marc et chez Luc ; son texte a près d'une fois et demie la longueur du texte de Matthieu. Jean relate ainsi un très long discours de Jésus à ses disciples, dont le récit occupe quatre chapitres (14 à 17) de son Evangile. Au cours de cet entretien suprême, Jésus donne à ses disciples qu'il va quitter ses dernières directives et leur livre son testament spirituel. Or il n'y en a pas de trace dans les autres Evangiles. A l'inverse, Matthieu, Luc et Marc relatent la prière de Jésus à Gethsémani : Jean n'en parle pas.

L'absence dans l'Evangile de Jean du récit de l'institution de l'Eucharistie

Le fait le plus important qui frappe le lecteur de la Passion dans l'Evangile de Jean est qu'il ne fait aucune mention de l'institution de l'Eucharistie au cours du dernier repas de Jésus avec les apôtres.

Il n'est pas un chrétien qui n'ait eu connaissance de l'iconographie de la « Cène » où Jésus est à table au milieu des apôtres pour la dernière fois. Les plus grands peintres ont représenté cette réunion ultime avec Jean proche de Jésus, ce Jean que l'on a coutume de considérer comme l'auteur de l'Evangile qui porte son nom.

Si étonnant que cela puisse paraître à beaucoup, l'apôtre Jean n'est pas considéré par la plupart des spécialistes comme l'auteur du quatrième Evangile et celui-ci n'a pas mentionné l'institution de l'Eucharistie. Or, cette consécration du pain et du vin devenant corps et sang de Jésus est l'acte liturgique essentiel du christianisme. Les trois autres évangélistes en parlent, bien qu'en termes différents, comme on l'a mentionné plus haut. Jean, lui, n'en dit mot. Les quatre récits des évangélistes ont deux seuls points communs : l'annonce du reniement de Pierre et celle de la trahison d'un des apôtres (Judas n'est désigné nominalement que dans Matthieu et dans Jean). Seul, le récit de Jean raconte le lavement des pieds de ses disciples par Jésus au début du repas.

Comment expliquer la lacune de l'Evangile de Jean ?

Si l'on raisonne objectivement, ce qui vient immédiatement à l'esprit, en supposant que le récit des trois premiers évangélistes soit exact, c'est l'hypothèse de la perte d'un passage de l'Evangile de Jean qui relatait le même épisode. Mais ce n'est pas ce à quoi se sont arrêtés les commentateurs chrétiens.

Examinons quelques prises de position.

Dans son *Petit Dictionnaire de la Bible,* A. Tricot écrit à l'article « Cène » : « Dernier repas que Jésus prit avec les Douze et au cours duquel il institua l'Eucharistie. Nous en avons le récit dans les Evangiles synoptiques » (références de Matthieu, Marc et Luc) « ... et le quatrième Evangile nous donne des détails complémentaires » (références de Jean). A l'article « Eucharistie », le même auteur écrit : « L'institution de l'Eucharistie est brièvement racontée dans les trois premiers Evangiles : c'était dans la catéchèse apostolique un point d'importance majeure. S. Jean a donné un complément indispensable à ces récits succincts en relatant le discours de Jésus sur le pain de vie (6, 32-58). » Le commentateur ne mentionne par conséquent pas que Jean n'a pas relaté l'institution de l'Eucharistie par Jésus. L'auteur parle de « détails complémentaires », mais ce ne sont pas des détails complémentaires de l'institution de l'Eucharistie (il s'agit essentiellement, en fait, de la cérémonie du lavement des pieds des apôtres). Quant au « pain de vie » dont parle le commentateur, c'est l'évocation par Jésus — en dehors de la « Cène » — du don quotidien par Dieu de la manne au désert, au temps de l'exode des Juifs dirigés par Moïse, évocation que Jean est le seul des évangélistes à rapporter. Certes, dans le passage qui suit de son Evangile, Jean mentionne l'allusion faite à l'Eucharistie par Jésus, sous la forme d'une digression à propos du pain, mais aucun autre évangéliste ne parle de cet épisode.

Ainsi, on peut s'étonner à la fois du mutisme de Jean sur ce que les trois autres évangélistes relatent et du mutisme de ceux-ci sur ce que Jésus aurait, selon Jean, annoncé.

Les commentateurs de la *Traduction œcuménique de la Bible, Nouveau Testament*, reconnaissent, eux, cette grande lacune de l'Evangile de Jean, mais trouvent l'explication suivante au défaut de la narration de l'institution de l'Eucharistie : « D'une façon générale, Jean ne porte guère d'intérêt aux traditions et aux institutions de l'ancien Israël, ce qui l'a peut-être détourné de montrer l'enracinement de l'Eucharistie dans la liturgie pascale. » Comment nous faire croire que ce soit un manque d'intérêt pour la liturgie pascale juive qui ait amené Jean à ne pas parler de l'institution de l'acte fondamental de la liturgie de la religion nouvelle ?

Le problème embarrasse tellement les exégètes que des théologiens s'ingénient à rechercher des préfigurations ou des équivalents de l'Eucharistie dans des épisodes de la vie de Jésus racontés par Jean. Ainsi, pour O. Cullmann, dans son livre *Le Nouveau Testament,* « le miracle de Cana et la multiplication des pains préfigurent le sacrement de la Sainte Cène (l'Eucharistie) ». Rappelons qu'il s'agissait, à Cana, du changement d'eau en vin, cette boisson manquant à une noce (premier miracle de Jésus que, seul des évangélistes, Jean évoque en 2, 1-12). Quant à la multiplication des pains (Jean, 6, 1-13), elle eut pour but de nourrir 5 000 personnes avec 5 pains multipliés par miracle. Jean n'a fait, lors de la narration de ces événements, aucun commentaire particulier et le rapprochement est purement imaginé par l'exégète. On ne distingue pas la raison de la relation qu'il établit, comme on reste très perplexe lorsque le même auteur trouve que la guérison d'un paralytique et celle de l'aveugle-né « annoncent le baptême » et que « l'eau et le sang sortant du côté de Jésus après sa mort réunissent dans un même fait » un renvoi au baptême et à l'Eucharistie.

Un autre rapprochement du même exégète à propos de l'Eucharistie est cité par le R. P. Roguet dans son livre *Initiation à l'Evangile* : « Certains théologiens bibliques comme Oscar Cullmann, écrit-il, voient dans le récit du lavement des pieds, avant la Cène, un équivalent symbolique de l'institution eucharistique... »

On discerne mal le bien-fondé de tous ces rapprochements imaginés par les commentateurs pour faire accepter plus aisément la lacune la plus déconcertante de l'Evangile de Jean.

Apparitions de Jésus ressuscité

Un exemple majeur de la fantaisie dans le récit a déjà été évoqué à propos de l'Evangile de Matthieu avec sa description des phénomènes anormaux qui auraient accompagné la mort de Jésus. Les événements qui suivent la résurrection vont prêter matière à des récits contradictoires et même extravagants de la part de tous les évangélistes.

Le R. P. Roguet dans son *Initiation à l'Evangile* nous donne (p. 182) des exemples de la confusion, du désordre et de la contradiction qui règnent dans les écrits :

« La liste des femmes venues au tombeau n'est pas tout à fait la même chez les trois synoptiques. Chez Jean, il n'y en a qu'une : Marie de Magdala. Mais elle parle au pluriel comme si elle avait des compagnes : "Nous ne savons pas où ils l'ont mis." Chez Matthieu, l'Ange annonce aux femmes qu'elles verront Jésus en Galilée. Or, un instant après, Jésus vient à leur rencontre auprès du tombeau. Luc a dû sentir cette difficulté et arranger un peu sa source. L'Ange dit : "Rappelez-vous comme il vous a parlé étant encore en Galilée..." Et, de fait, Luc ne mentionne que trois apparitions... » — « Jean place deux apparitions, à huit jours d'intervalle, au Cénacle de Jérusalem ; puis la troisième fois auprès du lac, donc en Galilée. Matthieu n'a qu'une apparition en Galilée. » Le commentateur exclut de cet examen le final de l'Evangile de Marc qui parle des apparitions car il pense qu'il est « sans doute d'une autre main ».

Tous ces faits sont en contradiction avec la mention des apparitions de Jésus, contenue dans la première épître de Paul aux Corinthiens (15, 5-7), à plus de cinq cents personnes à la fois, à Jacques, à tous les apôtres, sans oublier Paul lui-même.

On s'étonne après cela de ce que le R.P. Roguet stigmatise dans ce même livre les « fantasmagories grandiloquentes et puériles de certains apocryphes » à propos de la résurrection. En effet, ces termes ne conviennent-ils pas parfaitement à Matthieu et à Paul lui-même, qui est en complète contradiction avec les autres évangélistes à propos des apparitions de Jésus ressuscité ?

En outre, il y a contradiction entre le récit des Actes des Apôtres, œuvre de l'évangéliste Luc, sur l'apparition de Jésus à Paul et ce que Paul nous en apprend succinctement. Cela a amené le R.P. Kannengiesser à souligner, dans son livre *Foi en la Résurrection, Résurrection de la foi* (1974), que Paul, « seul témoin oculaire de la résurrection du Christ, dont la voix porte directement jusqu'à nous à travers ses écrits[1], ne parle jamais de sa ren-

1. « Aucun autre auteur du Nouveau Testament ne peut s'attribuer pareille qualité », fait-il remarquer.

contre personnelle avec le Ressuscité — « ... à part trois allusions extrêmement discrètes... » — « Mieux, il s'interdit de la décrire. »

La contradiction entre Paul, seul témoin oculaire mais suspect, et les Evangiles est patente.

O. Cullmann, dans son livre *Le Nouveau Testament,* note les contradictions entre Luc et Matthieu, le premier situant ces apparitions de Jésus en Judée, le second en Galilée.

Quant à la contradiction Luc-Jean, rappelons que l'épisode raconté par Jean (21, 1-14) de l'apparition de Jésus ressuscité à des pêcheurs au bord du lac de Tibériade, qui vont ensuite prendre tant de poissons qu'ils ne pourront plus l'emporter, n'est autre que la reprise de l'épisode de la pêche miraculeuse au même endroit du vivant même de Jésus, raconté aussi par Luc (5, 1-11).

Le R. P. Roguet nous assure, dans son livre, à propos de ces apparitions, que « ce décousu, ce flou, ce désordre lui donne confiance », car tous ces faits prouvent que les évangélistes ne se sont pas concertés[1], sinon ils n'eussent pas manqué d'accorder leurs violons. Le raisonnement est singulier. En effet, tous ont pu aussi bien rapporter avec une sincérité totale les traditions *toutes* romancées — à leur insu — de leurs communautés : comment n'être pas conduit à faire cette hypothèse devant tant de contradictions et d'invraisemblances dans la relation des événements ?

1. On imagine mal comment certains auraient pu le faire !

Les contradictions se prolongent jusqu'à la fin des récits, puisque ni Jean, ni Matthieu ne mentionnent l'Ascension de Jésus. Seuls, Marc et Luc en parlent.

Pour Marc (16, 19), Jésus fut « enlevé au ciel et s'assit à la droite de Dieu » sans aucune précision de date par rapport à sa résurrection, mais il faut remarquer que la fin de l'Evangile de Marc, qui contient cette phrase, n'est pas authentique, c'est un texte « postiche » pour le R. P. Roguet, bien que, pour l'Eglise, il soit canonique !

Reste Luc, le seul qui évoque dans un texte non discuté l'épisode de l'Ascension (24, 51) : « Jésus se sépara d'eux[1] et fut emporté au ciel. » L'événement est situé par l'évangéliste à la fin du récit de la résurrection et de l'apparition aux Onze : les détails du récit évangélique impliquent que c'est le jour de la résurrection que l'ascension a eu lieu. Mais, dans les Actes des Apôtres, Luc — dont tout le monde pense qu'il en est l'auteur — décrit (1, 2-3) les apparitions de Jésus aux apôtres entre la Passion et l'Ascension en ces termes : « Ils en avaient eu plus d'une preuve alors que, pendant quarante jours, il s'était fait voir d'eux et les avait entretenus du règne de Dieu. » Ce passage des

1. Il s'agit des onze apôtres, le douzième, Judas, étant mort.

Actes des Apôtres est à l'origine de la fixation de la fête chrétienne de l'Ascension quarante jours après Pâques où est fêtée la Résurrection. La date est ainsi fixée à l'encontre de l'Evangile de Luc ; aucun texte évangélique ne la justifie non plus par ailleurs.

Lorsqu'il a connaissance de cette situation, le chrétien est déconcerté car la contradiction est manifeste. La *Traduction œcuménique de la Bible, Nouveau Testament*, reconnaît cependant les faits, mais ne s'étend pas sur la contradiction, se contentant de mentionner l'intérêt que peuvent avoir eu ces quarante jours pour la mission de Jésus.

Les commentateurs qui veulent tout expliquer et concilier l'inconciliable nous offrent à ce propos de singulières interprétations.

Ainsi la *Synopse des quatre Evangiles* éditée en 1972 par l'Ecole biblique de Jérusalem contient (vol. 2, p. 451) de très curieux commentaires.

Le mot même d'« ascension » est critiqué en ces termes : « En fait il n'y eut pas d'ascension au sens physique lui-même, car Dieu n'est pas plus "en haut qu'en bas" » (*sic*). On saisit mal le sens de cette remarque car on se demande comment Luc aurait pu s'exprimer autrement.

Par ailleurs, l'auteur du commentaire voit un « artifice littéraire » dans le fait que, « dans les Actes, il est dit que l'ascension eut lieu quarante jours après la résurrection » ; ledit « artifice » est « destiné à souligner que la période des apparitions de Jésus sur la terre prend fin ». Mais, ajoute-t-il, le fait que dans l'Evangile de Luc « l'événement se place au soir du dimanche de Pâques, puisque l'évangéliste ne met aucun intervalle entre les divers épisodes qu'il raconte, après la découverte du tombeau vide, le matin de la résurrection... » — « ... n'est-ce pas là aussi un artifice littéraire, destiné à laisser un certain laps de temps pour les apparitions du ressuscité ? » (*sic*).

Le sentiment de gêne qui ressort d'interprétations de cette nature est encore plus manifeste dans le livre du R.P. Roguet qui distingue... deux ascensions !

« Alors que l'Ascension, du point de vue de Jésus, coïncide avec la Résurrection, elle n'a lieu, du point de vue des disciples, que quand Jésus cesse complètement de se manifester à eux, pour que l'Esprit leur soit envoyé et que commence le temps de l'Eglise. »

Au lecteur qui ne serait pas capable de saisir la subtilité théologique de son argumentation, qui n'a pas la moindre base scripturaire, l'auteur adresse une mise en garde générale, modèle de verbiage apologétique :

« Ici, comme en beaucoup de cas semblables, le problème ne semble insoluble que si l'on prend à la lettre, matériellement, les affirmations de l'Ecriture, en oubliant leur signification religieuse. Il ne s'agit pas de dissoudre la réalité des faits dans un symbolisme inconsistant, mais de rechercher l'intention théologique de ceux qui nous révèlent des mystères en nous livrant des faits sensibles, des signes appropriés à l'enracinement charnel de notre esprit. »

Les derniers entretiens de Jésus. Le Paraclet de l'Evangile de Jean

Jean est le seul évangéliste à rapporter, à la fin du dernier repas de Jésus et avant l'arrestation de ce dernier, l'épisode des ultimes entretiens avec les apôtres, qui se termine par un très long discours : quatre chapitres de l'Evangile de Jean (14 à 17) sont consacrés à cette narration, dont on ne trouve aucune relation dans les autres Evangiles. Et, pourtant, ces chapitres de Jean traitent de questions primordiales, de perspectives d'avenir d'une importance fondamentale, exposées avec toute la grandeur et la solennité qui caractérisent cette scène des adieux du Maître à ses disciples.

Comment peut-on expliquer que fasse entièrement défaut chez Matthieu, Marc et Luc le récit d'adieux si touchants qui contiennent le testament spirituel de Jésus ? On peut se poser la question suivante : le texte existait-il initialement chez les trois premiers évangélistes ? N'a-t-il pas été supprimé par la suite ? Et pourquoi ? Disons tout de suite qu'aucune réponse ne peut être apportée ; le mystère reste entier sur cette énorme lacune dans le récit des trois premiers évangélistes.

Ce qui domine le récit est — cela se conçoit dans un entretien suprême — la perspective de l'avenir des hommes évoquée par Jésus et le souci du Maître d'adresser à ses disciples et, par eux, à l'humanité entière ses recommandations et ses commandements et de définir quel sera en définitive le guide que les hommes devront suivre après sa disparition. Le texte de l'Evangile de Jean et lui seul le désigne explicitement sous le nom grec de *Parakletos,* devenu Paraclet en français. En voici, selon la *Traduction œcuménique de la Bible, Nouveau Testament*, les passages essentiels :

> « Si vous m'aimez, vous vous appliquerez à observer mes commandements ; moi je prierai le Père : il vous donnera un autre Paraclet » (14, 15-16).

Que signifie Paraclet ? Le texte que nous possédons *actuellement* de l'Evangile de Jean explique son sens en ces termes :

> « Le Paraclet, l'Esprit Saint que le Père enverra en mon nom, vous communiquera toutes choses, et vous fera ressouvenir de tout ce que je vous ai dit » (14, 26).
>
> « Il rendra lui-même témoignage de moi » (15, 26).
>
> « C'est votre avantage que je m'en aille ; en effet, si je ne pars pas, le Paraclet ne viendra pas à vous ; si au contraire je pars, je vous l'enverrai. Et lui, par sa venue, il confondra le monde en matière de péché, de justice et de jugement... » (16, 7-8).
>
> « Lorsque viendra l'Esprit de vérité, il vous fera accéder à la vérité tout entière, car il ne parlera pas de son propre chef, mais il dira ce qu'il entendra et il vous communiquera tout ce qui doit venir. Il me glorifiera... » (16, 13-14).

(A noter que les passages non cités ici des chapitres 14 à 17 de l'Evangile de Jean ne modifient aucunement le sens général de ces citations.)

Si l'on en fait une lecture rapide, le texte français qui établit l'identité du mot grec Paraclet avec l'Esprit Saint n'arrête pas le plus souvent l'attention. D'autant plus que les sous-titres du texte généralement employés dans les traductions et les termes des commentaires présentés dans les ouvrages de vulgarisation orientent le lecteur vers le sens que la bonne orthodoxie veut donner à ces passages. Aurait-on la moindre difficulté de compréhension que des précisions comme celles données par le *Petit Dictionnaire du Nouveau Testament* d'A. Tricot, par exemple, seraient là pour offrir tous les éclaircissements. Sous la plume de ce commentateur, à l'article « Paraclet », on peut y lire, en effet, ce qui suit :

« Ce nom ou ce titre, transcrit du grec en français, n'est employé dans le Nouveau Testament que par S. Jean : quatre fois quand il rapporte le discours de Jésus après la "Cène[1]" (14, 16 et 26 ; 15, 26 ; 16, 7) et une fois dans sa première épître (2, 1). Dans l'Evangile johannique, le mot s'applique à l'Esprit Saint ; dans l'épître, au Christ. "Paraclet" était un terme couramment employé par les Juifs hellénistes du Ier siècle au sens d'intercesseur, de défenseur. [...] L'Esprit, annonce Jésus, sera envoyé par le Père et le Fils et il aura pour mission propre de suppléer le Fils dans le rôle secourable exercé par celui-ci durant sa vie mortelle au profit de ses disciples. L'Esprit interviendra et agira comme substitut du Christ en tant que paraclet ou intercesseur tout-puissant. »

Ce commentaire fait donc de l'Esprit Saint le guide ultime des hommes après la disparition de Jésus. S'accorde-t-il avec le texte de Jean ?

La question doit être posée car, *a priori*, il semble curieux que l'on puisse attribuer à l'Esprit Saint le dernier paragraphe cité plus haut : « Il ne parlera pas de son propre chef, mais il dira ce qu'il entendra et il vous communiquera tout ce qui doit

1. En réalité, c'est bien au cours même de la « Cène » que, pour Jean, Jésus a prononcé le long discours où il est question du Paraclet, discours non rapporté par les autres évangélistes.

venir. » Il paraît inconcevable qu'on puisse prêter à l'Esprit Saint les pouvoirs de parler et de dire ce qu'il entend... A ma connaissance, cette question, que la logique commande de soulever, n'est généralement pas l'objet de commentaires.

Pour avoir une idée exacte du problème, il est nécessaire de se reporter au texte grec de base, ce qui est d'autant plus important que l'on reconnaît à l'évangéliste Jean d'avoir écrit en grec et non en une autre langue. Le texte grec consulté fut celui de *Novum Testamentum graece*[1].

Toute critique textuelle sérieuse commence par la recherche des variantes. Il apparaît ici que, dans l'ensemble des manuscrits connus de l'Evangile de Jean, il n'existe pas d'autre variante susceptible d'altérer le sens de la phrase que celle du passage 14, 26 de la fameuse version en langue syriaque appelée Palimpseste[2]. Ici, on ne mentionne pas l'Esprit Saint, mais l'Esprit tout court. Le scribe a-t-il fait un simple oubli, ou bien, placé en face d'un texte à recopier qui prétendait faire entendre et parler l'Esprit Saint, n'a-t-il pas osé écrire ce qui lui paraissait être une absurdité ? A part cette remarque, il n'y a pas lieu d'insister sur d'autres variantes, si ce n'est les variantes grammaticales qui ne changent rien au sens général. L'essentiel

1. Nestle et Aland, 1971.

2. Écrit au IVe ou Ve siècle et découvert au mont Sinaï, en 1812, par Agnès St.-Lewis, ce manuscrit est ainsi appelé parce que le texte initial avait été recouvert par un autre texte qui, effacé, fit apparaître le premier.

est que ce qui est exposé ici sur la signification précise des verbes « entendre » et « parler » vaille pour tous les manuscrits de l'Evangile de Jean et c'est le cas.

Le verbe « entendre » de la traduction française est le verbe grec *akouô*, qui signifie percevoir des sons. Il a donné, par exemple, en français le mot *acoustique*, en anglais *acoustics*, qui est la science des sons.

Le verbe « parler » de la traduction française est le verbe grec *laleô*, qui a le sens général d'émettre des sons et le sens particulier de parler. Ce verbe revient très souvent dans le texte grec des Evangiles pour désigner une déclaration solennelle de Jésus au cours de sa prédication. Il apparaît donc que la communication aux hommes dont il est fait état ici ne consiste nullement en une inspiration qui serait à l'actif de l'Esprit Saint, mais elle a un caractère matériel évident en raison de la notion d'émission de son attachée au mot grec qui la définit.

Les deux verbes grecs *akouô* et *laleô* définissent donc des actions concrètes qui ne peuvent concerner qu'un être doué d'un organe de l'audition et d'un organe de la parole. Les appliquer par conséquent à l'Esprit Saint n'est pas possible.

Ainsi, tel qu'il nous est livré par les manuscrits grecs, le texte de ce passage de l'Evangile de Jean est parfaitement incompréhensible si on l'accepte dans son intégrité avec les mots Esprit Saint de la phrase (14, 26) : « Le Paraclet, l'Esprit Saint que le Père enverra en mon nom... », etc., seule phrase qui, dans l'Evangile de Jean, établit l'identité entre Paraclet et Esprit Saint.

Mais si l'on supprime les mots « Esprit Saint » *(to pneuma to agion)* de cette phrase, tout le texte de Jean présente une signification extrêmement claire. Elle est d'ailleurs concrétisée par un autre texte de l'évangéliste, celui de la première épître où Jean utilise le même mot Paraclet pour désigner tout simplement Jésus en tant qu'intercesseur auprès de Dieu[1]. Et quand Jésus dit, selon Jean (14, 16) : « Je prierai le Père : il vous donnera un autre Paraclet », il veut bien dire qu'il sera envoyé aux hommes un « autre » intercesseur, comme il l'a été lui-même, auprès de Dieu en leur faveur lors de sa vie terrestre.

On est alors conduit en toute logique à voir dans le Paraclet de Jean un être humain comme Jésus, doué de faculté d'audition et de parole, facultés que le texte grec de Jean implique de façon formelle. Jésus annonce donc que Dieu enverra plus tard un être humain sur cette terre pour y avoir le rôle défini par Jean qui est, soit dit en un mot, celui d'un prophète entendant la voix de Dieu et répétant aux hommes son message. Telle est l'interprétation logique du texte de Jean si l'on donne aux mots leur sens réel.

La présence des mots Esprit Saint dans le texte

1. Bien des traductions et des commentaires, surtout anciens, des Évangiles traduisent le mot par « consolateur », ce qui est une erreur complète.

que nous possédons aujourd'hui pourrait fort bien relever d'une addition ultérieure tout à fait volontaire, destinée à modifier le sens primitif d'un passage qui, en annonçant la venue d'un prophète après Jésus, était en contradiction avec l'enseignement des Eglises chrétiennes naissantes, voulant que Jésus fût le dernier des prophètes.

VI. CONCLUSIONS

Les faits qui ont été rapportés ici et les commentaires cités de plusieurs exégètes chrétiens très éminents ont réfuté les affirmations de l'orthodoxie, s'appuyant sur la ligne adoptée par le dernier concile concernant l'historicité absolue des Evangiles qui auraient fidèlement transmis ce que Jésus a réellement fait et enseigné.

Les arguments qui ont été donnés sont de plusieurs ordres.

Tout d'abord, les citations mêmes des Evangiles établissant des contradictions flagrantes. On ne peut pas croire à l'existence de deux faits qui se contredisent. On ne peut pas accepter certaines invraisemblances ou des affirmations qui vont à l'encontre des données parfaitement établies par les connaissances modernes. Les deux généalogies de Jésus que présentent les Evangiles et ce qu'elles impliquent de contre-vérités sont, à ce sujet, tout à fait démonstratives.

Beaucoup de chrétiens ignorent ces contradictions, invraisemblances ou incompatibilités avec la science moderne et sont stupéfaits lorsqu'ils les découvrent, influencés qu'ils sont par la lecture des commentaires offrant de subtiles explications propres à les rassurer, le lyrisme apologétique aidant. Des exemples très caractéristiques ont été fournis de l'habileté de certains exégètes à camoufler ce qu'ils appellent pudiquement des « difficultés ». Très rares sont, en effet, les passages des Evangiles qu'on a reconnus inauthentiques alors que l'Eglise les a officiellement déclarés canoniques.

Les travaux de la critique textuelle moderne ont mis en évidence des données qui, selon le R. P. Kannengiesser, constituent une « révolution des méthodes exégétiques » et amènent à « ne plus prendre au pied de la lettre » les faits rapportés au sujet de Jésus par les Evangiles, « écrits de circonstances » ou « de combat ». Les connaissances modernes, ayant mis en lumière l'histoire du judéo-christianisme et les rivalités entre communautés, expliquent l'existence de faits qui déconcertent les lecteurs de notre époque. La conception des évangélistes témoins oculaires n'est plus défendable, mais elle est encore de nos jours celle de nombreux chrétiens. Des travaux de l'Ecole biblique de Jérusalem (R. P. Benoit et R. P. Boismard) démontrent fort bien que les Evangiles ont été écrits, revus et corrigés plusieurs fois. Aussi le lecteur de l'Evangile est-il prévenu par eux qu'il « doit renoncer dans plus d'un cas à entendre la voix directe de Jésus ».

Le caractère historique des Evangiles n'est pas discutable, mais ces documents nous renseignent avant tout, au travers des récits concernant Jésus, sur la mentalité des auteurs, porte-parole de la tradition des communautés chrétiennes primitives auxquelles ils appartenaient, en particulier sur les luttes entre judéo-chrétiens et Paul : les travaux du cardinal Daniélou font autorité sur ces points.

Comment s'étonner alors du travestissement de certains événements de la vie de Jésus par des évangélistes qui avaient pour but de défendre un point de vue personnel, comment s'étonner de l'omission de certains événements, comment s'étonner du caractère romancé de la description de certains autres ?

On est amené à comparer les Evangiles à nos chansons de geste de la littérature médiévale. Suggestive est la comparaison que l'on peut faire avec la *Chanson de Roland*, la plus connue de toutes, qui relate sous un aspect romancé un événement réel. Sait-on qu'elle raconte un épisode authentique : une embuscade dont eut à souffrir l'arrière-garde de Charlemagne, commandée par Roland, au col de Roncevaux ? Cet épisode d'importance secondaire aurait eu lieu, selon la chronique historique (Eginhard), le 15 août 778 ; il fut amplifié aux dimensions d'un grandissime fait d'armes, d'un combat de guerre sainte. Le récit est fantaisiste, mais cette fantaisie ne peut éclipser la réalité d'une des luttes que Charlemagne dut entreprendre pour garantir ses frontières contre les tentatives de pénétration des peuples voisins : là réside l'authentique, le mode épique du récit ne l'efface pas.

Pour les Evangiles, il en est de même : les fantasmagories de Matthieu, les contradictions flagrantes entre les Evangiles, les invraisemblances, les incompatibilités avec des données de la science moderne, les altérations successives des textes, font que les Evangiles contiennent des chapitres et des passages relevant de la seule imagination humaine. Mais ces défauts ne font pas mettre en doute l'existence de la mission de Jésus : les doutes planent seulement sur son déroulement.

LE CORAN
ET
LA SCIENCE MODERNE

I. INTRODUCTION

A priori, une telle association entre le Coran et la science étonne, d'autant plus que c'est d'harmonie et non de discordance qu'il va s'agir. Confronter un livre religieux et des considérations profanes dont la science se réclame, n'est-ce pas, aux yeux de beaucoup, chose paradoxale à notre époque ? En effet, aujourd'hui, hormis naturellement quelques exceptions, les scientifiques, imbus pour la plupart des théories matérialistes, n'ont bien souvent qu'indifférence ou mépris pour les questions religieuses, considérées si fréquemment par eux comme fondées sur des légendes. De plus, en nos pays occidentaux, lorsqu'on parle de science et de religion, le volet religieux du diptyque englobe volontiers judaïsme et christianisme, mais on ne songe guère à y insérer l'Islam. On a émis sur lui, d'ailleurs, tant de jugements inexacts fondés sur des conceptions erronées qu'il est de nos jours très difficile de se faire une idée exacte de ce qu'il est en réalité.

Comme prélude à toute confrontation entre

Révélation islamique et science, il paraît absolument nécessaire de donner un aperçu sur une religion si mal connue dans nos pays.

Les jugements complètement erronés qu'on émet sur lui en Occident sont le résultat tantôt de l'ignorance, tantôt d'un dénigrement systématique. Mais les plus graves de toutes les faussetés répandues sont les faussetés concernant les faits, car si des erreurs d'appréciation sont excusables, une présentation des faits contraire à la vérité ne l'est pas. Il est consternant de lire dans les ouvrages les plus sérieux, venant d'auteurs *a priori* compétents, des contrevérités flagrantes. En voici un exemple : dans l'*Encyclopedia Universalis,* vol. 6, article « Evangiles », une allusion est faite aux différences avec le Coran et l'auteur écrit : « Les évangélistes [...] ne prétendent pas [...], comme le Coran, transmettre une autobiographie miraculeusement dictée par Dieu au Prophète... » Or le Coran n'a rien à voir avec une autobiographie : il est une prédication ; le recours à la plus mauvaise des traductions aurait pu le montrer à l'auteur. Cette affirmation est aussi contraire à la réalité que celle qui définirait un Evangile comme le récit de la vie d'un évangéliste. Le responsable de cette fausseté sur le Coran est un professeur à la faculté de théologie jésuite de Lyon ! L'émission de contrevérités de cet ordre contribue à donner une image fausse du Coran et de l'Islam.

Il est cependant des raisons d'espérer car,

aujourd'hui, les religions ne sont plus comme jadis repliées sur elles-mêmes et beaucoup cherchent une compréhension mutuelle. Comment n'être pas frappé par le fait qu'à l'échelon le plus élevé de la hiérarchie, des chrétiens catholiques s'appliquent à établir le contact avec les musulmans, cherchent à combattre l'incompréhension et s'évertuent à réformer les vues inexactes répandues sur l'Islam.

J'évoquais dans l'Introduction de ce livre le considérable changement qui s'est produit dans les années 70 et citais un document émanant du Secrétariat du Vatican pour les non-chrétiens intitulé *Orientations pour un dialogue entre chrétiens et musulmans,* document très significatif des positions nouvelles adoptées vis-à-vis de l'Islam. Elles réclament — lit-on dans la troisième édition (1970) de cette étude — « une révision de nos positions envers lui et une critique de nos préjugés »... « Nous devons nous préoccuper d'abord de changer progressivement la mentalité de nos frères chrétiens. Cela importe avant tout. »... Il faut abandonner « l'image surannée héritée du passé ou défigurée par des préjugés et des calomnies »..., « reconnaître les injustices dont l'Occident chrétien s'est rendu coupable à l'égard des musulmans[1] ». Le document du Vatican, qui a près de

1. Toute forme d'hostilité à l'égard de l'Islam, même venant d'adversaires déclarés du christianisme, reçut à une certaine époque l'approbation chaleureuse des plus hauts dignitaires de l'Église catholique. C'est ainsi que le pape Benoît XIV, réputé pour avoir été le plus grand pontife du XVIIIe siècle, n'hésita pas à envoyer sa bénédiction à Voltaire. Il voulait par là le remercier de lui avoir dédicacé sa tragé-

cent cinquante pages, développe ainsi la réfutation des vues classiques que les chrétiens ont eues sur l'Islam et expose ce qu'il est en réalité.

Sous le titre *Nous libérer de nos préjugés les plus notables,* les auteurs de ce document adressent cette invitation aux chrétiens : « Là aussi nous avons à nous livrer à une profonde purification de nos mentalités. Nous pensons en particulier à certains jugements “tout faits” que l'on porte trop souvent et à la légère sur l'Islam. Il apparaît capital de ne point cultiver, dans le secret de notre cœur, de ces vues trop rapides, voire arbitraires, où le musulman sincère ne se reconnaît pas. »

Une de ces vues arbitraires qui est d'ordre majeur est bien celle qui conduit à employer systématiquement dans notre langue, pour désigner le Dieu des musulmans, le mot Allah comme si les musulmans croyaient en un Dieu qui ne serait pas celui des chrétiens. *Al lâh* signifie en arabe la Divinité ; il s'agit d'une divinité unique, ce qui implique qu'une transcription française correcte ne peut rendre le sens exact du mot qu'à l'aide du vocable « Dieu ». Pour le musulman, *al lâh* n'est autre que le Dieu de Moïse et de Jésus.

Le document du Secrétariat du Vatican pour les non-chrétiens insiste sur cette donnée fondamentale en ces termes :

die, *Mahomet ou le Fanatisme* (1741), grossière satire comme n'importe quel manieur de plume habile et de mauvaise foi peut en écrire sur n'importe quel sujet. La pièce recueillit, après des débuts cependant difficiles, suffisamment de prestige pour être inscrite au répertoire de la Comédie-Française.

« Il semble vain de soutenir avec certains Occidentaux qu'Allâh n'est pas vraiment Dieu ! Les textes conciliaires ont fait justice d'une telle assertion. On ne saurait mieux résumer la foi islamique en Dieu que par ces quelques phrases de *Lumen Gentium*[1] : "Les musulmans qui professent la foi d'Abraham adorent avec nous le Dieu unique, miséricordieux, futur juge des hommes au dernier jour..." »

On comprend dès lors la protestation musulmane devant la coutume trop fréquente de dire, en langues européennes, non point Dieu, mais « Allâh »... Des musulmans lettrés ont loué la traduction du Coran de D. Masson pour avoir « enfin » écrit « Dieu » et non « Allâh ».

Et le texte du Vatican de faire remarquer : « Allâh est le seul mot qu'ont les chrétiens de langue arabe pour dire Dieu. »

Musulmans et chrétiens adorent un Dieu unique.

Le document du Vatican entreprend ensuite la critique des autres jugements faux portés sur l'Islam.

Le « fatalisme de l'Islam », préjugé si répandu, est examiné et, citations du Coran à l'appui, le document lui oppose le sens de la responsabilité de l'homme qui sera jugé sur ses actes. Il montre que la conception d'un juridisme de l'Islam est fausse et lui oppose au contraire celle d'une sincérité de la foi avec la citation de deux phrases du Coran, si méconnues des Occidentaux :

« Pas de contrainte en la religion. » (Sourate 2, verset 256.)

« [Dieu] n'a placé nulle contrainte en la religion. » (Sourate 22, verset 78.)

1. *Lumen Gentium,* titre d'un document du concile de Vatican II (1962-1965).

Le document oppose l'idée répandue de l'Islam, religion de la crainte, à l'Islam, religion de l'amour, amour du prochain enraciné dans la foi en Dieu. Il réfute l'idée qu'on a propagée faussement, selon laquelle il n'y a guère de morale musulmane, et cette autre, partagée par tant de juifs et de chrétiens, du fanatisme de l'Islam, qu'il commente en ces termes : « De fait l'Islam ne fut guère plus fanatique au cours de son histoire que les cités sacrales de chrétienté quand la foi chrétienne y recevait en quelque sorte valeur politique. » Ici, les auteurs citent des expressions du Coran qui montrent que ce que les Occidentaux traduisent abusivement par « guerre sainte[1] » « se dit en arabe *Al jihâd fi sabîl Allâh,* l'effort sur le chemin de Dieu », « effort pour propager l'Islam et le défendre contre ses agresseurs ». Et le document du Vatican de poursuivre : « Le *Jihâd* n'est aucunement le *kherem* biblique, il ne tend pas à l'extermination, mais à étendre à de nouvelles

1. Des traducteurs, ô combien célèbres, du Coran n'ont pas échappé à cette habitude séculaire de mettre dans leur traduction ce qui en réalité ne se trouve pas dans le texte arabe. En effet, sans altérer le texte même, on peut y ajouter des titres qui n'existent pas dans l'original, cette addition modifiant le sens général. Ainsi, R. Blachère, dans sa traduction bien connue (Éditeurs Maisonneuve et Larose, Paris, 1966, p. 115), insère un titre qui n'existe pas dans le Coran : « Obligations de la guerre sainte » en tête d'un passage qui est incontestablement un appel aux armes mais qui n'a pas ce caractère qu'on lui prête. Comment, après cela, le lecteur qui ne peut accéder au Coran que par la traduction ne serait-il pas persuadé que le musulman a l'obligation de faire la guerre sainte ?

contrées les droits de Dieu et des hommes. » — « Les violences passées du jihâd suivaient en général les lois de la guerre ; et du temps des Croisades ce ne furent pas toujours les musulmans qui perpétrèrent les plus grandes tueries. »

Le document traite enfin du préjugé selon lequel l'Islam serait une « religion figée qui maintient ses adeptes dans un Moyen Age révolu et les rend inaptes à s'adapter aux conquêtes techniques de l'âge moderne ». Il compare des situations analogues qu'on observa en pays chrétiens et déclare : « Nous trouvons [...] dans l'élaboration traditionnelle de la pensée musulmane un principe d'évolution possible de la société civile. »

Cette défense de l'Islam par le Vatican étonnera, j'en suis assuré, beaucoup de nos contemporains croyants, qu'ils soient musulmans, juifs ou chrétiens. Elle est une manifestation d'une sincérité et d'un esprit d'ouverture qui contrastent singulièrement avec les attitudes passées. Mais combien peu d'Occidentaux sont avertis de ces prises de position nouvelles par les plus hautes instances de l'Eglise catholique !

Lorsque le fait est connu, on s'étonne moins d'apprendre par quels actes concrets a été scellé ce rapprochement : ce fut d'abord la visite officielle du président du Secrétariat du Vatican pour les non-chrétiens au roi Fayçal d'Arabie Saoudite, puis la réception officielle par le pape Paul VI des Grands Ulémas d'Arabie durant l'année 1974. On perçoit mieux dès lors la haute signification spirituelle de la réception des Grands Ulémas par Mgr Elchinger dans sa cathédrale de Strasbourg, au cours de laquelle le prélat invita les Ulémas à faire leur prière dans le chœur de la cathédrale, ce qu'ils firent devant l'autel, tournés vers La Mecque.

Si les représentants à l'échelon le plus élevé des mondes musulman et chrétien, dans la fidélité au même Dieu et dans le respect mutuel de leurs divergences, s'entendent ainsi pour nouer un dialogue religieux, n'est-il pas naturel que d'autres aspects de chacune des Révélations soient confrontés ? L'objet de cette confrontation est ici l'examen des Ecritures à la lumière des données scientifiques et des connaissances relatives à l'authenticité des textes. Cet examen doit être entrepris pour le Coran comme il l'a été pour la Révélation judéo-chrétienne.

Les rapports entre les religions et la science n'ont pas été les mêmes partout et en tous temps. Il est de fait qu'aucune Ecriture d'une religion monothéiste ne porte condamnation de la science. Mais, en pratique, il faut le reconnaître, les scientifiques ont eu maille à partir avec les autorités religieuses de certaines confessions. En milieu chrétien, pendant de nombreux siècles, de leur propre initiative et sans s'appuyer sur des textes authentiques des Ecritures, des autorités responsables se sont opposées au développement des sciences. Elles ont pris, contre ceux qui cherchaient à les faire progresser, les mesures que nous connaissons et qui ont souvent amené des scientifiques à l'exil, s'ils voulaient éviter le bûcher, à moins de faire amende honorable, rectifier leur attitude et implorer le pardon. A ce propos, on cite toujours le cas du procès de Galilée poursuivi pour avoir repris les découvertes de Copernic sur la rotation de la Terre. Il fut condamné par suite d'une interprétation erronée de la Bible car aucune Ecriture ne pouvait être valablement invoquée contre lui.

Pour l'Islam, l'attitude vis-à-vis de la science fut en général tout autre. Rien n'est plus clair que le fameux hadiyth du Prophète : « Recherche la science même en Chine », ou cet autre qui exprime que la quête du savoir est une obligation stricte imposée à chaque musulman et à chaque musulmane. Fait capital, comme nous le verrons plus loin dans cette partie du livre, le Coran, qui invite toujours à cultiver la science, contient de multiples considérations sur des phénomènes naturels avec des détails explicatifs qui apparaissent rigoureusement conformes aux données de la science moderne. Il n'y a pas d'équivalents de ce genre dans la Révélation judéo-chrétienne.

Il serait cependant erroné de croire qu'à aucun moment de l'histoire de l'Islam, certains de ses fidèles n'ont jamais eu d'attitude différente envers la science. Il est de fait qu'à certaines époques l'obligation de s'instruire et d'instruire les autres a été mal entendue et que, dans le monde musulman comme ailleurs, on a parfois tenté d'arrêter le développement scientifique. Mais qu'on se souvienne qu'à la période de la grandeur de l'Islam, entre le VIIIe et le XIIe siècle de l'ère chrétienne, alors que les restrictions au développement scientifique étaient imposées en nos pays chrétiens, une somme considérable de recherches et de découvertes fut effectuée dans les universités islamiques. C'est là qu'à cette époque on trouvait d'extraordinaires moyens de culture. A Cordoue, la bibliothèque du calife contenait 400 000 volumes. Averroès y enseignait. On y transmettait la science grecque, indienne, persane. C'est pourquoi on allait de divers pays d'Europe étudier à Cordoue, comme de nos jours on va parfaire certaines études aux Etats-Unis. Que de manuscrits anciens sont parvenus jusqu'à nous par l'intermédiaire de lettrés arabes, véhiculant la culture dans les pays conquis ! Que de dettes avons-nous envers la culture arabe en mathématiques (l'algèbre est arabe), astronomie, physique (optique), géologie, botanique, médecine (Avicenne), etc. ! La science prit pour la première fois un caractère international dans les universités islamiques du Moyen Age. A cette époque, les hommes étaient plus pénétrés par l'esprit religieux qu'ils ne le sont de notre temps ; et cela ne les empêchait pas d'être, en milieu islamique, à la fois croyants et savants. La science était la jumelle de la religion ; elle n'aurait jamais dû ne plus l'être.

En pays chrétien, c'était à cette époque médiévale la stagnation. Le conformisme absolu. La recherche scientifique fut freinée non pas par la

Révélation judéo-chrétienne proprement dite, répétons-le, mais par ceux qui prétendaient en être les serviteurs. Après la Renaissance, la réaction naturelle des savants fut de prendre leur revanche sur les adversaires d'hier, et la revanche se poursuit encore de nos jours. Au point qu'actuellement, en Occident, parler de Dieu dans un milieu scientifique, c'est vraiment se singulariser. Cette attitude a des retombées sur tous les jeunes esprits qui reçoivent nos enseignements universitaires, musulmans y compris.

Comment n'en serait-il pas ainsi quand on sait quelles positions extrêmes ont prises les plus éminents de nos savants ? Tel prix Nobel de médecine essaya, dans ces dernières années, de faire admettre, dans un livre destiné au grand public, que la matière vivante a pu se créer d'elle-même par le fait du hasard à partir de quelques constituants élémentaires et que, partant de cette matière vivante primitive, se seraient formés, sous l'influence de diverses circonstances extérieures, des êtres vivants organisés, pour aboutir au formidable complexe qu'est l'homme.

Les prodiges de la connaissance scientifique contemporaine dans le domaine de la vie ne devraient-ils pas amener celui qui réfléchit à une conclusion opposée ? L'organisation qui préside à la naissance de la vie et à son maintien n'apparaît-elle pas à celui qui l'étudie de plus en plus compliquée ? Mieux on la connaît dans ses détails, plus elle suscite l'admiration. Sa connaissance n'amène-t-elle pas à considérer comme de moins en moins vraisemblable la part du hasard dans le phénomène de la vie ? Plus on avance dans la possession du savoir, tout particulièrement pour ce qui concerne l'infiniment petit, plus éloquents sont les arguments en faveur de l'existence d'un créateur. Mais, au lieu d'être, devant de tels faits, rempli d'humilité, c'est d'orgueil que l'homme se gonfle. Il se croit autorisé à bafouer toute idée de Dieu comme il vilipende tout ce qu'il trouve sur son chemin si cela constitue un obstacle à son plaisir et à son appétit de jouissance. Telle est la société matérialiste en pleine expansion actuellement en Occident.

Quelles forces spirituelles opposer à cette pollution de la pensée par beaucoup de savants contemporains ?

Devant le flot matérialiste et l'envahissement de l'Occident par l'athéisme, christianisme comme judaïsme affichent leur incapacité d'endiguement. L'un et l'autre sont en plein désarroi et, de décennie en décennie, ne voit-on pas gravement diminuée la résistance au courant qui menace de tout emporter ? Le matérialiste athée ne voit dans le christianisme classique qu'un système construit par les hommes depuis près de deux millénaires pour asseoir l'autorité d'une minorité sur ses semblables. Il ne saurait trouver dans les Ecritures judéo-chrétiennes un langage qui s'apparente, même de très loin, au sien : elles contiennent tant d'invraisemblances, de contradictions, d'incompatibilités avec les données scientifiques modernes, qu'il se refuse à prendre en considération des textes que l'immense majorité des théologiens veulent faire accepter comme un tout indissociable.

Lui parle-t-on de l'Islam ? Il sourit avec une suffisance qui n'a d'égale que l'insuffisance de sa connaissance du sujet. Comme la plupart des intellectuels occidentaux, quelles que soient leurs croyances religieuses, il possède sur lui un flot d'idées fausses impressionnant.

A ce point de vue, il faut lui accorder quelques excuses : tout d'abord, exception faite des prises de position récentes des plus hautes instances du catholicisme, l'Islam est depuis toujours, en nos pays, l'objet de ce qu'on a appelé une « diffamation séculaire ». Tout Occidental qui a acquis sur lui des connaissances approfondies sait à quel point son histoire, son dogme, ses buts ont été travestis. Il faut également faire entrer en ligne de compte le fait que les documents publiés en langues occidentales sur le sujet, hormis les études très spécialisées, ne facilitent pas le travail de qui veut s'instruire.

En effet, la connaissance de la Révélation islamique est, de ce point de vue, fondamentale. Or, il se trouve que des passages du Coran, en particulier ceux qui ont un rapport avec des données de la science, sont mal traduits ou commentés de manière telle qu'un scientifique serait en droit d'émettre — apparemment à juste titre — des critiques que le Livre ne mérite pas en réalité. Détail digne d'être dès à présent souligné : ces inexactitudes de traduction ou ces commentaires erronés (les deux étant souvent associés), qui n'auraient pas étonné il y a un ou deux siècles, choquent de nos jours l'homme de science qui, devant une phrase mal traduite, contenant de ce fait une affirmation scientifiquement inadmissible, est conduit à refuser de la prendre sérieusement en considération. On donnera, dans le chapitre consacré à la reproduction humaine, un exemple très caractéristique de ce genre d'erreur.

Pourquoi ces erreurs de traduction ? Elles s'expliquent par le fait que les traducteurs modernes reprennent souvent, sans grand esprit critique, des interprétations de commentateurs anciens. Ceux-ci avaient, à leur époque, des excuses pour avoir donné d'un mot arabe possédant plusieurs sens possibles une définition inappropriée, car ils ne pouvaient comprendre le sens réel du mot ou de la phrase qui apparaît seulement de nos jours grâce à nos connaissances scientifiques. Autrement dit, est posé ainsi le problème de la nécessaire révision de traductions ou de commentaires qu'on n'était pas capable d'effectuer convenablement à une certaine époque alors que, de nos jours, on possède les éléments qui peuvent en donner le sens véritable. De tels problèmes de traduction ne se posent pas dans les textes de la Révélation judéo-chrétienne : le cas évoqué ici est absolument spécial au Coran.

Ces aspects scientifiques très particuliers du

Coran m'ont initialement profondément étonné car je n'avais jamais cru possible jusqu'alors qu'on puisse découvrir dans un texte rédigé il y a plus de treize siècles tant d'affirmations relatives à des sujets extrêmement variés, absolument conformes aux connaissances scientifiques modernes. Je n'avais au départ aucune foi en l'Islam. J'abordais cet examen des textes avec un esprit libre de tout préjugé, avec une objectivité entière. Si une influence avait pu s'exercer sur moi, c'est celle des enseignements reçus dans ma jeunesse, où l'on ne parlait pas de musulmans mais de mahométans, pour bien marquer qu'il s'agissait d'une religion fondée par un homme et qui ne pouvait, par conséquent, avoir aucune espèce de valeur vis-à-vis de Dieu. Comme beaucoup en Occident, j'aurais pu conserver sur l'Islam les mêmes idées fausses tellement répandues de nos jours que je suis toujours étonné de rencontrer, en dehors des spécialistes, des interlocuteurs éclairés sur ces points. J'avoue donc qu'avant que m'eût été donnée une image de l'Islam différente de celle reçue en Occident, j'étais moi-même très ignorant.

Si j'en vins à me rendre compte de la fausseté des jugements généralement portés en Occident sur l'Islam, je le dois à des circonstances exceptionnelles. C'est en Arabie Saoudite même que me furent donnés des éléments d'appréciation qui me démontrèrent à quel point on peut avoir, à son sujet, dans nos pays, une opinion erronée.

Immense restera ma dette de gratitude envers le

regretté roi Fayçal, dont je salue avec respect la mémoire : avoir eu l'insigne honneur de l'entendre parler de l'Islam et avoir pu évoquer devant lui certains problèmes d'interprétation coranique en rapport avec la science moderne restera gravé à jamais dans mon souvenir. Avoir recueilli tant de précieux enseignements venant de lui-même et de son entourage a constitué pour moi un privilège exceptionnel.

Ayant alors mesuré la marge qui séparait la réalité de l'Islam de l'image qu'on s'en fait dans nos pays occidentaux, je ressentis le vif besoin d'apprendre l'arabe que je ne connaissais pas, pour être en mesure de progresser dans l'étude d'une religion si méconnue. Mon premier objectif résida dans la lecture du Coran et dans l'examen de son texte phrase par phrase, avec l'aide des commentaires divers indispensables à une étude critique. Je l'abordai en prêtant une attention toute particulière à la description qu'il donne d'une multitude de phénomènes naturels : la précision de certains détails du Livre les concernant, seulement perceptible dans le texte original, me frappa en raison de sa conformité avec les conceptions qu'on peut en avoir à notre époque, mais dont un homme de l'époque de Mahomet ne pouvait avoir la moindre idée. Je lus par la suite plusieurs ouvrages consacrés par des auteurs musulmans aux aspects scientifiques du texte coranique : ils m'ont apporté de très utiles éléments d'appréciation, mais je n'ai pas encore découvert une étude d'ensemble effectuée en Occident sur ce sujet.

Ce qui frappe d'abord l'esprit de qui est confronté avec un tel texte pour la première fois est l'abondance des sujets traités : la création, l'astronomie, l'exposé de certains sujets concernant la terre, le règne animal et le règne végétal, la reproduction humaine. Alors que l'on trouve dans la Bible de monumentales erreurs scientifiques, ici je n'en découvrais aucune. Ce qui m'obligeait à m'interroger : si un homme était l'auteur du Coran, comment aurait-il pu, au VIIe siècle de l'ère chrétienne, écrire ce qui s'avère aujourd'hui conforme aux connaissances scientifiques modernes ? Or, aucun doute n'était possible : le texte que nous possédons aujourd'hui du Coran est bien le texte d'époque, si j'ose dire (le chapitre suivant de cette troisième partie traitera de la question). Quelle explication humaine donner à cette constatation ? A mon avis, il n'en est aucune car il n'y a pas de raison particulière de penser qu'un habitant de la péninsule arabique pût, au temps où, en France, régnait le roi Dagobert, posséder une culture scientifique qui aurait dû, pour certains sujets, être en avance d'une dizaine de siècles sur la nôtre.

Il est bien établi qu'au moment de la Révélation coranique, qui se situe sur une période approximative de vingt ans à cheval sur l'Hégire (622 après J.-C.), les connaissances scientifiques de l'époque étaient en phase de stagnation depuis des siècles et que la période active de la civilisation islamique avec l'essor scientifique qui l'accompagna fut *postérieure* à la fin de la Révélation du Coran. Il faut ignorer ces données religieuses et profanes pour faire la curieuse suggestion suivante, que j'ai entendu formuler quelquefois : s'il existe dans le Coran des affirmations à aspect scientifique qui étonnent, la raison en est l'avance qu'avaient sur leur temps les scientifiques arabes : Mahomet se serait inspiré de leurs travaux. Qui connaît quelque peu l'histoire de l'Islam et sait que la période de l'essor culturel et scientifique dans le monde arabe au Moyen Age est postérieure à Mahomet ne se permettrait pas de telles fantaisies. Des réflexions de ce genre sont d'autant plus hors de propos que la plupart des faits scientifiques suggérés ou énoncés très distinctement dans le Coran ont seulement reçu à l'époque moderne leur confirmation.

On conçoit dès lors que, pendant des siècles, des commentateurs du Coran (y compris ceux de la grande période de la civilisation islamique) aient immanquablement commis des erreurs dans l'interprétation de certains versets dont ils ne pouvaient pas saisir le sens précis. Ce n'est que beaucoup plus tard, à une période proche de notre époque, qu'on put les traduire et les interpréter correctement. Cela implique que, pour comprendre ces versets coraniques, des connaissances linguistiques approfondies ne sont pas seules suffisantes. Il faut posséder par ailleurs des connaissances scientifiques très diverses. Une étude comme celle-ci est pluridisciplinaire, encyclopédique. On se rendra compte, au fur et à mesure de l'exposé des questions soulevées, de la variété des connaissances scientifiques qui sont indispensables pour saisir le sens de certains versets du Coran.

Le Coran n'est pas pour autant un livre ayant pour but d'exposer certaines lois qui régissent l'univers; il a un but religieux essentiel. C'est principalement à propos des descriptions de l'omnipotence divine que des invitations à réfléchir sur les œuvres de la création sont adressées aux hommes. Elles sont accompagnées par des allusions à des faits accessibles à l'observation humaine ou à des lois définies par Dieu qui président à l'organisation de l'univers, aussi bien dans le domaine des sciences de la nature que pour ce qui concerne l'homme. Une partie de ces assertions est de compréhension aisée, mais d'une autre partie on ne peut saisir la signification que si l'on est en possession des connaissances scientifiques indispensables pour cela. C'est dire que l'homme des siècles passés ne pouvait en discerner qu'un sens apparent, qui l'a porté dans certains cas à tirer des conclusions inexactes en raison de l'insuffisance de son savoir à l'époque considérée.

La sélection des versets coraniques faite pour l'étude de leurs aspects scientifiques paraîtra peut-être trop réduite à certains des auteurs musulmans qui ont, avant moi, attiré l'attention sur ces faits. Dans l'ensemble, je crois avoir retenu un nombre un peu plus réduit de versets qu'ils ne l'ont fait. J'ai, par contre, relevé quelques versets auxquels on n'avait pas attaché jusqu'à présent l'importance qu'ils méritaient, me semble-t-il, du point de vue scientifique. Si j'ai commis des erreurs en ne prenant pas en considération pour cette étude des versets qu'ils avaient, eux, sélectionnés, j'espère qu'ils ne m'en tiendront pas rigueur. J'ai trouvé quelquefois aussi, dans certains livres, des interprétations scientifiques qui ne me paraissent pas exactes : c'est en toute indépendance d'esprit et en conscience que j'en fournis une interprétation personnelle.

J'ai recherché également s'il existait dans le Coran des allusions à des phénomènes qui sont accessibles à la compréhension humaine, mais qui n'ont pas reçu de confirmation de la part de la science moderne. Ainsi, sous ce rapport, j'ai pensé avoir trouvé que le Coran contenait des allusions à la présence dans l'univers de planètes semblables à la Terre. Il faut dire que de nombreux savants considèrent le fait comme parfaitement vraisemblable, sans que les données modernes puissent en fournir la moindre certitude. J'ai jugé que je me devais de l'évoquer, avec toutes les réserves qui s'imposent.

Si j'avais entrepris une telle étude il y a une trentaine d'années, un autre fait annoncé par le Coran aurait dû être ajouté à celui qui vient d'être cité concernant l'astronomie, c'est la conquête de l'espace. A cette époque, on envisageait, à la suite des premiers essais de fusée balistique, qu'un jour viendrait peut-être où l'homme aurait les possibilités matérielles de s'échapper de l'environnement terrestre et d'explorer l'espace. On savait alors qu'un verset coranique existait qui prédisait qu'un jour l'homme réaliserait cette conquête. La vérification est maintenant faite.

Cette confrontation de l'Ecriture sainte avec la science fait intervenir, pour la Bible comme pour le Coran, des notions qui ont trait à la vérité scientifique. Pour que la confrontation soit valable, il faut que l'argument scientifique sur lequel on s'appuie soit parfaitement établi et qu'il ne prête à aucune discussion. Ceux qui rechignent à accepter l'intervention de la science dans l'appréciation des Ecritures nient que la science puisse constituer un terme de comparaison valable (qu'il s'agisse de la Bible, qui ne subit pas la confrontation sans dommage — on a vu pour quels motifs —, ou du Coran qui, lui, n'a rien à craindre d'elle) : la science, avance-t-on, est changeante avec le temps et tel fait admis un jour peut être rejeté plus tard.

Cette remarque appelle la mise au point suivante : il faut distinguer la théorie scientifique et le fait d'observation dûment contrôlé. La théorie est destinée à expliquer un phénomène ou un ensemble de phénomènes difficilement compréhensibles. La théorie est changeante dans bien des cas : elle est susceptible d'être modifiée ou remplacée par une autre quand le progrès scientifique permet de mieux analyser les faits et d'imaginer une explication plus valable. Par contre, le fait d'observation vérifié expérimentalement n'est pas susceptible d'être modifié : on peut mieux définir ses caractères, mais il demeure ce qu'il était.

Qu'on ait établi que la Terre tournait autour du Soleil et la Lune autour de la Terre ne sera pas sujet à révision ; dans l'avenir on pourra tout au plus mieux définir les orbites.

C'est une prise en considération du caractère changeant des théories qui m'a fait écarter, par exemple, un verset coranique dont un physicien musulman pensait qu'il annonçait le concept de l'antimatière, théorie actuellement très discutée. Par contre, on peut très légitimement accorder toute son attention à un verset du Coran évoquant l'origine aquatique de la vie, phénomène qu'on ne pourra jamais vérifier, mais en faveur duquel tant d'arguments militent. Quant à des faits d'observation comme l'évolution de l'embryon humain, on peut parfaitement confronter les différents stades décrits par le Coran avec les données de l'embryologie moderne et découvrir l'absolue conformité avec la science des versets coraniques la concernant.

Cette confrontation Coran/science a été complétée par deux autres comparaisons : d'une part, la confrontation avec les connaissances modernes des données bibliques portant sur les mêmes sujets ; d'autre part, la comparaison du même point de vue scientifique des données du Coran, Livre de la Révélation communiquée par Dieu au Prophète, et des données des hadiyths, livres de récits, de déclarations de Mahomet qui se placent en dehors de la Révélation écrite.

A la fin de cette troisième partie de l'ouvrage,

on trouvera détaillés les résultats de la comparaison des récits bibliques et des récits coraniques d'un même événement et ceux du passage au crible de la critique scientifique de chaque récit. L'examen a été fait, par exemple, pour la création et pour le Déluge. Pour l'un comme pour l'autre, on a mis en évidence les incompatibilités avec la science du récit biblique. On verra la parfaite concordance avec la science moderne des récits coraniques les concernant. On en notera les différences qui précisément font qu'un récit est admissible à l'époque moderne alors que l'autre ne l'est pas.

Cette constatation est de toute première importance, car dans les pays occidentaux, juifs, chrétiens et athées s'accordent unanimement pour avancer (sans d'ailleurs la moindre des preuves) que Mahomet a écrit ou fait écrire le Coran en imitant la Bible. On avance que des récits coraniques d'histoire religieuse reprennent les récits bibliques. Cette prise de position est aussi légère que celle qui amènerait à dire que Jésus aurait trompé lui aussi ses contemporains pour s'être inspiré de l'Ancien Testament au cours de sa prédication : tout l'Evangile de Matthieu est — on l'a vu — fondé sur cette continuité avec l'Ancien Testament. Quel exégète aurait l'idée d'enlever à Jésus son caractère d'envoyé de Dieu pour ce motif ? C'est bien ainsi, pourtant, qu'en Occident le plus souvent on juge Mahomet : il n'a fait que copier la Bible. Jugement sommaire qui ne tient aucun compte du fait que, sur un même événement, Coran et Bible peuvent donner des versions différentes. On préfère passer sous silence la divergence des récits. On les déclare identiques et ainsi les connaissances scientifiques n'ont pas à intervenir. Ces questions seront développées à propos des récits de la création et du Déluge.

Les recueils de hadiyths sont, pour Mahomet, ce que sont les Evangiles pour Jésus : des récits sur les gestes et paroles du Prophète, dont les auteurs ne sont pas des témoins oculaires (tout au moins pour les recueils de hadiyths réputés les plus authentiques, nettement postérieurs à l'époque de Mahomet). Ils ne constituent en aucune façon des livres contenant la Révélation écrite. Ils ne sont pas la Parole de Dieu, mais ils rapportent les dires du Prophète. Dans ces livres communément répandus, on découvre des affirmations qui contiennent des erreurs du point de vue scientifique, en particulier des recettes médicales. Mais qui pourrait dire avec certitude que ces déclarations prêtées au Prophète sont authentiques ? Nous mettons naturellement à part tout ce qui peut concerner les problèmes d'ordre religieux, qui ne sont pas envisagés ici à propos des hadiyths. Bien des hadiyths ont une authenticité douteuse : ils sont discutés par les savants musulmans eux-mêmes. Si l'aspect scientifique de certains d'entre eux est évoqué dans cet ouvrage, c'est essentiellement pour mettre en relief ce qui les différencie de ce point de vue du Coran qui, lui, ne contient aucune affirmation scientifique inadmissible. La différence est, on le verra, frappante.

Cette dernière constatation rend inacceptable l'hypothèse de ceux qui voient en Mahomet l'auteur du Coran. Comment un homme, illettré au départ, aurait-il pu, en devenant par ailleurs, du point de vue de la valeur littéraire, le premier auteur de toute la littérature arabe, énoncer des vérités d'ordre scientifique que nul être humain ne pouvait élaborer en ce temps-là, et cela sans faire la moindre déclaration erronée sous ce rapport.

Les considérations qui vont être développées dans cette étude du seul point de vue scientifique vont amener à juger inconcevable qu'un homme vivant au VIIe siècle de l'ère chrétienne ait pu, sur des sujets très divers, émettre dans le Coran des idées qui ne sont pas celles de son époque et qui concordent avec ce que l'on démontrera des siècles plus tard. Pour moi, il n'existe pas d'explication humaine au Coran.

II. AUTHENTICITE DU CORAN. HISTOIRE DE SA REDACTION

Une authenticité indiscutable donne au texte coranique une place à part parmi les livres de la Révélation, place qu'il ne partage ni avec l'Ancien ni avec le Nouveau Testament. Dans les deux premières parties de cet ouvrage, on a passé en revue les remaniements que subirent l'Ancien Testament et les Evangiles avant de nous parvenir dans l'état où ils se trouvent aujourd'hui. Il n'en est pas de même pour le Coran pour la simple raison qu'il a été fixé du temps même du Prophète et nous allons voir comment cette fixation s'est opérée.

Les différences qui séparent à ce sujet le dernier volet de la Révélation des deux premiers ne tiennent nullement, pour l'essentiel, à des questions de date que certains mettent systématiquement en avant, sans attacher d'importance aux circonstances qui ont présidé à l'établissement des textes de la Révélation judéo-chrétienne et de ceux de la Révélation coranique, pas plus qu'ils n'en attachent aux circonstances de la transmission du Coran au Prophète. On avance qu'un texte du

VIIᵉ siècle de notre ère avait plus de chances de nous parvenir non altéré que d'autres textes qui peuvent avoir jusqu'à une quinzaine de siècles d'ancienneté supplémentaire. La remarque est exacte, mais elle ne constitue pas une explication suffisante. Elle est davantage faite pour trouver une excuse à des modifications des textes judéo-chrétiens au cours des âges que pour souligner que le texte coranique, plus récent, risquait moins que les premiers d'être altéré par les hommes.

Pour l'Ancien Testament, ce sont la pluralité même des auteurs pour un même récit et les révisions des textes effectuées, pour certains livres, à plusieurs époques de l'ère préchrétienne qui sont autant de causes d'inexactitude et de contradiction. Pour les Evangiles, dont personne ne peut affirmer qu'ils contiennent la relation toujours fidèle de la Parole de Jésus ou un récit de ses actes rigoureusement conforme à la réalité, on a vu que les rédactions successives des textes rendaient compte du manque certain d'authenticité. De plus, leurs auteurs ne sont pas des témoins oculaires.

Il faut souligner également la distinction qui doit être faite entre le Coran, Livre de la Révélation écrite, et les hadiyths, recueils de récits des actes et des paroles de Mahomet. Certains des compagnons du Prophète commencèrent à les rédiger dès la mort de celui-ci : l'erreur humaine pouvant s'y glisser, leur collection dut être reprise plus tard et soumise à la critique la plus sérieuse, de sorte que, en pratique, c'est à des documents très postérieurs à la mort de Mahomet qu'on attache le plus de crédit. Comme les textes des Evangiles, ils ont une authenticité variable. Pas plus qu'aucun Evangile ne fut fixé du temps de Jésus (ils furent tous écrits bien après la fin de sa mission terrestre), aucun recueil de hadiyths n'eut son texte arrêté au temps du Prophète.

Pour le Coran, il en est tout autrement. Le texte fut à la fois récité par cœur, au fur et à mesure de sa Révélation, par le Prophète et les croyants autour de lui et fixé par écrit par les scribes de son entourage. Au départ, il présente par conséquent ces deux éléments d'authenticité que ne possèdent pas les Evangiles. Il en sera ainsi jusqu'à la mort du Prophète. La récitation, à une époque où tout le monde n'écrivait pas mais pouvait retenir par cœur, offre, par la pluralité du contrôle possible au moment de l'établissement définitif du texte, un avantage considérable.

La Révélation coranique a été faite par l'Archange Gabriel à Mahomet. Elle s'étale sur plus de vingt ans de la vie du Prophète. Elle débute par les premiers versets de la sourate 96, s'interrompt alors pendant trois ans, et reprend durant vingt ans jusqu'à la mort du Prophète, en l'an 632 de l'ère chrétienne, soit dix ans avant l'Hégire (622) et dix ans après l'Hégire.

La première Révélation fut la suivante (sourate 96, versets 1 à 5)[1] :

1. Ces paroles bouleversèrent Mahomet. On reviendra plus loin sur leur interprétation, en liaison en particulier avec le fait que Mahomet ne savait ni lire ni écrire à cette époque.

« Lis au nom de ton Seigneur qui créa,
Qui créa l'homme de quelque chose qui s'accroche.
Lis ! Ton Seigneur est le très Noble,
Celui qui enseigna par la plume,
Qui enseigna à l'homme ce qu'il ne connaissait pas. »

Le professeur Hamidullah fait remarquer, dans l'introduction de sa traduction du Coran, qu'un des thèmes de cette première Révélation était « l'éloge de la plume comme moyen de connaissance humaine » et qu'ainsi s'expliquerait « le souci du Prophète pour la conservation du Coran par écrit ».

Des textes établissent formellement que, bien avant que le Prophète eût quitté La Mecque pour Médine (c'est-à-dire bien avant l'Hégire), le texte coranique déjà révélé était fixé par écrit. On va se rendre compte que le Coran en fait foi. Or on sait que Mahomet et les croyants autour de lui avaient coutume de réciter de mémoire le texte révélé. Il serait donc inconcevable que le Coran puisse faire allusion à des faits qui n'auraient pas correspondu à la réalité alors qu'ils étaient très aisément contrôlables dans l'entourage du Prophète auprès des auteurs de la transcription.

Quatre sourates préhégiriennes font allusion à la rédaction du Coran avant que le Prophète eût quitté La Mecque en 622 :

— *Sourate 80, versets 11 à 16 :*

« Non, non ! Vraiment ceci est un Rappel.

Quiconque veut, donc, qu'il se rappelle
En des feuilles honorées,
Elevées, purifiées
Entre les mains de scribes
Nobles et pieux. »

Yusuf Ali a écrit, dans les commentaires de sa traduction du Coran de 1934, qu'au moment de la Révélation de cette sourate il en existait quarante-deux ou quarante-cinq autres entre les mains des musulmans de La Mecque (sur un total de cent quatorze).

— *Sourate 85, versets 21 et 22 :*

« Ceci est au contraire une glorieuse lecture[1]
Sur une tablette conservée. »

— *Sourate 56, versets 77 à 80 :*

« Voici une lecture[1] noble
Dans un écrit gardé avec soin
Que seuls touchent les Purifiés
C'est une Révélation du Seigneur des Mondes. »

— *Sourate 25, verset 5 :*

« Ils ont dit : Ce sont des histoires de nos aïeux qu'il se fait écrire (ou écrit) et qui lui sont dictées matin et soir. »

1. Dans le texte : *Qur'an*, qui veut dire aussi lecture.

Il s'agit ici d'une allusion aux accusations portées par les adversaires du Prophète qui le traitaient d'imposteur. Ils colportaient qu'on lui dictait des histoires de l'Antiquité qu'il écrivait ou faisait écrire (le sens du mot est discutable, mais il faut se rappeler que Mahomet était illettré). Quoi qu'il en soit, le verset fait allusion à cet enregistrement par écrit que relèvent les adversaires mêmes de Mahomet.

Une sourate postérieure à l'Hégire fait une dernière mention de ces feuilles sur lesquelles sont inscrites des prescriptions divines :

— *Sourate 98, versets 2 et 3 :*

« Un envoyé de Dieu récite des feuilles purifiées où sont des prescriptions immuables. »

Ainsi le Coran renseigne lui-même sur sa mise par écrit du vivant du Prophète. On sait que Mahomet avait autour de lui plusieurs scribes, dont le plus célèbre, Zaid Ibn Thâbit, laissa son nom à la postérité.

Dans la préface de sa traduction du Coran (1971), le professeur Hamidullah décrit bien les conditions dans lesquelles la transcription du texte coranique s'est effectuée jusqu'à la mort du Prophète :

« Les sources sont d'accord pour dire que toutes les fois qu'un fragment du Coran était révélé, le Prophète appelait un de ses compagnons lettrés, et le lui dictait, tout en précisant la place exacte du nouveau fragment dans l'ensemble déjà reçu... Les récits précisent qu'après la dictée, Mahomet demandait au scribe de lui lire ce qu'il avait noté, pour pouvoir corriger les déficiences s'il y en avait... Un autre célèbre récit nous dit que le Prophète récitait chaque année au mois de Ramadân, devant Gabriel, tout le Coran (révélé jusqu'alors)..., que, le Ramadân qui précéda sa mort, Gabriel le lui fit réciter par deux fois... On sait que dès l'époque du Prophète les musulmans prirent l'habitude de veiller, le mois de Ramadân, par des offices surérogatoires en récitant le Coran tout entier. Plusieurs sources ajoutent que lors de cette dernière collation son scribe Zaid était présent. D'autres parlent de nombreux autres personnages aussi. »

On se servit, pour ce premier enregistrement, d'objets très variés : parchemin, cuir, tablettes de bois, omoplates de chameau, pierres tendres pour graver, etc.

Mais, en même temps, Mahomet recommanda que les fidèles apprissent par cœur le Coran, ce qu'ils firent pour tout ou partie du texte qui était récité lors des prières. C'est ainsi qu'il y eut des *Hafizûn* qui connaissaient tout le Coran par cœur et le propageaient. La double méthode de conservation du texte par l'écriture et par la mémoire se révéla très précieuse.

Peu de temps après la mort du Prophète (632), son successeur Abu Bakr, premier calife de l'Islam, demanda à l'ancien premier scribe de Mahomet, Zaid Ibn Thâbit, de préparer une copie, ce qu'il fit. Sur l'initiative d'Omar (futur deuxième calife), Zaid consulta toute la documentation qu'il pouvait collecter à Médine : témoignages des *Hafizûn*, copies du Livre faites sur divers objets et appartenant à des particuliers, tout cela pour éviter toute erreur possible de transcription. On obtint ainsi une copie très fidèle du Livre.

Les sources nous apprennent qu'ensuite le calife Omar, successeur d'Abu Bakr en 634, en fit un seul volume *(mushaf)* qu'il conserva et donna à sa mort à sa fille Hafsa, veuve du Prophète.

Le troisième calife de l'Islam, Uthman, qui exerça son califat de 644 à 655, chargea une commission d'experts de pratiquer la grande recension qui porte son nom. Elle contrôla l'authenticité du document établi sous Abu Bakr et en possession jusqu'alors de Hafsa. La commission consulta des musulmans qui connaissaient le texte par cœur. La critique de l'authenticité du texte s'opéra d'une manière extrêmement rigoureuse. La concordance des témoignages fut jugée nécessaire pour retenir le moindre verset qui pût prêter à discussion : on sait, en effet, que certains versets du Coran peuvent corriger certains autres pour ce qui concerne les prescriptions, ce qui s'explique parfaitement quand on se rappelle que l'apostolat du Prophète porte sur vingt années en chiffres ronds. On aboutit ainsi à un texte où l'ordre des sourates reflétait celui — on le pense aujourd'hui — qu'avait suivi le Prophète dans sa récitation complète du Coran durant le mois du Ramadan, comme on l'a vu plus haut.

On pourrait s'interroger sur les motifs qui conduisirent les trois premiers califes, Uthman en particulier, à opérer des collections et recensions du texte. Ils sont simples : l'expansion de l'Islam fut d'une extrême rapidité dans les toutes premières décennies qui suivirent la mort de Mahomet et cette expansion se fit au milieu de peuples dont beaucoup possédaient des langues qui n'étaient pas l'arabe. Il fallut prendre des précautions indispensables pour assurer la propagation du texte dans sa pureté originelle : la recension d'Uthman eut cet objectif.

Uthman envoya des exemplaires du texte de cette recension dans les centres de l'Empire islamique et c'est ainsi que, de nos jours, il existe, selon le professeur Hamidullah, des copies que l'on attribue à Uthman à Tachkent et à Istanbul. Mis à part quelques éventuelles fautes de copie, les pièces les plus anciennes connues de nos jours et retrouvées dans tout le monde islamique sont identiques ; il en va de même pour les pièces que l'on possède en Europe (à la Bibliothèque nationale de Paris, il y a des fragments datant, selon les experts, des VIIIe et IXe siècles de l'ère chrétienne, soit les IIe et IIIe siècles de l'Hégire). La multitude des textes anciens connus concorde à de très minimes variantes près, qui ne changent rien au sens général du texte, si le contexte admet parfois plusieurs possibilités de lecture en relation avec le fait que l'écriture ancienne était plus simple que l'actuelle[1].

Les sourates, au nombre de cent quatorze, furent classées par ordre de longueur décroissante, avec quelques exceptions cependant. La chronologie de

1. L'absence de points diacritiques pouvait, par exemple, faire lire un verbe à l'actif ou au passif et, dans certains cas, au masculin ou au féminin, mais le plus souvent cela ne prêta guère à conséquence importante, le contexte rétablissant le sens dans un grand nombre de cas.

la Révélation ne fut donc pas respectée. On la connaît cependant dans la grande majorité des cas. Un nombre important de récits sont évoqués en plusieurs endroits du texte, ce qui donne parfois lieu à des répétitions. Très souvent un passage ajoute des détails à un récit rapporté incomplètement ailleurs. Et tout ce qui peut avoir un rapport avec la science moderne est, comme pour beaucoup de sujets traités dans le Coran, réparti dans le Livre sans aucune apparence de classification.

III. LA CREATION DES CIEUX ET DE LA TERRE

Différences et analogies avec le récit biblique

A la différence de l'Ancien Testament, le Coran n'offre pas de narration d'ensemble de la création. A la place d'un récit continu, on trouve en de nombreux endroits du Livre des passages évoquant certains de ses aspects et donnant plus ou moins de précisions sur les événements successifs qui l'ont marquée. Pour avoir une idée claire de la manière dont ces derniers sont présentés, il faut donc rassembler les fragments épars dans un nombre important de sourates.

Cette dissémination dans le Livre d'évocations d'un même sujet n'est pas particulière au thème de la création. Beaucoup de grands sujets sont ainsi traités dans le Coran, qu'il s'agisse de phénomènes terrestres ou célestes ou de questions concernant l'homme, qui intéressent le scientifique. Pour chacun d'eux, un même travail de collection de versets a été entrepris.

Pour beaucoup d'auteurs européens, le récit coranique de la création est très voisin du récit biblique et on se plaît à présenter les deux récits parallèlement. Je pense que cette conception est erronée, car il existe des dissemblances évidentes. Sur des questions qui ne sont nullement accessoires du point de vue scientifique, on découvre dans le Coran des affirmations dont on cherche vainement l'équivalent dans la Bible. Celle-ci contient des développements qui n'ont pas d'équivalent dans le Coran.

Des analogies apparentes entre les deux textes sont bien connues ; parmi celles-ci, le chiffrage des phases successives de la création est à première vue identique : aux six jours de la Bible correspondraient les six jours du Coran. Mais, en réalité, le problème est plus complexe et mérite qu'on s'y arrête.

LES SIX PERIODES DE LA CREATION

Le récit biblique[1] évoque sans la moindre ambiguïté la création en six jours suivis d'un jour de repos, celui du sabbat, par analogie avec les jours de la semaine. On a vu que ce mode de narration par les prêtres du VIe siècle avant J.-C. répondait à

1. Le récit biblique dont il s'agit ici est le récit dit sacerdotal, dont on a parlé dans la première partie de cet ouvrage ; le récit yahviste, condensé en quelques lignes dans le texte actuel de la Bible, est trop insignifiant pour qu'on le prenne ici en considération.

des intentions d'exhortation à la pratique du sabbat : tout Juif devant, le jour du sabbat, se reposer[1] comme le Seigneur l'avait fait après avoir œuvré durant les six jours de la semaine.

Ainsi compris par la Bible, le mot « jour » définit l'intervalle de temps compris entre deux levers successifs ou deux couchers successifs du soleil pour un habitant de la terre. Le jour défini de cette manière est fonction de la rotation de la Terre sur elle-même. Il est bien évident qu'on ne peut, en toute logique, parler de « jours » dans le sens ainsi défini, alors que le mécanisme qui va en provoquer l'apparition — c'est-à-dire l'existence de la Terre et sa rotation autour du Soleil — n'est pas encore mis en place aux premiers stades de la création selon le récit biblique. Cette impossibilité a été soulignée dans la première partie de ce livre.

Si l'on se réfère aux textes de la majorité des traductions du Coran, on y lit — par analogie avec ce que nous apprend la Bible — que, pour la Révélation islamique, le processus de la création s'est étalé également sur une période de six jours. On ne saurait reprocher aux traducteurs de rendre le mot arabe par son sens le plus courant. C'est ainsi que les traductions l'expriment ordinairement et l'on peut lire dans le Coran, pour le verset 54 de la sourate 7 :

> « Votre Seigneur est Dieu qui créa les cieux et la terre en six jours. »

1. « Sabbat » veut dire se reposer en hébreu.

Peu nombreux sont les traductions et commentaires du Coran qui font remarquer que le mot « jours » doit être compris en réalité comme signifiant « périodes ». On a d'ailleurs soutenu que si les textes coraniques sur la création divisaient ses phases en « jours », c'était dans l'intention délibérée de reprendre ce en quoi tout le monde croyait à l'aurore de l'Islam parmi les Juifs et les chrétiens et de ne pas heurter de front une croyance aussi largement répandue.

En fait, et sans rejeter nullement cette manière de voir, ne peut-on pas envisager de plus près le problème et examiner les sens possibles que peut avoir, *dans le Coran même* et plus généralement dans la langue de l'époque, le mot que nombre de commentateurs eux-mêmes continuent de traduire par « jour » : *yawm*, au pluriel *ayyâm*, en arabe[1].

Son sens le plus courant est jour, mais précisons bien qu'il tend à désigner plutôt la clarté diurne que la durée de temps entre un coucher de soleil et celui de son lendemain. Le pluriel *ayyâm* peut signifier non seulement jours mais encore longue durée, période de temps non précisée (mais toujours longue). Le sens de « période de temps » que peut avoir le mot se retrouve autre part dans le Coran. C'est ainsi qu'on y lit :

— *Sourate 32, verset 5 :*

« ... en une période de temps *(yawm)* dont la mesure est de mille de ce que vous comptez ».

1. On trouvera à la dernière page de cet ouvrage la correspondance entre les caractères latins et les lettres arabes.

(Il est à noter que le verset qui précède le verset 5 évoque précisément la création en six périodes.)

— *Sourate 70, verset 4 :*

« ... en une période de temps *(yawm)* dont la mesure est de 50 000 ans ».

Le fait que le mot *yawm* pouvait désigner une période de temps tout à fait différente de celle à laquelle nous donnons le sens de jour avait frappé des commentateurs très anciens qui ne possédaient naturellement pas les connaissances que nous avons de la durée des phases de la formation de l'univers. C'est ainsi qu'au XVIe siècle après J.-C., Abu al Sûeud, qui ne pouvait avoir de notion du jour défini par l'astronomie en fonction de la rotation de la Terre, pensait qu'il fallait, pour la création, envisager une division non en jours au sens où nous l'entendons habituellement, mais en « événements » (en arabe, *nawbat*).

Des commentateurs modernes reprennent cette interprétation. Yusuf Ali (1934) insiste dans son commentaire de chaque verset traitant des phases de la création sur la nécessité de prendre les mots, autre part interprétés avec le sens de jours, comme signifiant en réalité « longues périodes », « âges ».

On peut donc admettre que le Coran envisage, pour les étapes de la création du monde, de longues périodes de temps qu'il chiffre au nombre de six. Certes, la science moderne n'a pas permis aux hommes d'établir que les diverses étapes des processus complexes qui ont abouti à la formation de l'univers étaient au nombre de six, mais elle a formellement démontré qu'il s'agissait de très longues périodes de temps, auprès desquelles les « jours » tels que nous les concevons seraient une dérision.

Un des passages les plus longs du Coran, traitant de la création, l'évoque en juxtaposant une narration d'événements terrestres et une narration d'événements célestes. Il s'agit des versets 9 à 12 de la sourate 41 :

(Dieu s'adresse au Prophète) :

« Dis : En vérité serez-vous infidèles envers Celui qui créa la terre en deux périodes ? Lui donnerez-vous des égaux ? Celui-là est le Seigneur des Mondes.

« Il a placé sur elle des sommets immobiles. Il l'a bénie. Il y a réparti avec mesure ses nourritures en quatre périodes, en proportion convenable, ceci pour ceux qui sont en quête (de celles-ci ? ou d'information ?).

« De plus *(thumma)* il se tourna vers le ciel alors qu'il était fumée et il lui dit ainsi qu'à la terre : Venez de gré ou de force ! Et le ciel et la terre dirent : Nous venons obéissants.

« Il a décrété les sept cieux en deux périodes, et à chaque ciel il fixa son état par révélation.

« Nous avons paré le ciel le plus proche de luminaires et d'une protection. C'est une détermination du Puissant, de l'Omniscient. »

Ces quatre versets de la sourate 41 présentent plusieurs aspects sur lesquels on reviendra : l'état gazeux initial de la matière céleste et la définition toute symbolique de cieux au nombre de sept. On verra le sens du chiffre. Symbolique est également le dialogue entre Dieu d'une part et le ciel et la terre primitifs d'autre part : il ne s'agit ici que d'exprimer la soumission aux ordres divins des cieux et de la terre une fois formés.

Des critiques ont vu en ce passage une contradiction avec l'énoncé des six périodes de la création. En additionnant les deux périodes de formation de la terre, les quatre périodes de répartition de ces subsistances pour ses habitants et les deux périodes de formation des cieux, on aboutirait au chiffre de huit périodes, ce qui serait en contradiction avec les six périodes définies plus haut.

En fait, ce texte par lequel l'homme est invité à réfléchir sur l'Omnipotence divine en partant de la terre pour achever sa réflexion à propos des cieux présente deux parties qui sont articulées par le mot arabe *thumma,* traduit par « de plus », mais qui veut dire aussi bien « ensuite », ou « par la suite » que « par ailleurs ». Il peut donc impliquer un sens de succession s'appliquant à une succession d'événements ou à une succession dans la réflexion de l'homme sur les événements évoqués ici. Il peut s'agir aussi bien d'une simple mention d'événements que l'on juxtapose sans dessein d'y introduire un sens de succession entre eux. Quoi qu'il en soit, les périodes de la création du ciel peuvent parfaitement coïncider avec les deux périodes de la création de la terre : on examinera un peu plus loin comment est évoqué dans le Coran le processus élémentaire de la formation de l'univers et l'on verra comment il s'applique conjointement aux cieux et à la terre en conformité avec les concepts modernes. On se rendra alors compte de la parfaite légitimité de cette manière de concevoir une simultanéité dans les événements évoqués ici.

Il ne semble pas y avoir d'opposition entre le

passage cité ici et la conception découlant des autres textes du Coran d'une formation du monde en six phases ou périodes.

Le Coran ne définit pas un ordre de succession dans la création des cieux et de la terre

Dans les deux passages du Coran qui viennent d'être cités, il est fait mention dans un verset de la création des cieux et de la terre (sourate 7, verset 54), et à un autre endroit de la création de la terre et des cieux (sourate 41, versets 9 à 12). Le Coran ne semble donc pas définir un ordre dans la création des cieux et de la terre.

Il existe un petit nombre de versets dans lesquels la terre est mentionnée en premier, comme dans la sourate 2, verset 29, et dans la sourate 20, verset 4, où allusion est faite à « celui qui créa la terre et les cieux ». Il est par contre des versets beaucoup plus nombreux dans lesquels ce sont les cieux qui sont mentionnés avant la terre (sourate 7, verset 54 ; sourate 10, verset 3 ; sourate 11, verset 7 ; sourate 25, verset 59 ; sourate 32, verset 4 ; sourate 50, verset 38 ; sourate 57, verset 4 ; sourate 79, versets 27 à 33 ; sourate 91, versets 5 à 10).

A vrai dire, mis à part la sourate 79, aucun passage du Coran ne précise de façon formelle une succession : c'est une simple conjonction de coordination *(wa)* qui a le sens de « et » en français qui relie les deux termes, ou bien c'est le mot *thumma* déjà vu qui, dans le passage cité plus haut, peut indiquer une simple juxtaposition ou bien une succession.

Il m'a semblé qu'il existait un seul passage dans le Coran où une succession est nettement établie entre divers événements de la création. Ce sont les versets 27 à 33 de la sourate 79 :

> « Seriez-vous plus ardus à créer, ou le ciel que (Dieu) a construit ? Il a élevé bien haut sa voûte, puis l'a ordonnée. Il a rendu obscure sa nuit et fait sortir le jour qui monte. Quant à la terre, après cela — *(bacda dhalika)* — il l'a étendue. Il a fait sortir d'elle son eau et son pâturage. Quant aux montagnes, il les a rendues immobiles. (Tout cela) à titre de jouissance matérielle pour vous et vos bêtes de troupeau. »

Cette énumération des bienfaits terrestres de Dieu envers les hommes, exprimée en un langage qui convient à des agriculteurs ou à des nomades de la péninsule arabique, est précédée d'une invitation à réfléchir sur la création du ciel. Mais l'évocation du stade où Dieu étend la terre et la rend cultivable est située dans le temps très exactement après que l'alternance des jours et des nuits est réalisée. Il y a donc ici évocation de deux groupes de phénomènes, les uns célestes et les autres terrestres, articulés dans le temps. La mention qui en est faite implique ici que la terre devait nécessairement exister avant d'être étendue et qu'elle existait par conséquent alors que Dieu construisait le ciel. Il se dégage alors la notion d'une *concomitance* des deux évolutions céleste et terrestre, avec intrication des phénomènes. Il ne faut donc trouver aucune signification particulière à la mention qui est faite dans le texte coranique à propos de la création de la terre avant les cieux ou des cieux avant la terre : la place des mots ne préjuge pas de l'ordre dans lequel la création s'est effectuée, si des précisions ne sont pas par ailleurs données.

Le processus fondamental de la formation de l'univers et son aboutissement à la constitution des mondes

Le Coran présente en deux versets une synthèse brève des phénomènes qui ont constitué le processus fondamental de la formation de l'univers :

— *Sourate 21, verset 30 :*

« Les impies n'ont-ils pas vu que les cieux et la terre étaient soudés, que Nous les avons séparés, et que de l'eau Nous avons fait provenir toute chose vivante ? Eh quoi ! ne croiront-ils donc point ? »

— *Sourate 41, verset 11.* Dieu ordonne au Prophète de dire après une invitation à la réflexion au sujet de la création de la terre :

« Par ailleurs (Dieu) se tourna vers le ciel alors qu'il était fumée et il lui dit ainsi qu'à la terre... »

Suivent les commandements de soumission auxquels allusion a été faite plus haut.

On reviendra plus loin sur l'origine aquatique de la vie qui sera examinée à côté d'autres problèmes biologiques évoqués dans le Coran. Il faut retenir pour l'instant ce qui suit :

a) l'affirmation de l'existence d'une masse gazeuse avec de fines particules, car c'est bien ainsi qu'il faut interpréter le mot « fumée » (*dukhâm,* en arabe). La fumée est généralement constituée par un substratum gazeux avec, en suspension plus ou moins stable, de fines particules pouvant appartenir aux états solide et même liquide de la matière et se trouver à une température plus ou moins élevée ;

b) la mention d'un processus de séparation *(fatq)* d'une masse initiale unique dont les éléments étaient initialement soudés entre eux *(ratq).* Précisons bien qu'en arabe *fatq* est l'action de rompre, de dessouder, de séparer, et que *ratq* est le fait de souder ou de coudre des éléments pour faire un tout homogène.

Ce concept de séparation d'un tout en plusieurs parties est précisé en d'autres passages du Livre par l'évocation de mondes multiples. Le premier verset de la première sourate du Coran proclame après l'invocation d'ouverture : « Au nom de Dieu, Miséricordieux et Compatissant », « Louange à Dieu, Seigneur des Mondes ».

L'expression « Mondes » revient des dizaines de fois dans le Coran. Les cieux sont aussi évoqués comme multiples, non seulement sous la forme du pluriel, mais encore avec la numération symbolique à l'aide du chiffre 7.

7 est employé 24 fois dans tout le Coran pour des chiffrements divers. Il a très souvent le sens de multiple sans que l'on connaisse de façon précise la raison de l'usage ainsi fait du chiffre dans ce sens. Chez les Grecs et chez les Romains, le chiffre 7 paraît bien avoir eu le même sens de plu-

ralité non définie. Dans le Coran, 7 fois le chiffre 7 se rapporte aux cieux proprement dits *(samawât)*, une fois le chiffre 7 est employé seul pour désigner les cieux qui restent sous-entendus. Une fois mention est faite des 7 voies du ciel :

— *Sourate 2, verset 29 :*

« (Dieu) est celui qui créa pour vous ce qui se trouve en totalité sur la terre. Par ailleurs Il se dirigea vers le ciel et façonna harmonieusement sept cieux. De toute chose Il est Omniscient. »

— *Sourate 23, verset 17 :*

« Et certainement Nous avons créé au-dessus de vous sept voies : Nous n'avons pas été insoucieux de la création. »

— *Sourate 67, verset 3 :*

« (Dieu) est celui qui créa sept cieux en couches. Tu ne verras pas de défaut dans la création du Miséricordieux. Ramène la vue sur elle ! Y vois-tu des failles ? »

— *Sourate 71, versets 15-16 :*

« N'avez-vous pas vu comment Dieu créa sept cieux en couches et (comment) Il y plaça la lune comme clarté et (y) plaça le soleil comme flambeau[1] ? »

— *Sourate 78, versets 12 et 13 :*

« Nous avons construit au-dessus de vous sept (cieux) robustes et nous y avons placé une lampe très ardente. »

La lampe très ardente est ici le soleil.

Pour tous ces versets les commentateurs cora-

1. On remarquera que lune et soleil qui sont appelés tous deux luminaires dans la Bible sont désignés ici, comme toujours dans le Coran, de manière différente, la première par la clarté *(nûr)* tandis que le second est comparé dans ce verset au flambeau *(sirâj)* qui produit la lumière. On verra plus loin l'application au soleil d'autres épithètes.

niques sont d'accord : le chiffre 7 désigne une pluralité sans autre précision[1].

Les cieux sont donc multiples, les terres le sont aussi et ce n'est pas un des moindres étonnements du lecteur moderne du Coran que de trouver dans un texte de cette époque l'annonce du fait que des terres comme la nôtre puissent se trouver dans l'univers, ce que les hommes n'ont pas encore vérifié en notre temps.

Le verset 12 de la sourate 65 annonce en effet :

« Dieu est celui qui créa sept cieux et de la terre *(arD)* un nombre semblable. L'ordre (divin) descend parmi eux pour que vous sachiez que Dieu est, sur toute chose, Omnipotent et que Dieu embrasse toute chose en (sa) science. »

7 indiquant comme on l'a vu une pluralité indéterminée, on peut conclure que le texte coranique indique clairement qu'il n'existe pas qu'une terre, la terre des hommes *(arD)*; il y en a d'autres semblables dans l'univers.

Autre sujet d'étonnement pour le lecteur du Coran au xxe siècle : des versets mentionnent trois groupes de choses créées ; ce sont :

— celles qui se trouvent dans les cieux ;
— celles qui se trouvent sur la terre ;
— celles qui se trouvent entre les cieux et la terre.

Voici quelques-uns de ces versets :

1. En dehors du Coran, dans les textes de l'époque de Mahomet ou des tout premiers siècles qui l'ont suivie rapportant ses paroles (hadiyths), on trouve souvent le chiffre 7 pour indiquer simplement une pluralité.

— *Sourate 20, verset 6 :*

« A Lui (Dieu) appartient ce qui est dans les cieux, sur la terre, entre eux, et sous la terre humide. »

— *Sourate 25, verset 59 :*

« ... celui qui créa les cieux, la terre et ce qui est entre eux en six périodes ».

— *Sourate 32, verset 4 :*

« Dieu est celui qui créa les cieux, la terre et ce qui est entre eux en six périodes. »

— *Sourate 50, verset 38 :*

« Certes nous avons créé les cieux, la terre et ce qui est entre eux en six périodes, sans qu'aucune fatigue nous ait touché[1]. »

La mention dans le Coran de « ce qui est entre les cieux et la terre » se retrouve encore dans les versets suivants : sourate 21, verset 16 ; sourate 44, versets 7 et 38 ; sourate 78, verset 37 ; sourate 15, verset 85 ; sourate 46, verset 3 ; sourate 43, verset 85.

Cette création en dehors des cieux et en dehors de la terre, mentionnée à plusieurs reprises, est *a priori* peu imaginable. Il faut faire appel, pour comprendre le sens de ces versets, aux constatations humaines les plus modernes sur l'existence d'une matière cosmique extragalactique et, pour cela, reprendre, en procédant du plus simple au

1. Cette affirmation selon laquelle la création n'avait nullement fatigué Dieu apparaît comme une évidente réplique au paragraphe du récit biblique, cité dans la première partie de ce livre, selon lequel Dieu aurait dû se reposer le septième jour du travail qu'Il avait fait les jours précédents !

plus compliqué, les notions établies par la science contemporaine sur la formation de l'univers. Ce sera l'objet du paragraphe suivant.

Mais avant de passer à ces considérations purement scientifiques, il est bon de résumer les points essentiels sur lesquels le Coran nous renseigne à propos de la création. D'après ce qui précède, ces points sont les suivants :

1. Existence de six périodes pour la création en général.
2. Intrication des phases de la création des cieux et de celles de la création de la terre.
3. Création de l'univers à partir d'une masse initiale unique formant un bloc qui se sépara par la suite.
4. Pluralité des cieux et pluralité des terres.
5. Existence d'une création intermédiaire « entre cieux et terre ».

Quelques données de la science moderne sur la formation de l'univers

LE SYSTEME SOLAIRE

La Terre et les planètes qui tournent autour du Soleil constituent un monde organisé dont les dimensions apparaissent colossales à notre échelle humaine. La Terre n'est-elle pas à une distance approximative de 150 millions de kilomètres du Soleil ? Cette distance est considérable pour un être humain, mais elle est encore très petite par rapport à la distance moyenne qui sépare du Soleil la planète la plus éloignée de lui dans le système solaire : en chiffre rond, 40 fois la distance Soleil-Terre, soit près de 6 milliards de kilomètres. Le double de cette distance, soit près de 12 milliards de kilomètres, représente la plus grande dimension de notre système solaire. La lumière du Soleil met près de 6 heures pour atteindre cette planète, Pluton, et pourtant elle accomplit ce trajet à la terrifiante vitesse de 300 000 km à la seconde. Mais ce sont des milliards d'années que mettra la lumière pour nous parvenir d'étoiles situées aux confins du monde céleste connu.

LES GALAXIES

Le Soleil, dont nous sommes un satellite au même titre que les autres planètes qui l'entourent, n'est lui-même qu'un infime élément parmi une centaine de milliards d'étoiles qui forment un ensemble appelé galaxie. On en voit tout l'espace parsemé par une belle nuit d'été, constituant ce qu'on appelle la Voie lactée. Ce groupe présente des dimensions considérables. Alors que la lumière pouvait, en unités de l'ordre des heures, parcourir tout le système solaire, elle requiert un temps de l'ordre de 90 000 années pour aller d'une extrémité à l'autre du groupe le plus compact des étoiles qui constituent notre galaxie.

Or cette galaxie à laquelle nous appartenons, pour si prodigieusement vaste qu'elle soit, n'est qu'un petit élément du ciel. Il existe des agglomérats géants d'étoiles analogues à la Voie lactée en dehors de notre galaxie. Ils ont été découverts depuis un peu plus de cinquante ans, lorsque l'exploration astronomique put bénéficier d'une instrumentation optique aussi perfectionnée que celle qui a permis de réaliser le télescope du mont Wilson aux Etats-Unis. De cette manière on a pu déceler un nombre prodigieusement élevé d'amas de galaxies et des galaxies isolées situées à des distances telles qu'il a fallu constituer une unité spéciale d'années-lumière, le parsec (distance parcourue par la lumière en 3,26 années à la vitesse de 300 000 km à la seconde).

FORMATION ET EVOLUTION DES GALAXIES, DES ETOILES ET DES SYSTEMES PLANETAIRES

Qu'existait-il à l'origine dans l'espace immensément vaste occupé par les galaxies ? La science moderne ne peut répondre à cette question qu'à partir d'une certaine époque de l'évolution de l'univers dont elle ne peut chiffrer la durée qui nous en sépare.

Aux temps les plus reculés sur lesquels elle est capable de se prononcer, la science moderne a tout lieu de considérer que l'univers était formé d'une masse gazeuse composée principalement d'hydrogène et pour une partie d'hélium en rotation lente.

Cette nébuleuse s'est ensuite divisée en de multiples fragments de dimensions et de masses considérables, à telle enseigne que les astrophysiciens peuvent les évaluer de l'ordre d'un milliard à 100 milliards de fois la masse actuelle du Soleil (celle-ci représentant plus de 300 000 fois la masse de la Terre). Ces chiffres rendent compte de l'importance de ces fragments de masse gazeuse initiale qui vont donner naissance aux galaxies.

Un nouveau morcellement va former les étoiles. Intervient alors un processus de condensation dans lequel entrent en jeu les forces gravitationnelles (car ces corps sont en mouvement et en rotation de plus en plus rapide), les pressions, l'influence des champs magnétiques et les radiations. Les étoiles deviennent brillantes en se contractant et en transformant en énergie thermique les forces gravitationnelles. Des réactions thermonucléaires entrent en jeu et, par fusion, des atomes plus lourds se forment aux dépens d'autres plus légers ; c'est ainsi qu'on passe de l'hydrogène à l'hélium, puis au carbone et à l'oxygène, pour arriver aux métaux et aux métalloïdes. Les étoiles ont ainsi une vie, et l'astronomie moderne en fait une classification en fonction de leur stade évolutif. Les étoiles ont une mort : on a observé au dernier stade évolutif l'implosion brutale de certaines étoiles devenant de véritables « cadavres ».

Les planètes, et la Terre en particulier, proviennent, elles aussi, d'un processus de séparation à partir du constituant initial que fut au début la nébuleuse primitive. C'est une donnée qui n'est plus controversée depuis un quart de siècle que le Soleil s'est condensé au sein de la nébuleuse unique et que les planètes ont fait de même au sein du disque nébulaire qui l'entourait. Remarquons — et c'est d'un intérêt capital pour le sujet qui nous préoccupe ici — qu'il n'y a pas eu succession dans la formation d'éléments célestes comme le Soleil et dans celle de l'élément terrestre. Il y a un parallélisme évolutif avec identité d'origine.

Ici, la science nous renseigne sur l'époque au cours de laquelle les événements qui viennent d'être évoqués se sont passés. Alors qu'on estime approximativement à dix milliards d'années l'ancienneté de notre galaxie, un peu plus de cinq milliards d'années plus tard, dans cette hypothèse, on aurait assisté à la formation du système solaire. L'étude de la radioactivité naturelle permet de situer l'âge de la Terre et le moment de la formation du Soleil à 4,5 milliards d'années, avec une précision actuelle d'au moins 100 millions d'années, selon le calcul de certains savants. Cette précision suscite l'admiration car si 100 millions d'années représentent un temps très long, le rapport erreur maximale/temps total à mesurer est de 0,1/4,5, soit 2,2 %.

Ainsi, pour la formation du système solaire, les spécialistes de l'astrophysique sont arrivés à un degré élevé de connaissance sur le processus général qui peut être résumé de cette façon : condensation et contraction d'une masse gazeuse en rotation, séparation en fragments laissant en place Soleil et planètes, dont la Terre[1]. Ces acquisitions de la science sur la nébuleuse primitive et son mode de division en une quantité incommensurable d'étoiles groupées en galaxies ne laissent pas le moindre doute sur la légitimité d'un concept de pluralité des mondes, mais elles n'apportent aucune espèce de certitude sur l'existence dans l'univers de ce qui pourrait, de près ou de loin, ressembler à la Terre.

LE CONCEPT DE PLURALITE DES MONDES

Cependant, les astrophysiciens modernes jugent extrêmement probable la présence dans l'univers de planètes analogues à la Terre. Pour ce qui concerne le système solaire, personne ne songe plus raisonnablement à la possibilité de trouver sur une autre planète de ce système des conditions générales ressemblant à celles de la Terre. C'est donc en dehors du système solaire qu'il faudrait les rechercher. On juge probable l'éventualité de leur existence en dehors de celui-ci pour les raisons suivantes.

On considère que, dans notre galaxie, la moitié des 100 milliards d'étoiles devraient posséder, comme le Soleil, un système planétaire. En effet,

1. Quant à la Lune, on reconnaît comme vraisemblable une séparation progressive de la Terre par suite du ralentissement de sa rotation.

cette cinquantaine de milliards d'étoiles a, comme le Soleil, une rotation lente, propriété qui invite à penser que des planètes existent autour d'elles comme satellites. L'éloignement de ces étoiles est tel que les supposées planètes satellites ne sont pas observables, mais leur existence est jugée très probable par suite de certaines caractéristiques de trajectoire : une ondulation légère de la trajectoire de l'étoile est l'indice de la présence d'un satellite planétaire compagnon. C'est ainsi que l'étoile de Barnard posséderait au moins un compagnon planétaire de masse dépassant celle de Jupiter, et peut-être deux satellites. P. Guérin a écrit : « Les systèmes planétaires sont, selon toute évidence, répandus à profusion dans l'univers. Le système solaire et la Terre ne sont pas uniques... » Et, comme corollaire : « La vie, comme les planètes qui l'abritent, est répandue dans tout l'univers, partout où elle a trouvé les conditions physico-chimiques nécessaires à son éclosion et à son développement. »

LA MATIERE INTERSTELLAIRE

Le processus fondamental de la formation de l'univers résida donc en une condensation de la matière de la nébuleuse primitive, puis en sa séparation en fragments qui constituèrent à l'origine des masses galactiques. Celles-ci se fragmentèrent à leur tour en étoiles qui donnèrent des sous-produits de fabrication qui sont les planètes. Ces séparations successives laissèrent entre les groupes d'éléments principaux ce que l'on pourrait appeler des restes. On leur donne le nom plus scientifique de matière galactique interstellaire. On l'a décrite sous des aspects divers, tantôt celui de nébuleuses brillantes, diffusant une lumière reçue d'autres étoiles et qui pourraient être constituées par des « poussières » ou des « fumées », selon les expressions des astrophysiciens, tantôt celui de nébuleuses obscures, de densité plus faible, ou encore d'une matière interstellaire encore plus discrète, connue pour gêner les mesures photométriques en astronomie. L'existence, entre les galaxies elles-mêmes, de « ponts » de matière ne fait pas de doute. Pour raréfiés que soient ces gaz, ils pourraient, en raison de l'espace colossalement grand qu'ils occupent, par suite de l'immense éloignement des galaxies les unes des autres, correspondre à une masse qui, malgré leur faible densité, serait susceptible de dépasser l'ensemble des masses des galaxies. A. Boichot attache à la présence de ces masses intergalactiques une importance primordiale, susceptible de « modifier considérablement les idées sur l'évolution de l'univers ».

Il faut maintenant, à la lumière de ces données scientifiques modernes, reprendre les idées fondamentales extraites du Coran sur la création de l'univers.

Confrontation avec les données coraniques sur la création

Examinons les cinq points essentiels sur lesquels le Coran donne des précisions à propos de la création.

1. Les six périodes de la création des cieux et de la terre, selon le Coran, couvraient la formation des corps célestes, celle de la terre et le développement de cette dernière jusqu'à ce qu'elle devienne (avec ses « nourritures ») habitable par les hommes. Pour cette dernière, dans le récit coranique, les événements se sont déroulés en quatre temps. Devrait-on y voir les ères géologiques décrites par la science moderne, l'homme étant apparu, on le sait, à l'ère quaternaire ? Ce n'est qu'une simple hypothèse. Nul ne peut répondre à cette question.

Mais il faut remarquer que, pour former les corps célestes aussi bien que pour former la Terre, comme l'expliquent les versets 9 à 12 de la sourate 41 (voir p. 244-245), deux phases ont été nécessaires. Or la science nous apprend que si l'on prend comme exemple (et seul exemple accessible) la formation du Soleil et de son sous-produit, la Terre, le processus s'est déroulé par condensation de la nébuleuse primitive et séparation. C'est précisément ce que le Coran exprime de façon tout à fait explicite par la mention des processus qui ont produit, à partir de la « fumée » céleste, une soudure, puis une séparation. On enregistre donc ici une identité parfaite entre la donnée coranique et la donnée scientifique.

2. La science a montré l'intrication des deux événements de formation d'une étoile (comme le Soleil) et de son satellite, ou d'un de ses satellites (comme la Terre). Cette intrication n'apparaît-elle pas dans le texte coranique comme on l'a vu ?

3. La correspondance est manifeste entre l'affirmation de l'existence, au stade initial de l'univers, de cette « fumée » dont le Coran parle pour désigner l'état à prédominance gazeuse de la matière qui le constituait alors, et la conception de la nébuleuse primitive selon la science moderne.

4. La pluralité des cieux exprimée dans le Coran par le symbole du chiffre 7, dont on a vu la signification, reçoit de la science moderne sa confirmation dans les constatations faites par les astrophysiciens sur les systèmes galactiques et leur nombre considé-

rable. Par contre, la pluralité des terres analogues, au moins par certains aspects, à la nôtre est une notion qui se dégage du texte coranique, mais dont la science n'a pas donné la démonstration de la réalité; toutefois, les spécialistes la considèrent comme tout à fait vraisemblable.

5. L'existence d'une création intermédiaire entre « cieux » et « terre » exprimée dans le Coran peut être rapprochée de la découverte de ces ponts de matière présents en dehors des systèmes astronomiques organisés.

Si, donc, toutes les questions posées par le récit coranique ne sont pas à ce jour entièrement confirmées par des données scientifiques, il n'existe pas en tout cas la moindre opposition entre les données coraniques concernant la création et les connaissances modernes sur la formation de l'univers. Le fait mérite d'être souligné pour la Révélation coranique alors qu'est apparu avec évidence que le texte que nous possédons de nos jours de l'Ancien Testament a donné sur ces événements des précisions qui ne sont pas acceptables du point de vue scientifique. Comment s'en étonner d'ailleurs lorsqu'on sait que le texte sacerdotal du récit de la création de la Bible[1] fut écrit par les prêtres du temps de la déportation à Babylone, qui avaient les buts légalistes que l'on a précisés et qui ont, dans cet esprit, confectionné une narration appropriée à leurs vues théologiques. L'existence d'une telle dissemblance entre le récit biblique et les données coraniques sur la création est intéressante à souligner encore devant les accusations — toutes gra-

1. Ce texte éclipse les quelques lignes du récit yahviste trop succinct et trop vague pour être pris en considération par un esprit scientifique.

tuites — qui n'ont pas été ménagées à Mahomet depuis les débuts de l'Islam d'avoir copié les récits bibliques. Sur le sujet de la création, l'accusation n'a pas le moindre fondement. Comment un homme aurait-il pu, il y a près de quatorze siècles, corriger à ce point le récit qui avait cours en éliminant des erreurs du point de vue scientifique et en énonçant de son propre chef des données dont la science démontrera finalement l'exactitude à notre époque ? Une telle hypothèse est insoutenable. Le Coran fournit de la création une relation tout à fait différente de celle de la Bible.

Réponses à certaines objections

Indiscutable est l'existence de ressemblances entre les récits bibliques et les récits coraniques à propos d'autres sujets, en particulier ceux qui concernent l'histoire religieuse. Il est d'ailleurs très curieux de remarquer, à ce point de vue, que si l'on ne fait pas grief à Jésus d'avoir repris l'évocation de faits du même ordre et des enseignements bibliques, on ne se sent nullement gêné, dans nos pays occidentaux, pour reprocher à Mahomet de les reprendre dans sa prédication, en suggérant qu'il est un imposteur puisqu'il les présente comme une Révélation. Mais où est donc cette preuve de la reproduction par Mahomet dans le Coran de ce que des rabbins lui auraient appris ou dicté ? Elle n'a pas plus de support que l'affirmation selon laquelle un moine chrétien lui aurait donné une solide formation religieuse. Qu'on relise ce que R. Blachère dit de cette « fable » dans son livre *Le Problème de Mahomet*[1].

On avance aussi un semblant d'identité entre certains énoncés coraniques et des croyances remontant à des temps très reculés, sans doute bien antérieurs à la Bible.

D'une manière plus générale, on a voulu voir un relent de certains mythes cosmogoniques dans les Ecritures saintes ; par exemple la croyance des Polynésiens en l'existence d'eaux primordiales plongées dans les ténèbres qui se séparent à l'apparition de la lumière. Alors ciel et terre se forment. Que l'on compare ce mythe au récit de la création selon la Bible, on y trouvera assurément une certaine ressemblance, mais il est bien léger d'aller accuser la Bible d'avoir repris ce mythe cosmogonique.

Il l'est tout autant de regarder la conception coranique de la division de la matière primordiale constitutive de l'univers au stade initial — conception qui est celle de la science moderne — comme découlant de mythes cosmogoniques divers qui, sous une forme ou sous une autre, expriment quelque chose d'approchant.

Il est intéressant d'analyser de plus près ces

1. Presses Universitaires de France, 1952.

croyances et récits mythiques car il y apparaît souvent une idée de départ en elle-même vraisemblable et, pour certains cas, conforme à la réalité de ce que nous savons aujourd'hui ou de ce que nous supposons savoir, mais se greffent sur elle, dans le mythe, des descriptions fantasmagoriques. Tel est le concept assez largement répandu du ciel et de la terre qui auraient été au début unis et se seraient ensuite séparés. Lorsque, comme au Japon, on lui a associé l'image de l'œuf et une expression chaotique avec naturellement, comme pour tout œuf, un germe à son intérieur, l'addition imaginative fait perdre tout sérieux à ce concept. En d'autres pays, on va lui associer la plante qui pousse pour élever le ciel et séparer le ciel de la terre et, là encore, c'est la fantaisie du détail surajouté qui donne au mythe sa marque bien spéciale. Il n'en reste pas moins que le caractère commun demeure, avec la notion d'une masse unique au départ du processus évolutif de l'univers, qui, par scission, va aboutir aux divers « mondes » que nous connaissons.

Si ces mythes cosmogoniques sont évoqués ici, c'est pour souligner leur habillage par la fantaisie imaginative de l'homme et marquer la différence profonde qui existe entre les énoncés coraniques sur le sujet, exempts de tous les détails fantaisistes qui accompagnent ces croyances et marqués, au contraire, par la sobriété verbale de leur énoncé et par leur concordance avec les données modernes de la science.

Ainsi caractérisés, les énoncés coraniques sur la création, pour avoir été exprimés il y a près de quatorze siècles, ne paraissent pas pouvoir recevoir une explication humaine.

IV. L'ASTRONOMIE DANS LE CORAN

Le Coran fourmille de réflexions sur les cieux. On a vu au chapitre précédent concernant la création que la multiplicité des cieux et des terres était mentionnée, ainsi que l'existence de ce que le Coran définit comme une création intermédiaire « entre cieux et terre », ce dont la science moderne a montré la réalité. Les versets relatifs à la création donnaient en quelque sorte déjà une idée générale sur le contenu des cieux, c'est-à-dire de tout ce qui est en dehors de notre terre.

En plus des versets spécifiquement descriptifs de la création, une quarantaine d'autres versets coraniques apportent sur l'astronomie des précisions complémentaires de ces données. Certaines ne sont que des réflexions à la gloire du Créateur et de l'Organisateur de tous les systèmes d'étoiles et de planètes que nous savons disposés selon des positions d'équilibre dont Newton a expliqué le maintien par sa loi d'attraction des corps entre eux.

Les premiers versets cités ici n'offrent guère matière à la réflexion scientifique : ils ont simplement pour but d'attirer l'attention sur la Toute-Puissance de Dieu. Il faut en faire mention cependant pour donner une idée réelle de la manière par laquelle le texte coranique a présenté, il y a près de quatorze siècles, l'organisation de l'univers.

Ces allusions constituent un fait nouveau pour la Révélation divine. Ni les Evangiles, ni l'Ancien Testament (mis à part les notions dont on a vu l'inexactitude d'ensemble dans le récit biblique de la création) ne traitent de l'organisation du monde. Le Coran, lui, envisage longuement ce sujet. Ce qu'il contient importe, mais également ce qu'il ne contient pas. Il ne contient pas, en effet, de relation des théories en honneur à l'époque sur l'organisation du monde céleste et dont la science a démontré plus tard l'inexactitude. On en donnera plus loin un exemple. Cet aspect d'ordre négatif doit être souligné[1].

A. *Réflexions générales sur le ciel*

— *Sourate 50, verset 6.* Il s'agit des hommes en général :

« N'ont-ils pas considéré le Ciel, au-dessus d'eux, comment nous l'avons édifié et orné, sans qu'y soient des failles [dans sa construction] ? »

1. J'ai souvent entendu dire, de la part de ceux qui s'ingénient à rechercher une explication humaine — et seulement une explication humaine — à tout problème que pose le Coran, que si le Livre contenait des précisions étonnantes sur l'astronomie, c'est parce que les Arabes étaient sur ce

— *Sourate 31, verset 10 :*

« (Dieu) a créé les cieux sans piliers que vous verriez... »

— *Sourate 13, verset 2 :*

« Dieu est celui qui éleva les cieux sans piliers que vous verriez, puis s'établit sur son trône et assujettit le soleil et la lune... »

Ces deux derniers versets sont une réfutation de la croyance selon laquelle la voûte du ciel ne devait qu'à l'existence de piliers de soutènement de ne pas s'écraser sur la terre.

— *Sourate 55, verset 7 :*

« Le ciel, (Dieu) l'a élevé... »

— *Sourate 22, verset 65 :*

« ... (Dieu) empêche le ciel de s'affaisser sur la terre : (celui-ci ne le ferait) qu'avec sa permission... »

On sait que l'éloignement des masses célestes à des distances considérables et proportionnelles à l'importance des masses elles-mêmes constitue le fondement de leur équilibre. Plus les masses sont éloignées, plus les forces d'attraction des unes sur les autres sont faibles. Plus elles sont rapprochées, plus elles retentissent l'une sur l'autre : c'est le cas de la Lune, proche de la Terre (dans le contexte astronomique, s'entend), qui influe par la loi

point très savants. C'est tout simplement oublier que le développement de la science en général en pays islamique est bien postérieur au Coran et que, de toute façon, les connaissances scientifiques de cette grande époque n'auraient pas permis à un être humain d'écrire certains versets sur l'astronomie que nous trouvons dans le Coran. La démonstration en sera donnée dans les paragraphes suivants.

d'attraction sur la position de l'eau dans les mers, d'où le phénomène des marées. Si deux corps célestes se rapprochaient par trop, la collision serait inévitable. La soumission à un ordre est la condition *sine qua non* de l'absence de perturbations.

Aussi la soumission des cieux à l'ordre divin est-elle très souvent rappelée.

— *Sourate 23, verset 86.* Dieu parle au Prophète :

« Dis : Qui est le Seigneur des sept cieux et le Seigneur du trône immense ? »

On a vu qu'il faut entendre par sept cieux des cieux multiples et non en nombre fini.

— *Sourate 45, verset 13 :*

« (Dieu) a soumis pour vous ce qui est dans les cieux et ce qui est sur la terre, tout procédant de Lui. En vérité n'y a-t-il pas en cela des signes pour qui réfléchit ? »

— *Sourate 55, verset 5 :*

« Le soleil et la lune (sont soumis) à des calculs. »

— *Sourate 6, verset 96 :*

« ... (c'est Dieu qui) fit de la nuit un repos et établit le soleil et la lune (selon) des calculs... »

— *Sourate 14, verset 33 :*

« (Dieu) a assujetti pour vous le soleil et la lune qui s'appliquent (tous deux) dans leur course régulière. Et il a soumis pour vous la nuit et le jour. »

Ici, un verset complète l'autre : les calculs qui sont évoqués ont pour conséquence la régularité de la course des corps célestes envisagés, exprimée par le mot *dâ'ib,* participe présent d'un verbe qui a pour sens primitif « travailler avec zèle et assiduité à quelque chose ». On lui a donné ici le sens de « s'appliquer à faire quelque chose avec soin et d'une manière continue, invariable, selon une habitude établie ».

— *Sourate 36, verset 39.* Dieu parle :

« A la lune nous avons fixé des phases jusqu'à ce qu'elle devienne comme la palme vieillie. »

Allusion à l'incurvation de la branche de palmier qui, en se desséchant, prend la forme du croissant de lune. On complétera plus loin le commentaire.

— *Sourate 16, verset 12 :*

« (Dieu) a assujetti pour vous la nuit et le jour, le soleil et la lune ; les étoiles sont soumises à son ordre. En vérité, n'y a-t-il pas là des signes pour qui raisonne ? »

L'incidence pratique de cette organisation céleste parfaite est mentionnée en insistant sur son intérêt pour faciliter les déplacements de l'homme sur la terre et sur la mer ainsi que le calcul du temps. Cette remarque s'explique quand on se souvient que le Coran fut à l'origine une prédication qui s'adressa à des hommes qui ne pouvaient comprendre que le langage simple qui était le leur dans la vie courante. Telle est la raison de la présence de réflexions comme celles qui suivent.

— *Sourate 6, verset 97 :*

« (Dieu) est celui qui pour vous disposa les étoiles, afin que vous vous dirigiez par elles au milieu des ténèbres de la terre ferme et de la mer. Nous exposons en détail les signes pour qui sait. »

— *Sourate 16, verset 16 :*

« (Dieu) a disposé sur la terre des points de repère et par l'étoile (les hommes) se guident. »

— *Sourate 10, verset 5 :*

« (Dieu) est celui qui fit du soleil une lumière et de la lune une clarté, et pour celle-ci détermina des phases pour que vous connaissiez le nombre des années et le calcul (du temps). Dieu n'a créé cela qu'en (toute) vérité. Il expose en détail les signes pour qui sait. »

Ici, une remarque s'impose. Alors que la Bible a qualifié Soleil et Lune de « luminaires », adjoignant seulement à l'un le qualificatif de grand et à l'autre celui de petit, le Coran attribue à l'un comme à l'autre d'autres différences que celles de la dimension. Certes, la distinction n'est que verbale, mais comment s'adresser aux hommes de cette époque sans les dérouter, tout en exprimant l'idée que Soleil et Lune ne sont pas des luminaires de nature identique ?

B. Nature des corps célestes

LE SOLEIL ET LA LUNE

Le Soleil est une lumière (*Diyâ'*) et la Lune une clarté (*nûr*). Cette traduction semble être plus exacte que celle donnée par d'autres qui intervertissent les deux termes. A vrai dire, la différence de sens est faible, encore que *Diyâ'* appartienne à une racine (DW') qui signifie, selon le classique dictionnaire de Kazimirski, briller, luire (se dit du feu, etc.), encore que cet auteur donne également au substantif en question le sens de clarté à côté de celui de lumière.

Mais la différence entre Soleil et Lune va être précisée dans le Coran à l'aide d'autres comparaisons.

— *Sourate 25, verset 61 :*

« Béni soit celui qui plaça dans le ciel des constellations et y mit un flambeau et une Lune qui éclaire. »

— *Sourate 71, versets 15-16 :*

« N'avez-vous pas vu comment Dieu créa sept cieux en couches et (comment) Il y a placé la lune comme clarté et le soleil comme un flambeau ? »

— *Sourate 78, versets 12-13 :*

« Nous avons construit au-dessus de vous sept (cieux) robustes et nous y avons placé une lampe très ardente. »

La lampe très ardente est de toute évidence le soleil.

Ici la Lune est définie comme un corps qui éclaire (*muniyr*), de même racine que *nûr* (la clarté appliquée à la Lune). Quant au Soleil, il est comparé à un flambeau (*sirâj*) ou à une lampe très ardente (*wahhâj*).

Un homme de l'époque de Mahomet pouvait assurément faire le partage entre le Soleil, l'astre brûlant bien connu des gens du désert, et la Lune, l'astre de la fraîcheur des nuits. Les comparaisons que l'on trouve à ce propos dans le Coran sont donc toutes naturelles. Ce qu'il est intéressant de noter ici, c'est la sobriété des comparaisons et l'absence dans le texte coranique de tout élément comparatif qui pouvait avoir cours à l'époque et qui apparaîtrait de nos jours comme fantasmagorique.

On sait que le Soleil est une étoile, productrice par ses combustions internes d'une chaleur intense et de lumière, alors que la Lune, non lumineuse par elle-même, ne fait que réfléchir la lumière qu'elle reçoit du Soleil et constitue un astre inerte (tout au moins pour ses couches extérieures). Rien, dans le texte coranique, ne va à l'encontre de tout ce que nous savons de nos jours de ces deux corps célestes.

LES ETOILES

Les étoiles sont, on le sait, comme le Soleil, des corps célestes sièges de phénomènes physiques divers dont le plus aisément observable est celui de la production de lumière. Ce sont des astres ayant un éclat propre.

Treize fois le mot apparaît dans le Coran (*najm,* au pluriel *nûjûm*) ; il vient d'une racine signifiant apparaître, se laisser voir. Le mot désigne un corps céleste visible sans préjuger de sa nature : émetteur de lumière ou simple réflecteur de la lumière reçue. Pour préciser que l'objet désigné est bien ce que nous appelons une étoile, un qualificatif y est adjoint, comme dans :

— *Sourate 86, versets 1-3 :*

« ... Par le ciel et par l'arrivant du soir.
Et qui te dira ce qui est l'arrivant du soir,
l'astre qui brûle et perce[1]. »

L'étoile du soir est qualifiée dans le Coran par le mot *thâqib* qui signifie ce qui brûle, se consume et ce qui pénètre à travers quelque chose (ici les ténèbres de la nuit). Le même mot est d'ailleurs retrouvé pour désigner les étoiles filantes (sourate 37, verset 10) : celles-ci sont le résultat d'une combustion.

LES PLANETES

Il est difficile de dire si celles-ci sont bien, dans le Coran, évoquées avec le sens précis que l'on donne à ces corps célestes.

Les planètes ne sont pas lumineuses par elles-mêmes. Elles tournent autour du Soleil. Notre Terre en fait partie. Si l'on présume qu'il peut en exister ailleurs, on n'en connaît que dans le système solaire.

Cinq planètes, en dehors de la Terre et de la Lune, étaient connues dans l'Antiquité : Mercure, Vénus, Mars, Jupiter et Saturne. Trois sont de connaissance moderne : Uranus, Neptune et Pluton.

Le Coran paraît les désigner sous le nom de *kawkab* (pluriel *kawâkib*) sans en préciser le nombre. Le songe de Joseph (sourate 12) en men-

1. Ici, le ciel et une étoile sont pris à témoin pour insister sur l'importance de ce qui va suivre dans le texte.

tionne bien onze, mais il s'agit, par définition, d'un récit imaginaire.

Une bonne définition de la signification du mot dans le Coran semble être donnée dans un très célèbre verset dont le sens profond apparaît éminemment spirituel, et, du reste, est très discuté par les exégètes. Il présente néanmoins un grand intérêt en raison de la comparaison qui y est faite à propos du mot paraissant désigner une planète.

Le texte qui nous intéresse ici est le suivant :

— *Sourate 24, verset 35 :*

« Dieu est la clarté des cieux et de la terre. Sa clarté est semblable à une niche dans laquelle serait une lampe. La lampe est dans un récipient de verre et le récipient de verre est semblable à une planète qui a l'éclat d'une perle. »

Il s'agit bien ici d'une projection de lumière sur un corps qui la réfléchit (le verre) en lui donnant l'éclat de la perle, comme la planète qui est éclairée par le Soleil. C'est le seul détail explicatif concernant le mot que l'on puisse trouver dans le Coran.

Le mot est cité dans d'autres versets. Dans certains on ne peut pas déterminer de quels corps célestes il s'agit (sourate 6, verset 76; sourate 82, versets 1-2).

Mais dans un verset il semble bien, à la lumière des connaissances modernes, qu'il ne puisse s'agir que des corps célestes que nous savons être des planètes. On lit, en effet, dans la sourate 37, verset 6 :

« En vérité Nous avons paré le ciel le plus proche d'un ornement : les planètes. »

L'expression coranique de « ciel le plus proche » pourrait-elle désigner le système solaire? On sait qu'il n'y a pas, parmi les éléments célestes les plus proches de nous, d'autres éléments permanents que les planètes : le Soleil est l'unique étoile du système qui porte son nom. On ne voit pas de quels autres corps célestes il pourrait s'agir si ce n'est des planètes. Il semble donc que la traduction donnée soit exacte et que le Coran évoque l'existence des planètes selon la définition moderne.

LE CIEL LE PLUS PROCHE

Le Coran mentionne à plusieurs reprises le ciel le plus proche et les corps célestes qui le constituent, au premier rang desquels, semble-t-il, comme on vient de le voir, les planètes. Mais lorsqu'il associe à des notions matérielles qui sont accessibles à notre entendement, éclairés que nous sommes aujourd'hui par la science moderne, des considérations d'ordre purement spirituel, le sens devient très obscur.

Ainsi le dernier verset cité pouvait être aisément compris mais, lorsque le verset suivant (7) de cette même sourate 37 parle d'« une protection contre tout démon rebelle », « protection » encore évoquée dans sourate 21, verset 32, et sourate 41, verset 12, on se trouve en présence de considérations d'un autre ordre.

Quel sens donner également à ces « pierres de lapidation des démons » que le verset 5 de la sourate 67 situe dans le ciel le plus proche ? Les « luminaires » évoqués dans ce même verset se rapporteraient-ils aux étoiles filantes[1], dont on a vu l'évocation plus haut ?

1. On sait qu'une météorite arrivant dans les couches supérieures de l'atmosphère peut déclencher le phénomène lumineux de l'étoile filante.

Toutes ces considérations semblent se situer en dehors du sujet de cette étude. Mention en a été faite ici pour être complet, mais il ne semble pas que les données scientifiques puissent apporter, dans l'état actuel des choses, quelque lumière sur un sujet qui dépasse la compréhension humaine.

C. Organisation céleste

Ce que l'on trouve sur cette question dans le Coran concerne principalement le système solaire, mais des allusions sont faites aussi à des phénomènes dépassant le système solaire lui-même et qui ont été découverts à l'époque moderne.

Deux versets très importants sont relatifs aux orbites du soleil et de la lune. Ce sont :

— *Sourate 21, verset 33 :*

« (Dieu) est celui qui créa la nuit, le jour, le soleil et la lune. Chacun (de ceux-ci) se déplace sur une orbite avec son mouvement propre. »

— *Sourate 36, verset 40 :*

« Il ne conviendrait pas que le soleil rejoigne la lune ni que la nuit devance le jour. Chacun (de ceux-ci) se déplace sur une orbite avec un mouvement propre. »

Ainsi est évoqué avec clarté un fait essentiel : l'existence d'orbites pour la Lune et le Soleil, et une allusion est faite au déplacement de ces corps dans l'espace avec un mouvement propre.

De plus, un fait d'ordre négatif apparaît à la lecture de ces versets : il est indiqué que le Soleil se déplace sur une orbite sans aucune précision sur ce que cette orbite serait par rapport à la Terre. Or on croyait à l'époque de la Révélation coranique que le Soleil se déplaçait avec la Terre comme point fixe. C'était le système du géocentrisme en faveur depuis Ptolémée, au IIe siècle après J.-C., et qui allait être en honneur jusqu'à Copernic, au XVIe siècle. Cette conception, à laquelle pourtant on se ralliait à l'époque de Mahomet, n'apparaît nulle part dans le Coran, ni ici ni ailleurs.

L'EXISTENCE D'ORBITES POUR LA LUNE ET LE SOLEIL

Ce qui est traduit ici par « orbite » est le mot arabe *falak*, auquel beaucoup de traducteurs du Coran en français donnent le sens de sphère. C'est effectivement le sens initial du mot. Hamidullah le traduit par « orbite ».

Le mot a troublé les commentateurs anciens du Coran qui ne pouvaient imaginer la course circulaire de la Lune et du Soleil et se sont alors représenté des images plus ou moins exactes ou tout à fait erronées de la course dans l'espace des deux astres. Si Hamza Boubekeur cite, dans sa traduction du Coran, la diversité des interprétations données : « Une sorte d'axe comme la tige de fer autour de laquelle tourne un moulin ; sphère céleste, orbite, signe du zodiaque, vitesse, onde... », il ajoute cette réflexion du célèbre commentateur du xe siècle Tabari : « Il est de notre devoir de nous taire quand nous ne savons pas » (XVII, 15). C'est dire combien les hommes étaient alors incapables de comprendre cette notion d'orbite pour le Soleil et la Lune. Il est bien évident que si le mot avait traduit une notion d'astronomie courante à l'époque de Mahomet, l'interprétation de ces versets n'aurait pas conduit à de telles difficultés. Il existait donc là, dans le Coran, une notion nouvelle qui sera éclaircie des siècles plus tard seulement.

1. *Pour la Lune*

La notion est très répandue de nos jours que, satellite de la Terre, elle tourne autour d'elle avec une périodicité de vingt-neuf jours. Il faut cependant apporter une correction à la circularité absolue de l'orbite, car l'astronomie moderne lui donne une certaine excentricité, de sorte que la distance Terre-Lune évaluée à 384 000 km n'est qu'une distance moyenne.

On a vu plus haut que le Coran mettait en relief l'utilité, pour la mesure du temps, de l'observation des mouvements de la Lune (sourate 10, verset 5, cité au début de ce chapitre).

On a souvent critiqué ce système de calcul comme archaïque, non pratique, antiscientifique par rapport à notre système fondé sur la rotation de la Terre autour du Soleil qui s'exprime à notre époque dans le calendrier julien.

Cette critique appelle deux remarques :

a) Le Coran s'adressait, il y a près de quatorze siècles, aux habitants de la péninsule arabique, qui avaient en usage le calcul lunaire du temps. Il convenait de leur tenir le seul langage qu'ils pouvaient comprendre et de ne pas les perturber dans leurs habitudes dans la prise des repères spatiaux et temporels qui, au demeurant, étaient pleinement efficaces. On sait que les hommes du désert sont rompus à l'observation du ciel, au guidage d'après les étoiles et au repérage dans le temps d'après les phases de la Lune, moyens les plus simples et les plus sûrs pour eux.

b) Les spécialistes de ces questions mis à part, on ignore généralement la parfaite correspondance qui existe entre calendrier julien et calendrier lunaire : 235 mois lunaires correspondent exactement à 19 années juliennes de 365 jours un quart ; la durée de nos années de 365 jours n'est pas parfaite puisqu'elle a besoin d'être corrigée tous les quatre ans (années bissextiles). Avec le calendrier lunaire, les mêmes phénomènes se répètent toutes les 19 années juliennes : c'est le cycle de Méton, astronome grec qui fit au ve siècle avant J.-C. cette découverte de la concordance précise des temps solaire et lunaire.

2. *En ce qui concerne le Soleil*

L'existence d'une orbite est plus difficilement concevable, habitués que nous sommes à considérer que notre système solaire est organisé autour de lui. Pour comprendre le verset coranique, il faut considérer la situation du Soleil dans notre galaxie et faire appel, par conséquent, à des notions de la science moderne.

Notre galaxie comprend un nombre considérable d'étoiles réparties selon un disque plus épais en son centre qu'à la périphérie. Le Soleil y occupe une position éloignée du centre du disque. La galaxie tournant sur elle-même avec comme axe son centre, il en résulte que le Soleil tourne autour de ce même centre selon une orbite circulaire. L'astronomie moderne en a calculé les éléments. Le Soleil a été estimé par Shapley en 1917 distant du centre de la galaxie de 10 kiloparsecs, soit, en kilomètres, approximativement le chiffre 3 suivi de 17 zéros. Pour tourner complètement sur elle-même, la galaxie met à peu près 250 millions d'années et, dans ce mouvement, le Soleil se déplace à une vitesse approximative de 250 kilomètres à la seconde.

Tel est le mouvement orbital du Soleil annoncé par le Coran il y a près de quatorze siècles et dont la démonstration de l'existence et les coordonnées sont une acquisition de l'astronomie moderne.

L'ALLUSION AU DEPLACEMENT DE LA LUNE ET DU SOLEIL DANS L'ESPACE AVEC UN MOUVEMENT PROPRE

Cette notion n'apparaît pas dans les traductions du Coran faites par des hommes de lettres qui, ignorants de l'astronomie, ont traduit le mot arabe exprimant ce déplacement par un des sens du mot qui est « nager », et cela aussi bien dans des traductions françaises que dans la traduction anglaise, par ailleurs si remarquable, de Yusuf Ali.

Le mot arabe faisant allusion à un déplacement avec un mouvement propre est le verbe *sabaHa* (*yasbaHûna* dans le texte des deux versets). Tous les sens du verbe impliquent un déplacement associé à un mouvement propre du corps qui se déplace. C'est nager si le déplacement a lieu dans l'eau, c'est se déplacer par le mouvement de ses propres jambes si le déplacement est terrestre. Pour un déplacement dans l'espace, on ne voit guère comment rendre l'idée impliquée par ce mot sinon en employant le sens primitif. De cette manière, il ne semble pas qu'un contresens ait été fait, pour les raisons suivantes :

— La Lune fait son mouvement de rotation sur elle-même dans le même temps où elle accomplit une révolution autour de la Terre, soit en 29 jours et demi environ, de sorte qu'elle présente toujours la même face à notre vue.

— Le Soleil tourne sur lui-même en 25 jours environ. Il existe quelques particularités de rotation pour l'équateur et les pôles, sur lesquelles on ne saurait ici insister, mais l'astre est animé d'un mouvement de rotation dans son ensemble.

Il apparaît donc qu'une nuance verbale fait allusion dans le Coran à des mouvements propres du Soleil et de la Lune. Ces mouvements des deux corps célestes sont confirmés par les données de la science moderne, et on ne conçoit pas qu'un homme du VIIe siècle de notre ère — si savant fût-il à son époque, ce qui n'était pas le cas de Mahomet — aurait pu les imaginer.

On oppose parfois à cette vue certains exemples de grands penseurs de l'Antiquité qui ont incontestablement annoncé certains faits que la science moderne a reconnus exacts. Ils ne pouvaient d'ailleurs guère s'appuyer sur la déduction scientifique et procédaient davantage par raisonnement philosophique. On avance ainsi souvent le cas des pythagoriciens qui défendaient, au VIe siècle avant J.-C., la théorie de la rotation de la Terre sur elle-même et le mouvement des planètes autour du Soleil, théorie que confirmera la science moderne. Si l'on fait un rapprochement avec le cas des pythagoriciens, il est aisé de lancer l'hypothèse de Mahomet penseur génial qui aurait de lui-même imaginé ce que la science moderne découvrirait des siècles après lui. Ce faisant, on oublie tout simplement de citer les autres aspects de la production intellectuelle de ces génies du raisonnement philosophique et de mentionner les erreurs de grande taille qui émaillent leurs œuvres. C'est ainsi qu'on ne doit pas oublier que les pythagoriciens défendaient aussi la théorie de la fixité du Soleil dans l'espace, qu'ils en faisaient le centre du monde, ne concevant d'organisation céleste qu'autour de lui. Il est courant de trouver chez ces grands philosophes antiques un mélange d'idées justes et d'idées fausses sur l'univers. L'éclat que confèrent à de telles œuvres humaines les conceptions avancées qu'elles ont pu contenir ne doit pas faire oublier les concepts erronés qu'elles nous ont également légués. C'est, du seul point de vue de la science, ce qui les sépare du Coran, dans lequel de multiples sujets sont évoqués en rapport avec les connaissances modernes, sans qu'une seule affirmation puisse y être trouvée en contradiction avec ce que la science de notre époque a établi.

A une époque où l'on considérait que la Terre était le centre du monde et que le Soleil était mobile par rapport à elle, quel être humain n'aurait pas évoqué le mouvement du Soleil à propos de la succession des jours et des nuits? Or, une telle évocation n'apparaît pas dans le Coran, qui traite de ce sujet comme suit :

— *Sourate 7, verset 54 :*

« (Dieu) couvre le jour de la nuit qui le poursuit en hâte... »

— *Sourate 36, verset 37 :*

« Un signe pour eux (les humains) est la nuit. Nous en dépouillons le jour quand ils sont dans les ténèbres. »

— *Sourate 31, verset 29 :*

« N'as-tu pas vu que Dieu fait pénétrer la nuit dans le jour et qu'Il fait pénétrer le jour dans la nuit? »

— *Sourate 39, verset 5 :*

« ... Il enroule la nuit sur le jour et Il enroule le jour sur la nuit. »

Le premier verset ne nécessite pas de commentaire. Le deuxième verset veut donner simplement une image.

Ce sont principalement les troisième et quatrième versets qui peuvent présenter un intérêt en ce qui concerne le processus de pénétration et surtout d'enroulement de la nuit sur le jour et du jour sur la nuit (sourate 39, verset 5).

« Enrouler » paraît être, comme dans la traduction de R. Blachère, la meilleure façon de traduire en français le verbe arabe *kawwara*. La signification primitive de ce verbe est rouler en spirales un turban sur la tête ; dans tous les autres sens la notion d'enroulement est conservée.

Or, que se passe-t-il en réalité dans l'espace ? Comme les astronautes américains l'ont bien vu et photographié de leurs véhicules spatiaux, en particulier à grande distance de la Terre, depuis la Lune par exemple, le Soleil éclaire en permanence (éclipses exceptées) la demi-sphère terrestre placée en regard de lui tandis que l'autre demi-sphère reste dans l'obscurité. La Terre tournant sur elle-même alors que l'éclairage reste fixe, une zone éclairée en forme de demi-sphère fait en vingt-quatre heures sa rotation autour de la Terre, tandis que la demi-sphère restée dans l'obscurité accomplit durant le même temps le même périple. Cette ronde incessante du jour et de la nuit est parfaitement décrite par le Coran. Elle est aisément accessible de nos jours à la compréhension humaine puisque nous avons la notion de la fixité (relative) du Soleil et de la rotation de la Terre. Ce processus d'enroulement permanent avec pénétration continuelle d'un secteur par l'autre est exprimé dans le Coran, comme si l'on avait conçu à l'époque la rotondité de la Terre, ce qui n'est évidemment pas le cas.

Il faut rattacher à ces considérations sur la succession des jours et des nuits les évocations par certains versets coraniques de la pluralité des Orients et des Occidents, dont l'intérêt n'est que descriptif car ces phénomènes peuvent relever de l'observation la plus banale. Ils sont mentionnés ici dans le dessein de reproduire aussi complètement que possible ce que le Coran contient à ce sujet.

Ce sont, par exemple :

— Dans la sourate 70, verset 40, l'expression : « Seigneur des Orients et des Occidents. »
— Dans la sourate 55, verset 17, celle-ci : « Seigneur des deux Orients et des deux Occidents. »
— Dans la sourate 43, verset 38, l'évocation de la « distance des deux Orients », image pour exprimer l'immensité d'une distance entre deux points.

L'observateur des levers et des couchers de Soleil sait bien que le Soleil se lève en des points différents de l'Orient et se couche en des points différents de l'Occident selon les saisons. Des repères pris à chacun des horizons définissent des points extrêmes marquant deux Orients et deux Occidents, entre lesquels se placent tout au long de l'année des points intermédiaires. Le phénomène décrit ici est pour ainsi dire banal. Mais ce qui mérite principalement de retenir l'attention est ce qui se rapporte aux autres sujets envisagés dans ce chapitre, où la description des phénomènes astronomiques évoqués dans le Coran apparaît conforme aux notions modernes.

D. Evolution du monde céleste

En rappelant les idées modernes sur la formation de l'univers, on a montré l'évolution qui s'est produite depuis la nébuleuse initiale jusqu'à la formation des galaxies, des étoiles et, pour le système solaire, jusqu'à l'apparition des planètes à partir du Soleil à un certain stade de l'évolution de celui-ci. Les données modernes permettent de penser que, dans le système solaire et dans l'univers plus généralement, une évolution se poursuit encore.

Lorsqu'on a connaissance de ces notions, comment ne pas faire un rapprochement avec certaines assertions que l'on trouve dans le Coran quand sont évoquées les manifestations de la Toute-Puissance divine ?

A plusieurs reprises, le Coran rappelle que : « (Dieu) a assujetti le soleil et la lune : chacun vogue jusqu'à un terme fixé (dénommé). »

On trouve cette phrase dans sourate 13, verset 2 ; sourate 31, verset 29 ; sourate 35, verset 13 ; sourate 39, verset 5.

Mais, de plus, l'idée de terme fixé est associée à une idée de lieu de destination dans :

— *Sourate 36, verset 38 :*

« Le soleil vogue vers un lieu fixe qui lui est propre. C'est la détermination du Puissant, de l'Omniscient. »

« Lieu fixe » est la traduction du mot *mustaqarr*. Il n'y a pas de doute que l'idée de lieu précis est attachée à ce mot.

Comment se présente la confrontation de ces affirmations avec les données établies par la science moderne ?

Le Coran donne au Soleil un terme évolutif et un lieu de destination. A la Lune il assigne aussi un terme. Il faut, pour comprendre le sens possible de ces assertions, rappeler les connaissances modernes sur l'évolution des étoiles en général, du Soleil en particulier et, par voie de conséquence, des formations célestes qui suivent nécessairement son mouvement dans l'espace, et dont la Lune fait partie.

Le Soleil est une étoile dont l'âge est estimé à environ 4 milliards et demi d'années par les astrophysiciens. Comme pour toutes les étoiles, on peut définir pour lui un stade évolutif. Le Soleil est actuellement à un premier stade caractérisé par la transformation des atomes d'hydrogène en atomes d'hélium : ce stade actuel devrait théoriquement durer encore 5 milliards et demi d'années selon les calculs effectués qui donnent à ce premier stade, pour une étoile du type du Soleil, une durée totale de 10 milliards d'années. A ce stade fait suite, comme on l'a observé pour d'autres étoiles, du même type, une deuxième période caractérisée par l'achèvement de la transformation de l'hydrogène en hélium, avec pour conséquence la dilatation des couches externes et le refroidissement du Soleil. Au stade final, la luminosité est fortement diminuée et la densité considérablement élevée : c'est ce qu'on observe dans le type d'étoiles auxquelles on a donné le nom de naines blanches.

De tout cela ce qu'il faut retenir, ce ne sont pas des dates, qui ne sont intéressantes que pour donner une estimation approximative du facteur temps, mais ce qui ressort surtout est la notion d'une évolution. Les données modernes permettent de prédire que, dans quelques milliards d'années, les conditions du système solaire ne seront plus celles d'aujourd'hui. Comme pour d'autres étoiles dont on a enregistré les transformations jusqu'au stade ultime, on peut prévoir un terme pour le Soleil.

Le deuxième verset cité ici (sourate 36, verset 38) évoquait le Soleil voguant vers un lieu qui lui est propre.

L'astronomie moderne le situe parfaitement et lui a même donné le nom d'Apex solaire : le système solaire évolue en effet dans l'espace vers un point situé dans la constellation d'Hercule, dans le voisinage de l'étoile Véga *(α Lyrae)* dont les coordonnées sont bien établies ; le mouvement a une vitesse qui a été précisée et qui est de l'ordre de 19 kilomètres à la seconde.

Toutes ces données de l'astronomie méritaient d'être rapportées à propos de deux versets coraniques dont on peut dire qu'ils paraissent concorder parfaitement avec les données scientifiques modernes.

L'EXPANSION DE L'UNIVERS

L'expansion de l'univers est le phénomène le plus grandiose découvert par la science moderne. C'est une notion aujourd'hui bien établie, les seules discussions portant sur le modèle suivant lequel elle se fait.

Suggérée à partir de la théorie de la relativité générale, l'expansion de l'univers a un support physique dans les examens du spectre des galaxies ; le déplacement systématique vers le rouge de leur spectre s'expliquerait par un écartement des galaxies les unes des autres. Ainsi l'étendue de l'univers serait sans cesse grandissante et cet élargissement serait d'autant plus important que l'on s'éloigne de nous. Les vitesses auxquelles les corps célestes se déplaceraient dans cette expansion continuelle pourraient aller de fractions de la vitesse de la lumière à des valeurs supérieures à celle-ci.

Le verset suivant du Coran (sourate 51, verset 47) où Dieu parle peut-il être confronté avec ces notions modernes ?

« Le ciel, Nous l'avons construit renforcé. En vérité Nous l'étendons. »

Le ciel, traduction du mot *samâ',* n'est-ce pas précisément le monde en dehors de la Terre dont il s'agit ?

Ce qui a été traduit par « nous l'étendons » est le participe présent pluriel *mûsieûna* du verbe *awsaea* qui signifie : élargir, étendre, rendre plus vaste, plus spacieux, lorsqu'il s'agit d'objets.

Certains traducteurs, incapables de saisir le sens de ce dernier mot, donnent des significations qui me paraissent erronées comme « nous sommes pleins de largesse » (R. Blachère). D'autres auteurs devinent la signification mais n'osent pas se prononcer : Hamidullah, dans sa traduction du Coran, parle d'élargissement du ciel, de l'espace, mais avec un point d'interrogation. Il en est enfin qui, s'entourant pour leurs commentaires d'avis scientifiques autorisés, donnent la signification rapportée ici. Tel est le cas des commentaires du Muntakhab édité par le Conseil suprême des Affaires islamiques du Caire ; ils évoquent sans la moindre ambiguïté l'expansion de l'univers.

E. La conquête de l'espace

Trois versets du Coran méritent, de ce point de vue, de retenir toute l'attention. L'un exprime de manière non ambiguë ce qu'il appartiendra aux hommes de réaliser dans ce domaine, et qu'ils réaliseront. Dans les deux autres versets, Dieu évoque à l'intention des infidèles de La Mecque l'étonnement qui serait le leur s'ils pouvaient s'élever vers le ciel, faisant allusion à une hypothèse qui, elle, ne sera pas suivie d'effet pour ces derniers.

1. Le *premier verset* est le verset 33 de la sourate 55 :

> « Peuple des Esprits et des Etres humains, si vous pouvez pénétrer à l'opposé des régions des cieux et de la terre, pénétrez-y. Mais vous n'y pénétrerez qu'avec un Pouvoir. »

La traduction donnée ici nécessite quelques commentaires explicatifs :

a) Le mot français « si » exprime, dans notre langue, une condition qui relève aussi bien d'une éventualité que d'une hypothèse réalisable ou d'une hypothèse non réalisable. La langue arabe est capable de nuancer la condition d'une manière beaucoup plus explicite. Il y a un mot pour exprimer l'éventualité *(idhâ)*, un autre pour exprimer l'hypothèse réalisable *(in)*, un troisième pour introduire l'hypothèse non réalisable *(law)*. Le verset considéré envisage qu'il s'agit d'une hypothèse réalisable exprimée par *in*. Le Coran évoque donc ici la possibilité matérielle de la réalisation concrète. Ce distinguo linguistique élimine de façon formelle l'interprétation purement mystique que certains ont voulu donner, bien à tort, à ce verset.

b) Dieu s'adresse aux esprits *(jinn)* et aux êtres humains *(ins)* et non pas à des figures allégoriques essentiellement.

c) « Pénétrer à l'opposé » est la traduction du verbe *nafadha* suivi de la préposition *min* qui, selon le dictionnaire de Kasimirski, signifie pénétrer, traverser d'outre en outre et sortir de l'autre côté d'un corps (il se dit d'une flèche qui sort par le côté opposé, par exemple). Il évoque donc la pénétration profonde et la sortie à une autre extrémité des régions considérées.

d) Le pouvoir *(sulTan)* qu'auront les hommes de réaliser cette entreprise paraît être un pouvoir émanant du Tout-Puissant[1].

Il n'est pas douteux que ce verset indique la possibilité qu'auront un jour les hommes d'effectuer ce que nous appelons, à notre époque, peut-être assez improprement, la conquête de l'espace. Il faut remarquer que le texte coranique envisage non seulement la pénétration à travers les régions des cieux mais aussi celle à travers les régions de la Terre, c'est-à-dire l'exploration des profondeurs.

2. Les deux autres versets sont extraits de la sourate 15 (versets 14 et 15). Dieu parle des infidèles de La Mecque, comme le contexte de ce passage de la sourate l'indique :

« Si Nous ouvrions pour eux une porte du ciel et qu'ils continuent par elle à y monter, ils diraient : "Nos regards ne sont que troublés ou plutôt nous sommes des gens ensorcelés." »

C'est l'expression de l'étonnement devant un spectacle inattendu, différent de celui que l'homme pouvait imaginer.

1. Ce verset est suivi d'une invitation à reconnaître les bienfaits de Dieu ; c'est le sujet de toute la sourate.

La phrase conditionnelle est introduite ici par le mot *law* qui exprime une hypothèse qui ne sera jamais suivie de réalisation pour ceux que ce passage concerne.

On se trouve donc, à propos de la conquête de l'espace, en présence de deux passages du texte coranique, dont l'un fait allusion à ce qui se réalisera un jour grâce aux pouvoirs que Dieu donnera à l'intelligence et à l'ingéniosité humaines, et l'autre évoque un événement que ne vivront pas les infidèles de La Mecque, d'où le caractère de condition qui ne sera pas réalisée. Mais l'événement sera vécu par d'autres, comme le premier verset cité le laisse supposer. Il donne la description des réactions humaines devant le spectacle inattendu qui sera donné aux voyageurs de l'espace : regards troublés, impression d'être ensorcelé...

C'est bien ainsi que les astronautes ont vécu cette prodigieuse aventure depuis 1961, date du premier vol humain autour de la Terre. On sait, en effet, que lorsqu'on se trouve au-delà de l'atmosphère terrestre le ciel n'apparaît nullement avec son image d'azur offerte aux Terriens et qui est le résultat des phénomènes d'absorption de la lumière solaire par les couches de l'atmosphère. L'observateur humain placé dans l'espace au-delà de l'atmosphère terrestre voit le ciel noir et la Terre lui apparaît enveloppée d'un halo de couleur bleuâtre dû aux mêmes phénomènes d'absorption lumineuse par l'atmosphère terrestre, alors que la Lune, elle, qui n'a pas d'atmosphère, apparaît avec ses couleurs propres sur le fond noir du ciel. C'est donc un spectacle entièrement nouveau pour l'homme qui se présente à lui dans l'espace, spectacle dont les photographies sont devenues classiques pour les hommes de notre temps.

Là encore, lorsque l'on confronte le texte coranique et les données modernes, comment n'être pas impressionné par les précisions dont on ne peut supposer qu'elles aient émané de la pensée d'un homme qui vécut il y a près de quatorze siècles ?

V. LA TERRE

Comme pour les sujets précédemment traités, les versets coraniques se rapportant à la terre sont dispersés dans tout le Livre. Leur classification est difficile ; celle présentée ici est toute personnelle.

Pour la clarté de l'exposé, il semble que l'on puisse dégager tout d'abord un certain nombre de versets qui, traitant souvent de plusieurs sujets, ont surtout une portée générale, constituant autant d'invitations adressées aux hommes à réfléchir sur la bienfaisance divine à l'aide des exemples présentés.

D'autres groupes de versets peuvent être isolés, se référant à des sujets plus particuliers qui sont :

— le cycle de l'eau et les mers ;
— le relief terrestre ;
— l'atmosphère terrestre.

A. Versets de portée générale

Tout en offrant des arguments devant conduire les hommes à méditer sur les bienfaits de Dieu envers Ses créatures, ces versets contiennent de-ci de-là des affirmations qu'il est intéressant de confronter avec les données de la science moderne. Mais, de ce point de vue, ils ont peut-être plus d'intérêt encore en raison du fait qu'ils n'expriment pas toutes sortes de croyances concernant certains phénomènes naturels qui étaient en faveur parmi les hommes de l'époque de la Révélation coranique, croyances diverses dont la connaissance scientifique va démontrer plus tard le caractère erroné.

Ces versets expriment d'une part des idées simples, facilement accessibles à la compréhension de ceux à qui le Coran s'adressait en premier pour des raisons géographiques, les habitants de La Mecque et de Médine, les Bédouins de la péninsule arabique, et, d'autre part, des réflexions d'ordre général dont un public plus cultivé, en tous pays et en tous temps, peut retirer des enseignements, lorsqu'il prend la peine de réfléchir, ce qui est la marque de l'universalité du Coran.

Aucun classement de ces versets n'étant apparent dans le Coran, ils sont présentés ici dans l'ordre numérique des sourates.

— *Sourate 2, verset 22 :*

« (Dieu) est Celui qui a fait de la terre une couche et du ciel un édifice ; qui a fait descendre du ciel une eau par laquelle Il a fait sortir (toutes sortes) de fruits en attribution pour vous. Ne donnez pas de parèdres à Dieu alors que vous savez. »

— *Sourate 2, verset 164 :*

« Dans la création des cieux et de la terre,
Dans l'opposition de la nuit et du jour,
Dans le vaisseau voguant sur la mer pour le profit des gens,
Dans l'eau que Dieu a fait descendre du ciel et par laquelle Il a fait (re)vivre la terre après sa mort,
Dans ce qu'Il a fait pulluler de toute bête,
Dans les variations des vents et des nuages soumis entre ciel et terre,
N'y a-t-il pas des signes pour les gens qui raisonnent ? »

— *Sourate 13, verset 3 :*

« C'est (Dieu) qui étendit la terre, y plaça des (montagnes) immobiles et des fleuves. Pour chaque fruit, Il y plaça deux éléments de couple. Il fait couvrir le jour par la nuit. En vérité, en cela n'y a-t-il pas des signes pour les gens qui réfléchissent ? »

— *Sourate 15, versets 19 à 21.* Dieu parle :

« La terre, Nous l'avons étendue et Nous y avons jeté des (montagnes) immobiles. Nous y avons fait pousser toute chose de façon équilibrée. Nous y avons disposé des moyens d'existence pour vous et pour ceux que vous ne nourrissez pas. Il n'est chose dont les réserves ne soient auprès de Nous. Nous ne les faisons descendre (sur vous) que dans une mesure appropriée (connue). »

— *Sourate 20, versets 53-54 :*

« (Dieu) est Celui qui fit pour vous de la terre un berceau et vous y fit prendre des chemins. Il fit descendre du ciel une eau par laquelle Nous fîmes sortir (de terre) des éléments de couple de diverses plantes. Mangez ! Faites paître vos troupeaux ! N'y a-t-il pas en cela des signes pour ceux doués d'intelligence ? »

— *Sourate 27, verset 61 :*

« Celui qui fit de la terre un lieu stable et y plaça parmi elle des cours d'eau, y plaça des (montagnes) immobiles, et disposa entre les deux mers une barrière, existe-t-il une divinité à côté de Lui ? Non, mais la plupart (des gens) ne savent pas. »

Ici, il est fait allusion à la stabilité générale de la

croûte terrestre. On sait qu'aux premiers âges de la Terre, sa couche superficielle était instable avant son refroidissement. La stabilité de la croûte terrestre n'est pas toutefois rigoureusement absolue, puisqu'il existe des zones où des tremblements de terre se produisent par intermittence. Quant à la barrière entre les deux mers, c'est une image pour marquer l'absence de mélange d'eau des fleuves et d'eau de la mer au niveau de certains grands estuaires, comme on le verra un peu plus loin.

— *Sourate 67, verset 15 :*

« C'est (Dieu) qui pour vous a fait la terre très soumise. Marchez sur ses épaules. Mangez de l'attribution (divine). C'est vers Lui (que se fera) la Résurrection. »

— *Sourate 79, versets 30-33 :*

« La terre, après cela, (Dieu) l'a étendue. Il en a fait sortir son eau et son pâturage ; les montagnes, Il les a rendues immobiles, (tout cela) à titre de jouissance matérielle pour vous et vos bêtes de troupeau. »

Dans beaucoup de ces versets, l'importance de l'eau et la conséquence pratique de sa présence sur le sol de la Terre, la fertilité du sol, est soulignée. L'eau est, certes, dans les pays désertiques, l'élément numéro un qui conditionne la survie de l'homme. Mais l'évocation par le Coran dépasse cette particularité géographique. Le caractère de planète riche en eau, unique dans le système solaire, selon les données les mieux établies des connaissances modernes, est mis en relief. Sans l'eau, la Terre serait un astre mort comme la Lune. Le Coran donne à l'eau la première place dans l'évocation des phénomènes naturels de la Terre. Le cycle de l'eau y est décrit avec une remarquable exactitude.

B. Le cycle de l'eau et les mers

Quand, de nos jours, on lit, les uns à la suite des autres, les versets coraniques relatifs au rôle des eaux dans la vie des hommes, tous nous paraissent exprimer des idées tout à fait évidentes. La raison en est simple : à notre époque, nous connaissons tous, avec plus ou moins de précisions, quel est le cycle de l'eau dans la nature.

Mais, si l'on prend en considération ce qu'étaient les divers concepts anciens sur ce sujet, on s'aperçoit que les données coraniques ne comportent pas d'éléments relevant des concepts mythiques qui avaient cours et dans l'élaboration desquels la spéculation philosophique avait une part plus grande que les données de l'observation. Si, d'une manière empirique, on avait réussi à acquérir des connaissances pratiques utiles, à une échelle restreinte, pour améliorer l'irrigation des sols, on avait, par contre, sur le cycle de l'eau en général des conceptions qui seraient peu acceptables de nos jours.

C'est ainsi qu'il eût été simple d'imaginer que les eaux souterraines pouvaient provenir de l'infiltration des précipitations dans le sol. Mais on cite comme une exception dans les temps anciens la conception d'un certain Vitruve qui, à Rome, au Ier siècle avant J.-C., avait soutenu cette idée. Ainsi, pendant de longs siècles, au nombre desquels se situe l'époque de la Révélation coranique, les hommes avaient des conceptions tout à fait erronées sur le régime des eaux.

Dans leur article « Hydrogéologie » de l'*Encyclopedia Universalis,* deux spécialistes de ces problèmes, G. Castany et B. Blavoux, font de la question l'historique édifiant que voici :

Pour Thalès de Milet, c'était, au VIIe siècle avant J.-C., la théorie de la poussée de l'eau océanique sous l'effet des vents à l'intérieur des continents, la chute sur les terres, sa pénétration dans le sol. Platon partageait ces idées et pensait que le retour à l'océan s'effectuait par un grand abîme, le Tartare. Cette théorie aura de nombreux adeptes jusqu'au XVIIe siècle avec Descartes. Aristote supposait, lui, que la vapeur d'eau du sol se condensait dans des cavités refroidies des montagnes et formait des lacs souterrains qui alimentaient les sources. Il sera suivi par Sénèque (Ier siècle) et aura de nombreux partisans jusqu'en 1877, dont O. Volger... La première conception nette du cycle de l'eau reviendra, en 1580, à Bernard Palissy..., qui affirme que les eaux souterraines proviennent des infiltrations des eaux de pluie dans le sol. Cette théorie sera confirmée par E. Mariotte et par P. Perrault au XVIIe siècle.

Des conceptions inexactes qui avaient cours à l'époque de Mahomet, on ne trouve nul écho dans les passages du Coran qui vont suivre :

— *Sourate 50, versets 9 à 11 :*

« Nous[1] avons fait descendre du ciel une eau bénie et Nous avons fait pousser grâce à elle des jardins, le grain des céréales, les palmiers élevés qui ont des spathes disposées en étages — attribution pour (Nos) serviteurs. Grâce à elle, Nous avons fait (re)vivre un pays mort (de sécheresse). Ainsi (se fera) la sortie (des tombeaux). »

— *Sourate 23, versets 18 et 19 :*

« Nous avons fait descendre du ciel une eau en quantité définie et Nous l'avons maintenue dans la terre, alors que Nous aurions été capable de la faire disparaître. Par elle Nous avons fait croître des jardins de palmiers et des vignes où sont pour vous des fruits abondants que vous mangez. »

— *Sourate 15, verset 22 :*

« Nous envoyons les vents comme des fécondateurs. Nous faisons descendre du ciel une eau dont Nous vous abreuvons, alors que vous ne (pourriez) pas la mettre en réserve. »

Il y a pour le dernier verset deux possibilités d'interprétation. Les vents fécondateurs peuvent être considérés comme fécondateurs des plantes par le moyen du transport du pollen, mais il peut aussi bien s'agir d'une expression imagée évoquant par analogie le rôle du vent faisant d'un nuage qui ne donne pas de pluie un nuage libérant l'ondée ; ce rôle est souvent évoqué, comme dans les versets suivants :

1. Chaque fois que « Nous » apparaît dans les versets du texte coranique cités ici, le pronom s'applique à Dieu.

— *Sourate 35, verset 9 :*

« Dieu est Celui qui envoie les vents qui font se lever les nuages. Nous les conduisons vers un pays mort (de sécheresse) et Nous faisons (re)vivre la terre après sa mort. Ainsi se (fera) la Résurrection. »

On notera que, dans la première partie du verset, le style est celui du récit et que sans transition lui fait suite une déclaration de Dieu. De telles modifications subites dans la forme du discours sont fréquentes dans le Coran.

— *Sourate 30, verset 48 :*

« Dieu est celui qui envoie les vents qui font se lever les nuages. Il les étend dans le ciel comme Il veut. Il en fait des masses et tu vois la pluie fine sortir de leur intérieur. Alors quand Il atteint de celle-ci ceux de Ses serviteurs qu'Il veut, les voici (qui) se réjouissent. »

— *Sourate 7, verset 57 :*

« (Dieu) est Celui qui envoie les vents, annonce de Sa grâce. Quand enfin ils portent de lourdes nuées, Nous poussons celles-ci vers un pays mort (de sécheresse). Nous y faisons descendre de l'eau par laquelle Nous faisons sortir toutes sortes de fruits. Ainsi Nous ferons sortir les morts (de leurs tombeaux). Peut-être réfléchirez-vous ? »

— *Sourate 25, versets 48 et 49 :*

« (Dieu) est Celui qui envoie les vents, annonce de Sa grâce. Nous faisons descendre du ciel une eau pure pour faire (re)vivre grâce à elle un pays mort (de sécheresse), et pour abreuver la multitude des bêtes et des êtres humains que Nous avons créée. »

— *Sourate 45, verset 5 :*

« ... (Dans) ce que Dieu a fait descendre du ciel comme attribution par laquelle Il fait (re)vivre la terre après sa mort, (dans) le changement (de direction) des vents, ce sont des signes pour des gens qui raisonnent. »

L'attribution dont il s'agit dans ce dernier verset est l'eau descendue du ciel, comme l'indique le contexte. L'accent est mis, par ailleurs, sur le changement des vents, modificateurs du régime des pluies.

— *Sourate 13, verset 17 :*

« (Dieu) a fait descendre une eau du ciel. Les cours d'eau coulent selon leur capacité. Le courant emporte une écume qui croît. »

— *Sourate 67, verset 30.* Dieu commande au Prophète :

« Dis : Voyez-vous, si un matin votre eau se perdait en terre, qui vous apporterait une eau de source ? »

— *Sourate 39, verset 21 :*

« N'as-tu pas vu que Dieu a fait descendre du ciel une eau qu'Il achemine vers des sources dans la terre ? Puis Il fait sortir grâce à elle une culture aux couleurs diverses... »

— *Sourate 36, verset 34 :*

« Nous avons placé sur terre des jardins de palmiers et des vignes et Nous y avons fait jaillir des sources. »

L'importance des sources et leur alimentation par l'eau de pluie qui est acheminée vers elles sont soulignées dans les trois derniers versets. Le fait mérite qu'on s'y arrête pour rappeler la prédominance au Moyen Age de conceptions comme celles d'Aristote, pour qui les sources étaient alimentées par des lacs souterrains. Dans son article « Hydrologie » de l'*Encyclopedia Universalis*, M. R. Réméniéras, professeur à l'Ecole nationale du Génie rural, des Eaux et Forêts, décrit les principales étapes de l'hydrologie et évoque les magnifiques travaux anciens d'irrigation, en particulier au Moyen-Orient, en notant que l'empirisme y avait tout présidé, les idées d'alors procédant de conceptions erronées. Il poursuit : « Il faut attendre la Renaissance (entre 1400 et 1600 environ) pour que les concepts purement philosophiques cèdent la place à des recherches fondées sur l'observation objective des phénomènes hydrologiques. Léonard de Vinci (1452-1519) s'insurge contre les affirmations d'Aristote. Dans son *Discours admirable de la nature des eaux et fontaines tant naturelles qu'artificielles* (Paris, 1580), Bernard Palissy donne une interprétation correcte du cycle de l'eau et tout spécialement de l'alimentation des sources par les pluies. »

N'est-ce pas très exactement cette dernière mention que nous trouvons dans le verset 21 de la sourate 39 évoquant l'acheminement de l'eau de pluie vers des sources dans la terre ?

Pluie et grêle font l'objet du verset 43 de la sourate 24 :

« N'as-tu pas vu que Dieu pousse doucement les nuages, les assemble, puis en fait des monceaux ? Tu vois alors la pluie fine sortir de leur intérieur. Il fait descendre du ciel des montagnes de grêle, Il en atteint qui Il veut et Il les détourne de qui Il veut ; peu s'en faut que l'éclat de l'éclair (qui l'accompagne) n'emporte la vue. »

Le passage suivant mérite un commentaire (sourate 56, versets 68-70) :

« Avez-vous considéré l'eau que vous buvez ? Est-ce vous qui la faites descendre du nuage ou Nous qui la faisons ? Si Nous l'avions voulu, nous l'aurions rendue saumâtre. Que ne Nous en êtes-vous reconnaissants ! »

Evoquer le fait que Dieu aurait pu rendre saumâtre une eau qui ne l'est pas naturellement est une manière d'exprimer la Toute-Puissance divine. C'est une autre façon de rappeler cette même Omnipotence que de mettre l'homme au défi de faire descendre la pluie du nuage. Mais alors que la première n'est qu'une simple boutade, la seconde n'en serait-elle plus une à l'époque moderne où la technique a permis de déclencher artificiellement la pluie ? La capacité des humains à produire des précipitations serait-elle opposable à l'affirmation coranique ?

Ce n'est pas le cas car il semble bien qu'il faille prendre en considération les limites des possibilités de l'homme dans ce domaine. M.A. Facy, ingénieur général de la Météorologie nationale, a écrit, dans l'article « Précipitations » de l'*Encyclopedia Universalis* : « On ne fera jamais tomber la pluie d'un nuage qui ne présente pas les caractéristiques d'un nuage précipitant ou d'un nuage qui n'aurait pas encore atteint le degré d'évolution (de maturité) convenable. » L'homme ne peut par conséquent que hâter, à l'aide de moyens techniques appropriés, le processus de précipitation dont les conditions naturelles sont déjà réalisées. S'il en était autrement, la sécheresse n'existerait pas dans la pratique, ce qui n'est évidemment pas le cas. Etre maître de la pluie et du beau temps reste toujours un rêve.

L'homme ne peut rompre à sa guise le cycle établi qui assure la circulation de l'eau dans la nature, cycle que l'on peut résumer comme suit, selon les enseignements de l'hydrologie moderne.

Le rayonnement calorique du soleil provoque l'évaporation des océans et de toutes les surfaces terrestres recouvertes ou imbibées d'eau. La vapeur d'eau ainsi dégagée s'élève dans l'atmosphère et, par condensation, y forme les nuages. Intervient alors le rôle des vents pour déplacer sur des distances variables les nuages ainsi formés. Ceux-ci peuvent alors tantôt disparaître sans donner de pluie, tantôt voir leurs masses se joindre à d'autres masses pour donner de plus grandes condensations, tantôt se fragmenter pour donner naissance à la pluie à un certain stade de l'évolution du nuage. La pluie atteignant les mers (qui forment 70 % de la surface du globe terrestre), le cycle est vite refermé. La pluie atteignant les terres peut être en partie absorbée par les végétaux et participer à leur croissance; ceux-ci, à leur tour, par leur transpiration, redonnent une partie de l'eau à l'atmosphère. L'autre partie pénètre plus ou moins dans le sol, d'où elle peut se diriger vers les océans par les cours d'eau ou s'infiltrer dans le sol pour revenir vers le réseau de surface par les sources et autres résurgences.

Que l'on compare ces données de l'hydrologie moderne avec celles qui ressortent des nombreux versets coraniques cités dans ce paragraphe et l'on constatera l'existence d'une remarquable concordance entre les deux.

LES MERS

Si les versets coraniques ont ainsi offert matière à comparaison avec les connaissances modernes pour ce qui concerne le cycle de l'eau dans la nature en général, il n'en est pas de même pour ce qui concerne les mers. Aucune proposition coranique s'y rapportant n'invite à une confrontation avec des données scientifiques à proprement parler. Toutefois, il n'en est pas moins nécessaire de souligner qu'aucune proposition du Coran sur les mers ne contient de référence à des croyances, mythes ou superstitions de l'époque.

Un certain nombre de versets ayant trait aux océans et à la navigation offrent comme sujets de réflexion des indices de la Toute-Puissance divine, découlant de faits d'observation courante. Ce sont :

— *Sourate 14, verset 32 :*

« (Dieu) a assujetti pour vous le vaisseau pour qu'il vogue sur la mer sur Son ordre. »

— *Sourate 16, verset 14 :*

« (Dieu) est Celui qui a assujetti la mer pour que vous mangiez une chair fraîche (issue) d'elle et en tiriez une parure dont vous vous revêtez. Tu vois le vaisseau qui fend l'eau avec bruit pour que vous recherchiez de Sa faveur. Peut-être serez-vous reconnaissants ? »

— *Sourate 31, verset 31 :*

« N'as tu pas vu que le vaisseau vogue sur la mer par le bienfait de Dieu pour qu'Il vous montre Ses signes ? En vérité, en cela sont des signes pour tout homme très patient et reconnaissant. »

— *Sourate 55, verset 24 :*

« A (Dieu) sont les vaisseaux élevés sur la mer comme des repères. »

— *Sourate 36, versets 41-44 :*

« Un signe pour (les hommes) est que Nous avons porté leur descendance sur l'Arche chargée. Nous avons créé pour eux quelque chose d'identique sur quoi ils montent. Si Nous voulons, Nous les engloutissons : ils n'auront pas de secours et ne seront sauvés que par une miséricorde de Notre part et pour jouir (de la vie) jusqu'à un (certain moment). »

Il s'agit bien évidemment ici du vaisseau portant les hommes sur la mer comme l'Arche porta jadis Noé ainsi que les occupants du vaisseau et leur permit d'atteindre la terre ferme.

Un autre fait d'observation concernant la mer peut être détaché de tous les versets du Coran qui lui sont consacrés, parce qu'il présente un aspect particulier. Trois versets font ainsi allusion à certains caractères des grands fleuves lorsqu'ils se déversent dans les océans.

Bien connu est le phénomène souvent rencontré du non-mélange immédiat des eaux salées des mers et des eaux douces des grands fleuves. Le Coran le signale à propos, pense-t-on, de l'embouchure de l'Euphrate et du Tigre qui, par leur réunion, forment pour ainsi dire une « mer » longue de plus de 150 kilomètres, le Chatt Al Arab. Au fond du golfe, l'influence des marées produit le phénomène heureux du reflux d'eau douce à l'intérieur des terres, assurant une irrigation satisfaisante. Pour la bonne compréhension du texte, il faut savoir que « mer », en français, rend le sens général du mot arabe *baHr* qui veut dire grande masse d'eau et s'applique aussi bien à l'Océan qu'aux très grands fleuves : Nil, Tigre, Euphrate, par exemple.

Les trois versets qui évoquent le phénomène sont les suivants :

— *Sourate 25, verset 53 :*

« (Dieu) est Celui qui laisse libre cours aux deux mers. (L'eau de) l'une est agréable au goût, très douce, (celle de) l'autre est salée, saumâtre. Il a placé entre elles deux une barrière et un barrage absolu. »

— *Sourate 35, verset 12 :*

« Les deux mers ne sont pas identiques. (L'eau de) l'une est agréable au goût, très douce, agréable à boire ; (l'eau de) l'autre est salée, saumâtre. De chacune vous mangez une chair fraîche et vous en extrayez un ornement que vous portez. »

— *Sourate 55, versets 19, 20 et 22 :*

« (Dieu) a laissé libre cours aux deux mers ; elles se rencontrent (mais) entre elles deux est une barrière qu'elles ne dépassent point... Sortent d'elles deux perles et le corail. »

En plus de l'évocation du fait principal, ces versets mentionnent les ressources tirées des eaux douces et des eaux salées : le poisson, les ornements vestimentaires : corail, perles. Quant au phénomène du non-mélange des eaux fluviales dans la mer à l'embouchure, il faut savoir qu'il n'est pas spécial au Tigre et à l'Euphrate, qui ne sont pas mentionnés dans le texte, mais auxquels, pense-t-on, celui-ci se réfère. Des cours d'eau à très fort débit comme le Mississippi ou le Yang-Tsé présentent la même particularité : le mélange des eaux ne s'opère pour eux parfois que loin au large.

C. Le relief terrestre

La constitution de la terre est complexe. On peut aujourd'hui très grossièrement l'imaginer comme formée d'une couche profonde, où règnent des températures très élevées avec, en particulier, une partie centrale où les roches sont en fusion, et d'une couche superficielle, l'écorce terrestre, solide et froide. Cette couche est très mince : de quelques kilomètres à quelques dizaines de kilomètres au plus, alors que le rayon de la terre est un peu supérieur à 6 000 kilomètres : c'est dire que l'écorce ne représente pas, en moyenne, le centième du rayon de la sphère. C'est sur cette pellicule, si l'on peut dire, que se sont passés les phénomènes géologiques. A la base de ceux-ci, les plissements qui sont à l'origine des chaînes de montagnes ; leur formation est appelée orogenèse en géologie ; le processus a une considérable importance car, à l'apparition d'un relief qui va constituer une montagne, correspond en profondeur un enfoncement proportionnel de la croûte terrestre, qui assure une assise dans la couche sous-jacente.

L'histoire de la répartition des mers et des terres à la surface du globe est d'acquisition récente et encore très incomplète, même pour les périodes les moins anciennes qui sont les mieux connues. Il est probable que l'apparition des océans, constituant l'hydrosphère, daterait d'un demi-milliard d'années environ. Les continents auraient formé une masse unique à la fin de l'ère primaire et ils se seraient ensuite dispersés. Par ailleurs, des continents ou portions de continent ont surgi par le jeu de la formation des montagnes en zone océanique (cas du continent nord-atlantique et d'une partie de l'Europe, par exemple).

Ce qui domine toute l'histoire de la formation des terres émergées est, selon les idées modernes, l'apparition des chaînes de montagnes. On classe toute l'évolution des terres, de l'ère primaire à l'ère quaternaire, en fonction des « phases orogéniques », elles-mêmes groupées en « cycles » du même nom, toute formation de relief montagneux ayant eu ses répercussions sur l'équilibre entre mers et continents. Elle a fait disparaître certaines parties des terres émergées pour en faire apparaître d'autres, et a modifié depuis des centaines de millions d'années la répartition des aires continentales et océaniques, les premières n'occupant actuellement que les trois dixièmes de la surface de la planète.

Ainsi peuvent être résumées très imparfaitement et très incomplètement les transformations qui se sont produites dans les précédentes centaines de millions d'années.

En ce qui concerne le relief terrestre, le Coran n'évoque pour ainsi dire que la formation des montagnes. En effet, il y a peu de chose à dire, du point de vue qui nous préoccupe ici, de versets qui expriment seulement la sollicitude de Dieu à l'égard des hommes, en rapport avec la formation de la terre, comme dans :

— *Sourate 71, versets 19 et 20 :*

« Dieu a fait pour vous de la terre un tapis pour que vous preniez le chemin de (ses) voies de passage et défilés. »

— *Sourate 51, verset 48 :*

« La terre, Nous l'avons étendue. Combien excellent (Nous fûmes) en la déployant. »

Le tapis qui a été étendu, déployé, c'est la croûte ou écorce terrestre, coquille solidifiée sur laquelle nous pouvons vivre, les couches sous-jacentes du globe étant très chaudes, fluides et impropres à tout genre de vie.

Très importantes sont les propositions coraniques relatives aux montagnes et les allusions à leur stabilité par les conséquences des phénomènes de plissement.

— *Sourate 88, versets 19 et 20.* Le contexte invite les impies à tourner leurs regards vers certains phénomènes naturels, dont :

« ... les montagnes. Comme elles ont été dressées dans le sol et la terre comme elle a été aplanie ».

Ici, la notion de racine à l'intérieur du sol ressort clairement du texte.

Les versets suivants le précisent d'ailleurs :

— *Sourate 78, versets 6 et 7 :*

« N'avons-Nous pas disposé la terre (telle) une couche et les montagnes comme des pieux ? »

Les pieux auxquels il est fait allusion sont ceux qui servent à fixer une tente dans le sol (*awtâd*, pluriel de *watad*).

Les géologues modernes décrivent des plissements du sol, faisant prendre assise aux reliefs, et qui ont des dimensions variables allant jusqu'au kilomètre ou même à la dizaine de kilomètres. De ce phénomène de plissement résulte une stabilité de l'écorce terrestre.

Aussi n'est-on pas étonné de lire dans certains passages du Coran quelques réflexions sur les montagnes, telles que :

— *Sourate 79, verset 32 :*

« Les montagnes, (Dieu) les a rendues immobiles. »

— *Sourate 31, verset 10 :*

« (Dieu) a poussé dans la terre des (montagnes) immobiles de manière à ce qu'elle ne vacille pas avec vous. »

La même phrase est répétée dans la sourate 16, verset 15. La même idée est exprimée de manière peu différente dans la sourate 21, verset 31 :

« Nous avons disposé sur la terre des (montagnes) immobiles de manière à ce qu'elle ne vacille pas avec eux. »

Ces versets expriment que la manière dont sont disposées les montagnes est favorable à la stabilité, ce qui est tout à fait en concordance avec les données de la géologie.

D. L'atmosphère terrestre

En plus de certains aspects concernant plus précisément le ciel et qui ont été examinés dans le chapitre précédent, le Coran contient quelques passages relatifs à des phénomènes qui se produisent dans l'atmosphère. Quant à leur confrontation avec les données de la science moderne, on notera seulement qu'ici comme ailleurs, il y a absence de toute contradiction avec la connaissance scientifique que l'on possède aujourd'hui des phénomènes évoqués.

L'ALTITUDE

C'est, à vrai dire, une réflexion bien banale sur la gêne éprouvée en altitude, de plus en plus importante à mesure que l'on s'élève, qui est exprimée dans le verset 125 de la sourate 6 :

« Celui que Dieu veut diriger, Il lui ouvre la poitrine à l'Islam. Celui qu'Il veut égarer, Il lui rend la poitrine étroite, (déterminant) une gêne comme s'il montait dans le ciel. »

Certains ont prétendu que la notion de gêne en altitude était inconnue des Arabes au temps de Mahomet. Il semble bien qu'il n'en soit rien : l'existence, dans la péninsule arabique, de hauts sommets de plus de 3 500 mètres rend peu plausible l'ignorance de la difficulté respiratoire lorsqu'on s'élève[1]. Il est aussi des commentateurs qui ont voulu voir ici une annonce de la conquête de

1. La ville de Sanaa, capitale du Yémen, qui était habitée au temps de Mahomet, est située à une altitude de près de 2 400 mètres.

l'espace, ce qui paraît devoir être catégoriquement rejeté, pour ce passage tout au moins.

L'ELECTRICITE ATMOSPHERIQUE

L'électricité atmosphérique et ses conséquences : la foudre, la grêle, donnent lieu aux mentions suivantes :

— *Sourate 13, versets 12-13 :*

« C'est (Dieu) qui vous fait voir l'éclair avec crainte et convoitise. Il fait naître les nuages lourds. Le tonnerre glorifie Sa louange ainsi que les anges par crainte de Lui. Il envoie la foudre et en atteint qui Il veut, tandis que (les hommes) discutent sur Dieu. (Car) Il est redoutable en Sa puissance. »

— *Sourate 24, verset 43* (déjà cité dans ce chapitre):

« N'as-tu pas vu que Dieu pousse doucement les nuages, les assemble, puis en fait des monceaux ? Tu vois alors la pluie fine sortir de leur intérieur. Il fait descendre du ciel des montagnes de grêle, Il en atteint qui Il veut et Il les détourne de qui Il veut ; peu s'en faut que l'éclat de l'éclair (qui l'accompagne) n'emporte la vue. »

Il y a dans ces deux versets l'expression d'une corrélation manifeste entre la formation de nuages lourds de pluie ou de grêle et la production de la foudre : la première, sujet de convoitise pour le bienfait qu'elle représente, la seconde, sujet de crainte, sa chute étant soumise à la détermination du Tout-Puissant. La liaison entre les deux phénomènes est conforme à la connaissance que l'on a de nos jours de l'électricité atmosphérique.

Le phénomène d'explication banale à notre époque de l'ombre et de son déplacement est l'objet de réflexions telles que celles-ci :

— *Sourate 16, verset 81 :*

« De ce qu'Il a créé, Dieu vous a procuré une ombre... »

— *Sourate 16, verset 48 :*

« (Les infidèles) n'ont-ils pas vu que (pour) toute chose que Dieu a créée, son ombre change de place à droite et à gauche en prosternation devant Dieu en humilité ? »

— *Sourate 25, versets 45 et 46 :*

« N'as-tu pas vu comment ton Seigneur a étendu l'ombre. S'Il l'avait voulu, Il l'aurait faite immobile. En outre, Nous avons fait du soleil un indicateur pour cette (ombre) et Nous la reprenons à Nous facilement. »

En dehors de ce qui a trait à l'humiliation devant Dieu de toute chose créée, y compris son ombre, et de la reprise par Dieu, comme Il l'entend, de toute manifestation de Sa puissance, le texte coranique fait allusion aux relations de l'ombre avec le soleil. Il faut rappeler à ce propos que l'on croyait à l'époque de Mahomet que le déplacement de l'ombre était conditionné par le déplacement du soleil d'est en ouest. L'application en était le cadran solaire pour mesurer le temps entre le lever et le coucher du soleil. Ici, le Coran parle du phénomène sans mentionner son explication courante à l'époque de sa Révélation . cette explication eût été bien accueillie des hommes pendant nombre des siècles qui suivirent l'époque de Mahomet. Mais elle aurait été reconnue inexacte en fin de compte. Aussi le Coran parle-t-il seulement du rôle d’indicateur de l’ombre que joue le soleil. On constate ici l’absence de toute discordance entre la manière dont le Coran évoque l’ombre et ce que l’on sait du phénomène à l’époque moderne.

VI. REGNES VEGETAL ET ANIMAL

Ont été réunis dans ce chapitre de nombreux versets évoquant l'origine de la vie, certains aspects du règne végétal et des sujets généraux ou particuliers relatifs au règne animal. Le groupement dans une classification rationnelle de versets épars dans tout le Livre paraît susceptible de donner une idée d'ensemble des données coraniques sur toutes ces questions.

Pour les sujets de ce chapitre comme pour ceux du chapitre suivant, l'examen du texte coranique est parfois particulièrement délicat en raison de certaines difficultés inhérentes au vocabulaire. Ces dernières ne sont surmontées qu'après prise en considération des données scientifiques relatives au sujet traité. C'est tout spécialement pour ce qui concerne les êtres vivants : végétaux, animaux et homme que la confrontation avec les enseignements de la science s'avère indispensable pour trouver un sens à certaines assertions coraniques dans ces domaines.

On comprend dès lors que nombre de traductions de ces passages du Coran, faites par des littéraires, soient jugées comme inexactes par un scientifique. Il en est de même des commentaires lorsque leurs auteurs ne possèdent pas les connaissances scientifiques indispensables à la compréhension du texte.

A. L'origine de la vie

La question a de tout temps préoccupé l'homme pour lui-même et pour les êtres vivants qui l'entourent. On l'examinera ici d'un point de vue général. Le cas de l'homme, dont l'arrivée sur la terre et la reproduction font l'objet de développements très importants, sera traité dans le chapitre suivant.

En envisageant l'origine de la vie sur un plan très général, le Coran l'évoque avec une concision extrême en un verset qui concerne également le processus, déjà cité et commenté, de la formation de l'univers.

— *Sourate 21, verset 30 :*

« Les impies n'ont-ils pas vu que les cieux et la terre étaient soudés, que Nous les avons séparés et que de l'eau Nous avons fait provenir toute chose vivante ? Eh bien ! ne croiront-ils point ? »

La notion de provenance ne fait pas de doute. La phrase peut aussi bien signifier que toute chose vivante a été faite avec, pour matière essentielle, l'eau ou que toute chose vivante a pour origine l'eau. Les deux sens possibles sont rigoureusement conformes aux données scientifiques : il se trouve précisément que la vie a une origine aquatique et que l'eau est le premier constituant de toute cellule vivante. Sans eau, aucune vie n'est possible. Discute-t-on de la possibilité de vie sur unc planète qu'on se pose immédiatement la question : contient-elle pour cela de l'eau en quantité suffisante ?

Les données modernes permettent de penser que les êtres vivants les plus anciens ont dû appartenir au règne végétal : on a retrouvé des algues de l'époque précambrienne, c'est-à-dire dans les terres les plus anciennes que l'on connaisse. Des éléments du règne animal durent faire leur apparition un peu plus tard : ils vinrent aussi des océans.

Ce qui est traduit ici par « eau » est le mot *mâ*, qui désigne aussi bien l'eau du ciel que l'eau des océans ou un liquide quelconque. Dans le premier sens, l'eau est l'élément nécessaire à toute vie végétale :

— *Sourate 20, verset 53 :*

« ... (Dieu est celui qui) fit descendre du ciel une eau par laquelle Nous fîmes sortir (du sol) des éléments de couple de diverses plantes ».

Première citation de couple chez les végétaux, notion sur laquelle on reviendra.

Dans le second sens, celui de liquide sans aucune précision, le mot est employé sous sa forme indéterminée pour désigner ce qui est à la base de la formation de tout animal :

— *Sourate 24, verset 45 :*

« Dieu créa tout animal d'un liquide. »

On verra plus loin que le mot peut s'appliquer aussi au liquide séminal[1].

Ainsi, qu'il s'agisse de l'origine de la vie en général, de l'élément qui fait naître les plantes dans le sol ou du germe de l'animal, toutes les propositions du Coran sur l'origine de la vie sont rigoureusement conformes aux données scientifiques modernes. Aucun des mythes qui foisonnaient à l'époque sur l'origine de la vie n'a de place dans le texte du Coran.

B. Le règne végétal

On ne peut citer ici en totalité les très nombreux passages du Coran où la bienfaisance divine est évoquée à propos du caractère bénéfique de la pluie qui fait pousser la végétation. Choisissons trois versets sur ce thème :

— *Sourate 16, versets 10 et 11 :*

« (C'est Dieu) qui fait descendre du ciel une eau dont vous faites une boisson et dont (vivent) des arbustes où faire paître. Par cette (eau) Il fait pousser pour vous des céréales, l'olivier, le palmier, la vigne et toutes sortes de fruits. »

1. Sécrété par les glandes destinées à la reproduction, il contient les spermatozoïdes.

— *Sourate 6, verset 99 :*

« C'est Dieu qui fait descendre une eau du ciel. Par elle Nous avons fait sortir une verdure dont Nous faisons sortir des grains agglomérés et de la spathe du palmier des grappes à portée de main, des jardins de vigne, d'oliviers, de grenadiers semblables et dissemblables. Regardez leurs fruits quand ils les donnent et leur maturité. En vérité, ce sont là des signes pour des gens qui croient. »

— *Sourate 50, versets 9-11 :*

« Nous avons fait descendre du ciel une eau bénie et Nous avons fait pousser grâce à elle des jardins, le grain des céréales, les palmiers élevés qui ont des spathes disposées en étages — attribution pour (Nos) serviteurs. Grâce à elle, Nous avons fait (re)vivre un pays mort (de sécheresse). Ainsi (se fera) la sortie (des tombeaux). »

A ces considérations d'ordre général, le Coran en ajoute d'autres portant sur des aspects plus circonscrits.

L'EQUILIBRE REGNANT DANS LE REGNE VEGETAL

— *Sourate 15, verset 19 :*

« La terre... Nous y avons fait pousser sur elle toute chose de façon équilibrée. »

LA DIFFERENCIATION DES NOURRITURES

— *Sourate 13, verset 4 :*

« Sur la terre, que de parcelles qui voisinent, des jardins de vignes, de céréales, de palmiers-dattiers en touffes ou espacés. Ils sont abreuvés d'une eau unique. Aux uns, cependant, Nous donnons excellence sur les autres du point de vue des nourritures (qu'ils procurent). En vérité en cela sont des signes pour des gens qui raisonnent. »

Il est intéressant de noter l'existence de ces versets pour mettre en relief la sobriété des termes employés et l'absence de toute mention qui pourrait traduire davantage des croyances de l'époque que des vérités fondamentales. Mais ce sont surtout les propositions coraniques relatives à la reproduction dans le règne végétal qui retiennent l'attention.

REPRODUCTION DES VEGETAUX

Il faut rappeler que la reproduction s'effectue dans le règne végétal de deux manières : sexuelle ou asexuelle. A vrai dire, seule la première mérite le nom de reproduction, car celle-ci définit un processus biologique ayant pour but l'apparition d'un nouvel individu identique à celui qui lui a donné naissance.

La reproduction asexuelle est une simple multiplication, car elle résulte de la fragmentation d'un organisme qui, séparé de la plante même, va acquérir un développement le rendant semblable à celui dont il est issu : Guilliermond et Mangenot la considèrent comme « un cas particulier de la croissance ». Un exemple très simple en est fourni par le bouturage : une branche coupée d'une plante, placée dans un sol convenablement irrigué, régénère par le développement de racines nouvelles. Certaines plantes ont des organes spécialisés à cet effet, d'autres émettent des spores qui se comportent, si l'on peut dire, comme des graines (qui, rappelons-le, sont le résultat d'un processus de reproduction sexuelle).

La reproduction sexuelle des végétaux s'opère par l'accouplement d'éléments mâles et d'éléments femelles appartenant à des formations génératrices qui sont réunies sur la même plante ou séparées. Elle seule est envisagée dans le Coran.

— *Sourate 20, verset 53 :*

« (Dieu est celui qui) fit descendre du ciel une eau par laquelle Nous fîmes sortir (du sol) des éléments de couple de diverses plantes ».

« Elément de couple » est la traduction du mot *zawj* (pluriel *azwâj*) dont le sens primitif est : ce qui, pris avec un autre, fait la paire, le mot s'appliquant aussi bien à des époux qu'à des chaussures.

— *Sourate 22, verset 5 :*

« ... Tu vois la terre stérile. Or quand Nous faisons descendre sur elle l'eau (du ciel), elle remue, se met en croissance et fait pousser tout bel élément de couple (végétal). »

— *Sourate 31, verset 10 :*

« Nous avons fait pousser sur (la terre) tout noble élément de couple (végétal). »

Sourate 13, verset 3 :

« De chaque fruit, Dieu a assigné sur (la terre) deux éléments de couple. »

On sait que le fruit est le terme du processus de reproduction des végétaux supérieurs qui ont l'organisation la plus élaborée, la plus complexe. Le stade qui précède le fruit est celui de la fleur avec ses organes mâles (étamines) et femelles (ovules). Ces derniers, après apport du pollen, donnent des fruits qui, après maturation, libèrent les graines. Tout fruit implique donc l'existence d'organes mâles et d'organes femelles. C'est ce que le verset coranique veut dire.

Il faut remarquer cependant que, dans certaines espèces, les fruits peuvent provenir de fleurs non fécondées (fruits parthénocarpiques) comme pour la banane, certaines espèces d'ananas, de figues, d'oranges et de vignes. Ils ne proviennent pas moins de végétaux sexués.

L'achèvement de la reproduction se fait par le processus de germination de la graine, après ouverture de son enveloppe extérieure (qui peut être condensée en un noyau). Cette ouverture permet la sortie de racines qui vont puiser dans le sol ce qui est nécessaire à la plante à vie ralentie qu'est la graine, pour se développer et donner un nouvel individu.

Un verset coranique fait allusion à cette germination :

— *Sourate 6, verset 95 :*

« En vérité Dieu fend le grain et le noyau. »

Le Coran, qui a souvent répété l'existence de ces éléments de couple dans le règne végétal, inscrit cette notion de couple dans un cadre plus général, aux limites non précisées :

— *Sourate 36, verset 36 :*

« Gloire à Celui qui a créé des éléments de couple de toutes sortes : parmi ce que fait pousser la terre, parmi eux-mêmes, parmi les choses qu'ils ne connaissent pas. »

On peut faire de multiples hypothèses sur la signification de ces choses que les hommes ne connaissaient pas à l'époque de Mahomet et pour lesquelles on discerne de nos jours des structures ou un fonctionnement couplés, dans l'ordre de l'infiniment petit comme dans celui de l'infiniment grand, dans le monde vivant comme dans le monde non vivant. L'essentiel est de retenir les notions clairement exprimées et de constater une fois de plus qu'on n'y trouve pas de discordances avec la science d'aujourd'hui.

C. Le règne animal

Plusieurs questions relatives au règne animal sont l'objet, dans le Coran, de remarques qui nécessitent que l'on procède à une confrontation avec les connaissances scientifiques modernes sur ces points particuliers. Mais, ici encore, on donnerait une vue incomplète de ce que le Coran contient à ce sujet si l'on ne rapportait pas un passage comme celui qui va suivre, où la création de certains éléments du règne animal est évoquée dans le but de faire réfléchir les hommes sur la bienfaisance divine à leur égard. Ce passage est cité essentiellement pour donner un exemple de la manière dont le Coran évoque l'harmonieuse adaptation de la création aux besoins des hommes, dans le cas particulier des ruraux, car il n'offre pas matière à un examen d'un autre ordre.

— *Sourate 16, versets 5 à 8 :*

« (Dieu) a créé les bêtes de troupeau pour vous. Vous y trouvez moyen de chaleur et des utilités. Vous (en) mangez. Et quelle fierté pour vous lorsque vous les ramenez le soir et aussi quand le matin vous allez au pâturage. Elles portent vos charges vers un pays que vous n'atteindriez qu'au (prix) d'un pénible effort personnel. En vérité votre Seigneur est bienveillant et miséricordieux. (Il a créé) les chevaux, les chameaux et les ânes pour que vous les montiez et pour l'apparat. Et Il crée ce que vous ne savez pas. »

A côté de ces considérations d'ordre général, le Coran expose certaines données sur des sujets très divers :

— reproduction dans le règne animal ;
— mention de l'existence de communautés animales ;
— réflexions sur les abeilles, l'araignée, les oiseaux ;
— énoncé sur la provenance du lait animal.

1. REPRODUCTION DANS LE REGNE ANIMAL

Elle est très sommairement évoquée dans les versets 45 et 46 de la sourate 53 :

« (Dieu) a créé deux éléments de couple, le mâle et la femelle, d'une petite quantité de liquide, quand elle est répandue. »

« Elément de couple » est la même expression que celle que l'on avait trouvée dans les versets ayant trait à la reproduction des végétaux. Les sexes sont ici désignés. Le détail tout à fait remarquable réside dans la précision donnée sur la petite quantité de liquide nécessaire pour la reproduction. Le même mot qui désigne le sperme étant employé pour l'homme, c'est dans le chapitre suivant qu'un commentaire sera donné sur l'intérêt de cette remarque.

2. EXISTENCE DE COMMUNAUTES ANIMALES

— *Sourate 6, verset 38 :*

« Il n'est d'animal sur la terre ni d'oiseau volant de ses ailes qui ne forme de communautés semblables aux vôtres. Nous n'avons rien omis dans l'Ecrit. Puis vers leur Seigneur ils seront rassemblés. »

Plusieurs points de ce verset doivent être commentés. D'abord le destin des animaux après leur mort semble bien être évoqué : l'Islam n'a, sur ce point, apparemment aucune doctrine. Ensuite la prédestination générale[1], dont il paraît qu'il est question ici, pourrait se concevoir comme prédestination absolue ou comme prédestination relative limitée à des structures et à une organisation fonctionnelle conditionnant un mode de comportement : l'animal réagit à des impulsions extérieures diverses en fonction d'un conditionnement particulier.

Selon Blachère, un commentateur ancien comme Razi pensait que ce verset n'envisageait que des

1. On a vu, dans l'Introduction de la troisième partie de ce livre, ce que, pour le cas de l'homme, il fallait penser de la prédestination.

actes instinctifs par lesquels les animaux rendent hommage à Dieu.

Le cheikh Si Boubakeur Hamza, dans les commentaires de sa traduction du Coran, parle de « l'instinct qui pousse, selon la sagesse divine, tous les êtres à se grouper pour leur reproduction et à s'organiser en communautés qui exigent, pour être viables, que le travail de chaque membre serve tout le groupe ».

Ces comportements animaux ont été minutieusement étudiés ces dernières décennies et l'on a abouti à la mise en évidence de véritables communautés animales. Certes, l'examen du résultat du travail d'une collectivité a pu depuis longtemps faire admettre la nécessité d'une organisation communautaire. Mais ce n'est qu'à une période récente qu'ont été découverts les mécanismes qui président à de telles organisations pour certaines espèces. Le cas le mieux étudié et le plus connu est sans conteste celui des abeilles, au comportement desquelles le nom de von Frisch est attaché. Von Frisch, Lorenz et Tinbergen ont reçu, à ce titre, le prix Nobel de physiologie en 1973.

3. REFLEXIONS CONCERNANT LES ABEILLES, L'ARAIGNEE ET LES OISEAUX

Lorsque des spécialistes du système nerveux veulent donner de frappants exemples de la prodigieuse organisation régissant le comportement animal, les animaux qui sont peut-être le plus souvent cités sont les abeilles, les araignées et les oiseaux (surtout les migrateurs). En tout cas, on peut affirmer que ces trois groupes constituent de très beaux modèles d'une haute organisation.

Que le texte du Coran fasse mention de cette triadc exemplaire dans le monde animal répond tout à fait au caractère exceptionnellement intéressant du point de vue scientifique de chacun des animaux cités ici.

L'abeille

C'est elle qui, dans le Coran, est l'objet du plus long commentaire :

— *Sourate 16, versets 68 et 69 :*

« Ton Seigneur a inspiré à l'abeille : "Prends demeure dans les montagnes et dans les arbres et dans ce que (les hommes) construisent (pour toi). Mange de tout fruit et suis humblement les chemins de Ton Seigneur. Il sort de l'intérieur de son corps une liqueur de couleur différente où (se trouve) un remède pour les hommes."[1] »

Il est difficile de savoir ce que signifie exactement l'ordre de suivre humblement les chemins du Seigneur, si ce n'est d'un point de vue général. Tout ce que l'on peut dire, en fonction de la connaissance que l'on a de l'étude de son comportement, est

1. Le dernier verset est le seul du Coran, soit dit en passant, qui mentionne une possibilité d'un remède pour les hommes. Le miel peut, en effet, avoir son utilité dans certaines affections. Nulle part ailleurs le Coran ne fait allusion à quelque art de guérir que ce soit, contrairement à tout ce qu'on a dit.

qu'ici — comme dans chacun des trois cas d'animaux mentionnés à titre exemplaire dans le Coran — une extraordinaire organisation nerveuse est le support du comportement. On sait que, par leur danse, les abeilles ont un moyen de communication entre elles ; elles sont capables de faire connaître ainsi aux congénères dans quelle direction et à quelle distance se trouvent les fleurs à butiner. La fameuse expérience de von Frisch a démontré la signification des mouvements de l'insecte, destinés à la transmission de l'information entre abeilles ouvrières.

L'araignée

Il est fait mention de l'araignée dans le Coran pour mettre l'accent sur la ténuité de sa demeure, la plus frêle de toutes. C'est un refuge aussi précaire, dit le texte coranique, que celui que se sont donné les hommes ayant choisi des maîtres en dehors de Dieu.

— *Sourate 29, verset 41 :*

« Ceux qui ont choisi des maîtres en dehors de Dieu sont semblables à l'araignée qui prend (sa toile pour) demeure. En vérité la plus frêle demeure est la demeure de l'araignée. Que les impies ne le savent-ils ! »

La toile d'araignée, en effet, est constituée de fils de soie sécrétés par les glandes que possède l'animal et dont le calibre est infime. Sa ténuité est inimitable par l'homme.

Les naturalistes s'interrogent sur l'extraordinaire

plan de travail enregistré par les cellules nerveuses de l'animal et qui lui permet d'élaborer une toile dont la géométrie est parfaite; mais, de cela, le Coran ne parle pas.

Les oiseaux

Les oiseaux sont l'objet de fréquentes mentions dans le Coran, où ils interviennent dans des épisodes de la vie d'Abraham, de Joseph, de David, de Salomon et de Jésus. Ces mentions n'ont pas de rapport avec le sujet traité ici.

On a remarqué plus haut le verset qui concernait l'existence de communautés d'animaux terrestres et d'oiseaux :

— *Sourate 6, verset 38 :*

« Il n'est d'animal sur la terre ni d'oiseau volant de ses ailes qui ne forme des communautés semblables aux vôtres... »

Deux autres versets mettent en relief la stricte soumission des oiseaux aux pouvoirs de Dieu.

— *Sourate 16, verset 79 :*

« (Les hommes) n'ont-ils pas vu les oiseaux soumis (à Dieu) dans l'atmosphère du ciel ? Qu'est-ce qui les tient (en Sa puissance) si ce n'est le Miséricordieux ? »

— *Sourate 67, verset 19 :*

« (Les hommes) n'ont-ils pas vu les oiseaux au-dessus d'eux étendant leurs ailes dans leur vol et les repliant ? Qu'est-ce qui les tient (en Sa puissance) si ce n'est le Miséricordieux ? »

La traduction d'un mot de chacun de ces versets est délicate. Celle donnée ici exprime l'idée que

Dieu tient en Sa Puissance les oiseaux. Le verbe arabe dont il s'agit est *amsaka,* dont le sens primitif est : mettre la main sur, saisir, tenir, retenir quelqu'un.

On peut parfaitement rapprocher ces versets qui mettent l'accent sur la dépendance particulièrement étroite du comportement de l'oiseau par rapport à l'ordre divin avec les données modernes qui montrent le point de perfection atteint par certaines espèces d'oiseaux quant à la programmation de leurs déplacements. Car c'est bien l'existence d'un programme de migration inscrit dans le code génétique de l'animal qui peut seule rendre compte des trajets compliqués et fort longs que des oiseaux très jeunes, sans expérience préalable, sans aucun guide, s'avèrent capables d'accomplir pour revenir à date fixe au point de départ. Dans son livre *La Puissance et la Fragilité*[1], le professeur Hamburger cite à titre d'exemple le cas célèbre du *mutton-bird* de l'océan Pacifique et de son parcours en forme de 8 de 25 000 kilomètres de longueur[2]. On admet que les directives très complexes pour un tel voyage sont inscrites nécessairement dans les cellules nerveuses de l'oiseau. Elles ont été sûrement programmées. Qui est le programmateur ?

1. Flammarion, 1972.

2. Il effectue ce parcours en six mois, pour revenir à son point de départ avec un retard maximal d'une semaine, sans l'aide d'un guide.

4. PROVENANCE DES CONSTITUANTS DU LAIT ANIMAL

C'est en rigoureuse conformité avec les données de la connaissance moderne que la provenance des constituants du lait animal est définie par le Coran (sourate 16, verset 66). La manière de traduire et d'interpréter ce verset est toute personnelle, car les traductions, même modernes, lui donnent habituellement une signification qui n'est guère acceptable, à mon avis. En voici deux exemples :

— Traduction de R. Blachère[1] :

« En vérité vous avez certes un enseignement dans vos troupeaux ! Nous vous abreuvons d'un lait pur, exquis pour les buveurs, (venant) de ce qui, dans leurs ventres, est entre un aliment digéré et du sang. »

— Traduction du professeur Hamidullah[2] :

« Certes oui, il y a de quoi réfléchir pour vous dans les bêtes. De ce qui est dans leurs ventres, parmi l'excrément et le sang, Nous vous faisons boire un lait pur, au boire facile pour les buveurs. »

Tout physiologiste à qui l'on présenterait de tels textes répondrait qu'ils sont fort obscurs, car n'y apparaît guère de concordance avec des notions modernes, même les plus élémentaires. Ces lignes sont pourtant l'œuvre de très éminents arabisants. Mais on sait fort bien qu'un traducteur, si expert soit-il, est susceptible de commettre une erreur dans la traduction d'énoncés scientifiques, s'il n'est pas spécialisé dans la discipline dont il s'agit.

1. G.P. Maisonneuve et Larose, 1966.
2. Club Français du Livre, 1971.

La traduction qui me paraît valable est la suivante :

« En vérité il y a pour vous, dans vos bêtes de troupeau, un enseignement : Nous vous donnons à boire de ce qui se trouve à l'intérieur de leur corps (et qui) provient de la conjonction entre le contenu de l'intestin et le sang, un lait pur, facile à avaler pour ceux qui le boivent. »

Cette interprétation est très proche de celle que donne, dans son édition de 1973, le Muntakhab, édité par le Conseil suprême des Affaires islamiques du Caire et qui s'appuie sur des données de la physiologie moderne.

Du point de vue du vocabulaire, la traduction proposée est justifiée ainsi :

J'ai traduit « à l'intérieur de leur corps » et non, comme R. Blachère ou le professeur Hamidullah, « dans leurs ventres », parce que le mot *baTn* veut dire aussi bien milieu, intérieur d'une chose que ventre. Ce mot n'a pas ici un sens anatomique précis. « A l'intérieur du corps » me paraît cadrer parfaitement avec le contexte.

La notion de « provenance » des constituants du lait est exprimée par le mot *min* et celle de « conjonction » par *bayni,* ce dernier mot ne signifiant pas seulement « parmi » ou « entre », comme dans les deux autres traductions citées, mais servant aussi à exprimer que l'on met en présence deux choses ou deux personnes.

Du point de vue scientifique, il faut faire appel à des notions de physiologie pour saisir le sens de ce verset.

Les substances essentielles qui assurent la nutrition de l'organisme en général proviennent de transformations chimiques qui s'opèrent tout au long du tube digestif. Ces substances proviennent d'éléments présents dans le contenu de l'intestin. Lorsque, dans l'intestin, elles arrivent au stade voulu de transformation chimique, elles passent à travers la paroi de celui-ci vers la circulation générale. Ce passage se fait de deux façons : ou bien directement par ce qu'on appelle les vaisseaux lymphatiques, ou bien indirectement par la circulation porte qui les conduit d'abord dans le foie où elles subissent des modifications ; elles en émergent pour rejoindre enfin la circulation générale. De cette manière, tout transite finalement par la circulation sanguine.

Les constituants du lait sont sécrétés par les glandes mammaires. Celles-ci se nourrissent, si l'on peut dire, des produits de la digestion des aliments qui leur sont apportés par le sang circulant. Le sang joue donc un rôle de collecteur et de transporteur de matériaux extraits des aliments pour apporter la nutrition aux glandes mammaires productrices de lait, comme à n'importe quel autre organe.

Ici, tout procède au départ d'une mise en présence du contenu intestinal et du sang au niveau même de la paroi intestinale. Cette notion précise relève des acquisitions de la chimie et de la physiologie de la digestion. Elle était rigoureusement inconnue au temps du prophète Mahomet : sa connaissance remonte à la période moderne. Quant à la découverte de la circulation du sang, elle est l'œuvre de Harvey et se situe dix siècles environ après la Révélation coranique.

Je pense que l'existence dans le Coran du verset qui fait allusion à ces notions ne peut avoir d'explication humaine en raison de l'époque où elles ont été formulées.

VII. REPRODUCTION HUMAINE

La reproduction est un sujet sur lequel toute œuvre humaine ancienne, à partir du moment où elle s'engage tant soit peu dans le détail, émet immanquablement des conceptions erronées. Au Moyen Age — et même à une période qui n'est pas très reculée —, toutes sortes de mythes et de superstitions entouraient la reproduction. Comment pouvait-il en être autrement puisque, pour comprendre ses mécanismes complexes, il a fallu que l'homme connaisse l'anatomie, qu'il découvre le microscope et que naissent les sciences dites fondamentales, dont se sont nourries la physiologie, l'embryologie, l'obstétrique, etc. ?

Pour le Coran, il en est tout autrement. Le Livre évoque en de nombreux endroits des mécanismes précis et il mentionne des phases bien définies de la reproduction, sans offrir à la lecture le moindre énoncé entaché d'inexactitude. Tout y est exprimé en termes simples, aisément accessibles à la compréhension des hommes et rigoureusement concordants avec ce qui sera découvert beaucoup plus tard.

Evoquée dans plusieurs dizaines de versets coraniques, sans aucun ordonnancement apparent, la reproduction humaine est exposée à l'aide d'énoncés portant chacun sur un ou plusieurs points particuliers. On doit les regrouper pour se faire une idée d'ensemble. Ici, comme pour d'autres sujets déjà traités, le commentaire en sera facilité.

Rappel de certaines notions

Le rappel de certaines notions qui étaient ignorées à l'époque de la Révélation coranique et dans les siècles qui suivirent est indispensable.

La reproduction humaine est assurée par une série de processus, communs aux mammifères, au point de départ desquels existe la fécondation, dans la trompe, d'un ovule qui s'est détaché de l'ovaire au milieu du cycle menstruel. L'agent fécondant est le sperme de l'homme, ou plus exactement un spermatozoïde, car une seule cellule germinale suffit : il faut donc, pour assurer la fécondation, une quantité infime de ce liquide spermatique qui contient les spermatozoïdes en nombre considérable (des dizaines de millions pour un rapport). Le liquide est produit par les testicules et momentanément stocké dans un système de réservoirs et de canaux qui débouchent finalement dans les voies urinaires ; des glandes annexes, dispersées le long de ces dernières, ajoutent au sperme lui-même une sécrétion supplémentaire mais sans éléments fécondants.

C'est en un point précis de l'appareil génital féminin que se produit la nidation de l'œuf ainsi fécondé : il descend à travers les trompes dans l'utérus et s'y niche au niveau du corps même de l'utérus où il ne tarde pas à s'accrocher littéralement, s'insérant dans son épaisseur, dans la muqueuse et dans le muscle, après formation du placenta et à l'aide de celui-ci. Si la fixation de l'œuf fécondé a lieu, par exemple, dans la trompe au lieu de se produire dans l'utérus, la grossesse s'interrompra.

L'embryon, dès qu'il commence à être observable à l'œil nu, se présente sous l'aspect d'une petite masse de chair, au sein de laquelle l'apparence d'un être humain est initialement indiscernable. Il s'y développe progressivement par stades successifs, aujourd'hui bien connus, ce qui va donner l'ossature du corps humain : le système osseux avec, autour de lui, les muscles, le système nerveux, le système circulatoire, les viscères, etc.

Ce sont ces notions qui vont servir de termes de comparaison avec ce qu'on peut lire, dans le Coran, sur la reproduction.

Se faire une idée du contenu coranique sur ce sujet n'est pas chose aisée. Une première difficulté vient de la dispersion, dans tout le Livre, des énoncés la concernant, comme on l'a signalé ; mais il ne s'agit pas là d'une complication majeure. Ce qui est davantage susceptible d'égarer l'investigateur est, ici encore, un problème de vocabulaire.

En effet, sont toujours répandus à notre époque des traductions et commentaires de certains passages qui peuvent donner aux scientifiques qui les lisent une idée complètement fausse de la Révélation coranique sur le sujet considéré. C'est ainsi que la plupart des traductions évoquent la formation de l'homme à partir d'un « caillot de sang », d'« adhérence » ; un tel énoncé est, pour un scientifique spécialisé dans ce domaine, rigoureusement inadmissible. Jamais l'homme n'a eu une telle origine. On verra, dans le paragraphe traitant de la nidation de l'œuf dans l'utérus maternel, les raisons pour lesquelles de distingués arabisants sans culture scientifique sont amenés à faire de telles erreurs.

Une telle constatation laisse supposer combien capitale va être l'association des connaissances concernant la langue et des connaissances scientifiques pour parvenir à saisir le sens des énoncés coraniques sur la reproduction.

Le Coran met d'abord l'accent sur les transformations successives que l'embryon subit jusqu'au terme dans l'utérus maternel.

— *Sourate 82, versets 6 à 8 :*

« O homme ! Qu'est-ce qui te trompe au sujet de ton Seigneur le Noble, Celui qui t'a créé, formé harmonieusement, équilibré et t'a donné telle forme qu'Il a voulue ? »

— *Sourate 71, verset 14 :*

« (Dieu) vous a formés de stade en stade. »

A côté de cette remarque très générale, le texte coranique attire l'attention sur plusieurs points concernant la reproduction qui semblent pouvoir être classés ainsi :

1) la fécondation s'opère grâce à un très petit volume de liquide ;

2) la nature du liquide fécondant ;

3) la nidation de l'œuf fécondé ;

4) l'évolution de l'embryon.

1. LA FECONDATION S'OPERE GRACE A UN TRES PETIT VOLUME DE LIQUIDE

Onze fois le Coran revient sur cette notion, en employant l'expression que l'on trouve dans :

— *Sourate 16, verset 4 :*

« (Dieu) a formé l'homme d'une goutte (de sperme). »

On est obligé de traduire par « goutte (de sperme) » le mot arabe *nuTfat,* faute de posséder en français le vocable rigoureusement approprié. Il faut dire que ce mot vient d'un verbe qui signifie « s'écouler, suinter » ; il sert à indiquer ce qui peut rester dans un seau une fois qu'on l'a vidé. Il indique donc une très petite quantité de liquide, d'où le sens second « goutte d'eau », et ici « goutte de sperme », car le mot est associé dans un autre verset au mot sperme.

— *Sourate 75, verset 37 :*

« (L'homme) n'a-t-il pas été une goutte de sperme qui a été répandue ? »

Ici, le mot arabe *maniyy* désigne le sperme.

Un autre verset indique que la goutte en question est mise dans un lieu de séjour fixe (*qarâr*) qui, de toute évidence, désigne l'appareil génital.

— *Sourate 23, verset 13.* Dieu parle :

« Nous avons placé (l'homme), goutte (de sperme), dans un (lieu) de séjour fixe... »

Il faut ajouter que le qualificatif qui, dans le texte, se rapporte à ce séjour fixe, *makiyn*, n'est guère traduisible, me semble-t-il, en français. Il exprime l'idée de place distinguée, élevée, établie solidement. Quoi qu'il en soit, il s'agit du lieu de croissance de l'homme dans l'organisme maternel. Mais ce qui importe surtout est de souligner cette notion d'une très petite quantité de liquide nécessaire à la fécondation, rigoureusement concordante avec ce qu'on en connaît à notre époque.

2. LA NATURE DU LIQUIDE FECONDANT

Le Coran mentionne ce liquide qui assure la fécondation avec des qualificatifs qu'il est intéressant d'examiner :

a) « Sperme », comme on vient de le préciser (sourate 75, verset 37) ;

b) « Liquide répandu » : « (L'homme) a été formé d'un liquide répandu » (sourate 86, verset 6) ;

c) « Un liquide vil » (sourate 32, verset 8, et sourate 77, verset 20).

Le qualificatif de vil *(mahiyn)* peut s'interpréter, semble-t-il, non pas du point de vue de la qualité du liquide même, mais plutôt en fonction du fait qu'il est émis par la terminaison de l'appareil urinaire, empruntant le conduit qui donne issue à l'urine.

d) Des « mélanges » ou « ce qui est mélangé » (*amchâj*) : « En vérité, Nous avons formé l'homme à partir d'une goutte (de sperme), de mélanges » (sourate 76, verset 2).

Beaucoup de commentateurs, comme le professeur Hamidullah, voient dans ces mélanges l'élément mâle et l'élément femelle. Il en était de même des auteurs anciens qui ne pouvaient avoir la moindre idée de la physiologie de la fécondation, et particulièrement de ce que sont ses conditions biologiques du côté de la femme ; ils considéraient que le mot évoquait tout simplement la réunion des deux éléments.

Mais des commentateurs modernes, comme celui du Muntakhab édité par le Conseil suprême des Affaires islamiques du Caire, rectifient cette manière de voir et discernent ici que la goutte de sperme est « dotée d'éléments divers ». Le commentaire du Muntakhab n'en donne pas le détail mais, à mon sens, sa remarque est très judicieuse.

Quels sont donc les éléments divers du sperme ?

Le liquide spermatique est formé par des sécrétions diverses provenant des glandes suivantes :

a) les testicules (la sécrétion de la glande génitale mâle contient les spermatozoïdes, cellules allongées pourvues d'un long flagelle baignant dans un liquide séreux) ;

b) les vésicules séminales : ces organes, réservoirs des spermatozoïdes, disposés près de la prostate, ont aussi une sécrétion propre, sans éléments fécondants ;

c) la prostate : elle sécrète un liquide donnant au sperme son aspect crémeux et son odeur particulière ;

d) les glandes annexes des voies urinaires : les glandes de Cooper ou de Méry sont sécrétrices d'un liquide filant, les glandes de Littré sécrètent du mucus.

Telles sont les origines de ces « mélanges » dont le Coran semble bien parler.

Mais il y a plus. Si le Coran parle d'un liquide fécondant formé de divers éléments, il nous avertit du fait que la descendance de l'homme sera assurée par quelque chose qui peut être extrait de ce liquide. C'est le sens du verset 8 de la sourate 32 :

« (Dieu) a fait provenir la descendance (de l'homme) de la quintessence d'un vil liquide. »

Le mot arabe traduit ici par « quintessence » (*sulâlat*) désigne un objet extrait, sorti d'un autre, la meilleure partie d'une chose. Qu'on le traduise d'une manière ou d'une autre, il s'agit bien d'une partie d'un tout.

Ce qui produit la fécondation de l'ovule et assure la reproduction est une cellule de forme très allongée dont la dimension se chiffre avec une échelle de 1/10 000 de millimètre. Un seul élément parmi plusieurs dizaines de millions émis par l'homme dans des conditions normales[1] parviendra à pénétrer dans l'ovule ; un nombre considé-

1. On peut évaluer qu'un centimètre cube de sperme contient 75 millions de spermatozoïdes dans les conditions normales d'une éjaculation de quelques centimètres cubes.

rable restera en chemin et ne parviendra pas à parcourir le trajet qui, du vagin, conduit à l'ovule à travers la cavité de l'utérus et la trompe. Ce sera donc une très infime partie extraite d'un liquide de formation très complexe qui manifestera son activité.

Comment, par conséquent, n'être pas frappé par la concordance entre le texte coranique et la connaissance scientifique qu'à notre époque nous avons de ces phénomènes ?

3. LA NIDATION DE L'ŒUF DANS L'APPAREIL GENITAL FEMININ

L'œuf une fois fécondé dans la trompe descend se nicher à l'intérieur de la cavité utérine : c'est ce qu'on appelle la nidation de l'œuf. Le Coran nomme l'utérus où l'œuf fécondé prend place :

« Nous[1] faisons rester dans les utérus ce que Nous voulons jusqu'à un terme fixé » (sourate 22, verset 5).

La fixation de l'œuf dans l'utérus est réalisée par le développement de villosités, véritables prolongements de l'œuf, qui vont, comme des racines dans le sol, puiser dans l'épaisseur de l'organe ce qui est nécessaire à la croissance de l'œuf. Ces formations accrochent littéralement l'œuf à l'utérus. Leur connaissance date des temps modernes.

Cet accrochage est mentionné à cinq reprises

1. C'est Dieu qui parle.

dans le Coran. D'abord dans les deux premiers versets de la sourate 96 :

« Lis, au nom de ton Seigneur, celui qui forma, qui forma l'homme de quelque chose qui s'accroche. »

« Quelque chose qui s'accroche » est la traduction du mot *ealaq*. C'est son sens primitif. Un sens dérivé de celui-ci, « caillot de sang », figure très souvent dans les traductions ; c'est une inexactitude, contre laquelle il convient de mettre en garde : l'homme n'est jamais passé par le stade caillot de sang. Il en est de même pour une autre traduction donnée, « l'adhérence », qui est aussi un terme impropre. Le sens primitif, rappelons-le, « quelque chose qui s'accroche », répond tout à fait à la réalité aujourd'hui bien établie.

Cette notion est rappelée dans quatre autres versets évoquant des transformations successives depuis le stade de la goutte de sperme jusqu'au terme.

— *Sourate 22, verset 5 :*

« Nous vous avons formés de... quelque chose qui s'accroche. »

— *Sourate 23, verset 14 :*

« Nous avons transformé la goutte (de sperme) en quelque chose qui s'accroche. »

— *Sourate 40, verset 67 :*

« (Dieu) vous forma d'une goutte (de sperme), puis de quelque chose qui s'accroche. »

— *Sourate 75, versets 37-38 :*

« (L'homme) n'a-t-il pas été une goutte de sperme qui a été

répandue ? Puis il a été quelque chose qui s'accroche. (Dieu) l'a formé harmonieusement et façonné... »

L'organe où se déroule la grossesse est qualifié dans le Coran, comme on l'a vu, par un mot toujours employé en arabe pour désigner l'utérus. Il reçoit dans certaines sourates le nom de « séjour fixe » (sourate 23, verset 13, qui a été cité plus haut, et sourate 77, verset 21[1]).

4. L'EVOLUTION DE L'EMBRYON A L'INTERIEUR DE L'UTERUS

Telle qu'elle est décrite par le Coran, elle répond parfaitement à ce que l'on sait aujourd'hui de certaines étapes du développement de l'embryon

1. Dans un autre verset (sourate 6, verset 98), il est question pour l'homme d'un lieu de séjour fixe exprimé par un terme très voisin du précédent et qui paraît bien désigner également l'utérus maternel. Personnellement, je pense que tel est le sens du verset, mais son interprétation détaillée entraînerait trop de développements qui n'ont pas leur place dans cette étude.

D'interprétation extrêmement délicate est aussi le verset suivant :

— Sourate 39, verset 6 :

« (Dieu) vous forme à l'intérieur du corps de vos mères, formation après formation, dans trois ténèbres (*zulumât*). »

Des interprétateurs modernes du Coran y voient les trois plans anatomiques qui protègent l'enfant en gestation : la paroi de l'abdomen, l'utérus lui-même, les enveloppes du fœtus (placenta, membranes et liquide amniotique).

Je me dois de citer ce verset pour être complet : l'interprétation donnée ici ne me paraît pas discutable anatomiquement, mais est-ce bien ce que le texte coranique voulait dire ?

et elle ne contient aucun énoncé que la science moderne pourrait critiquer.

Après « ce qui s'accroche », expression dont on a vu à quel point elle était bien fondée, l'embryon, dit le Coran, passe par le stade de chair (comme de la chair mâchée), puis apparaît le tissu osseux qui est habillé de chair (définie par un mot différent du précédent et qui signifie chair fraîche).

— *Sourate 23, verset 14 :*

« Nous avons transformé ce qui s'accroche en une masse de chair (comme mâchée) et Nous avons transformé la chair (comme mâchée) en os et Nous avons revêtu les os de la chair (comme de la chair fraîche). »

« La chair (comme mâchée) » traduit le mot *muDrat* ; « la chair (comme de la chair fraîche) » traduit le mot *laHm*. Cette distinction mérite d'être soulignée. L'embryon est initialement une petite masse qui, à l'œil nu, à un certain stade de son développement, a bien cet aspect de chair mâchée. Le système osseux se développe au sein de cette masse dans ce que l'on appelle le mésenchyme. Les os formés sont habillés de masses musculaires : c'est à elles que s'applique le mot *laHm*.

On sait qu'au cours de ce développement embryonnaire, certaines parties apparaissent, tout à fait disproportionnées avec ce que sera plus tard l'individu et d'autres restent proportionnées.

N'est-ce pas le sens qu'a le mot *mukhallaq,* qui signifie « formé avec des proportions » et est employé dans le verset 5 de la sourate 22 pour évoquer ce phénomène ?

« Nous vous avons transformés... de quelque chose qui s'accroche... de masse de chair proportionnée et non proportionnée... »

Le Coran évoque aussi l'apparition des sens et des viscères :

— *Sourate 32, verset 9 :*

« (Dieu) vous a donné l'ouïe, la vue, les viscères... »

Il fait allusion à la formation du sexe :

— *Sourate 53, versets 45-46 :*

« C'est (Dieu) qui a formé les deux éléments du couple, le mâle et la femelle, d'une goutte (de sperme) lorsqu'elle est répandue. »

La formation du sexe est de même évoquée dans sourate 35, verset 11, et sourate 75, verset 39.

Tous ces énoncés coraniques doivent être, avons-nous dit, comparés aux notions établies à l'époque moderne : leur concordance avec elles est évidente. Mais il est également extrêmement important de les confronter avec les croyances générales sur ce sujet qui avaient cours à la période de la Révélation coranique, pour se rendre compte à quel point les hommes de ce temps étaient loin d'avoir des vues semblables à celles exposées ici dans le Coran sur ces problèmes. Nul doute qu'ils ne surent pas alors interpréter cette Révélation comme nous la comprenons de nos jours parce que les données de la connaissance moderne nous y aident. C'est, en effet, seulement au cours du XIXe siècle que l'on aura, de ces questions, une vue à peu près claire.

Durant tout le Moyen Age, mythes et spéculations sans fondements étaient à l'origine des doctrines les plus variées; elles eurent cours encore plusieurs siècles après lui. Sait-on que l'étape fondamentale dans l'histoire de l'embryologie fut l'affirmation par Harvey, en 1651, que « tout ce qui vit vient initialement d'un œuf » et que l'embryon se forme progressivement, partie après partie ? Mais, à cette époque où la science naissante avait pourtant grandement bénéficié, pour le sujet qui nous intéresse, de l'invention récente du microscope, on discutait encore sur les rôles respectifs de l'œuf et du spermatozoïde. Le grand naturaliste Buffon était du clan des ovistes, au rang desquels Bonnet soutenait la théorie de l'emboîtement des germes : l'ovaire d'Eve, mère de l'espèce humaine, aurait contenu les germes de tous les êtres humains, emboîtés les uns dans les autres. Cette hypothèse recueillit certaines faveurs au XVIIIe siècle.

C'est plus d'un millénaire avant cette époque, où des doctrines fantaisistes avaient encore cours, que les hommes avaient eu connaissance du Coran. Ses énoncés sur la reproduction humaine exprimaient en termes simples des vérités premières, que les hommes mettront tant de siècles à découvrir.

Notre époque croit avoir fait beaucoup de découvertes dans tous les domaines. Elle considère qu'elle a innové en matière d'éducation sexuelle et pense que l'ouverture des jeunes à la connaissance des problèmes de la vie est une acquisition du monde moderne, les siècles passés ayant été marqués, sur ce sujet, par un obscurantisme voulu dont beaucoup disent que les religions — sans précision — sont responsables.

Or, tout ce qui vient d'être exposé constitue la preuve qu'il y a près de quatorze siècles, des questions théoriques, si l'on peut dire, concernant la reproduction humaine avaient été portées à la connaissance des hommes, dans la mesure où on pouvait le faire, compte tenu du fait qu'on ne possédait pas de données anatomiques et physiologiques permettant d'amples développements et qu'il fallait, pour être compris, employer un langage simple et approprié à la capacité de compréhension des auditeurs de la Prédication.

Les aspects pratiques n'ont pas été non plus passés sous silence. On trouve dans le Coran une foule de détails sur la vie pratique en général, sur le comportement que doivent avoir les hommes en de multiples circonstances de leur existence. La vie sexuelle n'en est pas exclue.

Deux versets du Coran concernent le rapport sexuel proprement dit. Il est évoqué en des termes qui allient le désir de la précision avec la nécessaire décence. Lorsqu'on se rapporte aux traductions et commentaires explicatifs qui en ont été donnés, on est frappé par leurs divergences. J'ai longtemps hésité sur la traduction de ces versets. Je dois celle que je propose au docteur A. K. Giraud, ancien professeur à la faculté de médecine de Beyrouth.

— *Sourate 86, versets 6 et 7 :*

« (L'homme) a été formé d'un liquide rejeté. Il sort (comme résultat) de la conjonction des régions sexuelles de l'homme et de la femme. »

La région sexuelle de l'homme est désignée dans le texte coranique par le mot *sulb* (singulier). La région sexuelle de la femme est désignée dans le Coran par le mot *tarâib* (pluriel).

Telle est la traduction qui paraît la plus satisfaisante. Elle diffère de celle donnée souvent par des traducteurs français ou anglais, comme : « (L'homme) a été créé d'un liquide répandu qui sort entre l'épine dorsale et les os de la poitrine. » C'est plus, semble-t-il, une variante interprétative qu'une traduction. Elle est d'ailleurs peu compréhensible.

Le comportement des hommes dans leurs rapports intimes avec leurs femmes en des circonstances diverses est explicité.

C'est d'abord la directive pour la période des règles qui est donnée dans les versets 222 et 223 de la sourate 2 ; Dieu donne cette prescription au Prophète :

« (Quand les croyants) t'interrogent sur la menstruation, dis

(-leur) : "C'est un mal. Tenez-vous à l'écart des femmes pendant la menstruation et ne les approchez pas avant qu'elles se soient purifiées. Quand elles se seront purifiées, venez à elles comme Dieu l'a prescrit." En vérité, Dieu aime ceux qui viennent à résipiscence et ceux qui se purifient. »

« Vos femmes sont un champ de labour pour vous, venez à votre champ de labour comme vous voulez et œuvrez par vous-mêmes à l'avance. »

Le début de ce passage a une signification très claire : l'interdiction d'avoir des rapports sexuels avec une femme réglée est formelle. La deuxième partie évoque le labour qui, pour le semeur, précède le dépôt de la semence qui va germer et produire une plante nouvelle. L'accent est donc mis indirectement par l'image sur l'importance d'avoir en esprit que le but final du rapport sexuel est la procréation. La traduction de la dernière phrase est celle de R. Blachère : cette phrase contient une prescription qui paraît concerner les préparatifs du rapport sexuel.

Les directives données ici sont d'ordre très général. On a posé à propos de ces versets le problème de la contraception : ici pas plus qu'ailleurs le Coran n'y fait allusion.

L'avortement n'est pas davantage évoqué, mais les nombreux passages cités plus haut sur les transformations successives de l'embryon sont suffisamment clairs pour que l'homme soit considéré comme formé à partir du stade caractérisé par l'existence de « quelque chose qui s'accroche ». Dans ces conditions, le respect absolu de la personne humaine, si souvent affirmé dans le Coran, entraîne la condamnation radicale de l'avortement.

Cette prise de position est d'ailleurs celle de toutes les religions monothéistes à notre époque.

Les rapports sexuels sont permis pendant la période nocturne du jeûne du mois du Ramadan. Le verset intéressant le Ramadan est le suivant :

— *Sourate 2, verset 187 :*

« Vous est permise durant la nuit du jeûne la galanterie envers vos femmes. Elles sont un vêtement pour vous et vous êtes un vêtement pour elles. Alors ayez des rapports avec elles et recherchez ce que Dieu a prescrit pour vous. »

Par contre, aucune exception n'est envisagée pour les pèlerins de La Mecque durant les jours solennels du Pèlerinage.

— *Sourate 2, verset 197 :*

« Pour qui s'impose le Pèlerinage, pas de galanterie et pas de libertinage... »

L'interdiction est donc formelle, comme sont formelles durant cette même période d'autres interdictions telles que la chasse, les disputes, etc.

La menstruation est encore évoquée dans le Coran à propos du divorce. Le Livre s'exprime ainsi :

— *Sourate 65, verset 4 :*

« Pour celles de vos femmes qui désespèrent d'être réglées, si vous avez un doute à leur propos, leur période d'attente sera de trois mois. Pour celles qui n'ont pas été réglées et pour celles qui sont enceintes, la période d'attente sera telle qu'elles (puissent) accoucher. »

La période d'attente dont il est question ici est celle qui s'écoule entre l'annonce du divorce et le moment où il devient effectif. Les femmes dont il est dit qu'« elles désespèrent d'être réglées » sont celles qui ont atteint leur ménopause. Pour elles, un délai de prudence de trois mois est donc prévu. Passé ce délai, les femmes divorcées ménopausées peuvent alors se remarier.

Pour les femmes qui n'ont pas encore eu de règles, il faut attendre le temps d'une grossesse. Pour les femmes enceintes, le divorce ne peut être effectif qu'au terme de la grossesse.

Toute cette législation est parfaitement en harmonie avec les données physiologiques. En outre, on pourrait trouver dans le Coran, dans les textes régissant le veuvage, les mêmes judicieuses dispositions légales.

Ainsi, pour les énoncés théoriques concernant la reproduction comme pour les directives pratiques formulées à propos de la vie sexuelle des couples, on remarque qu'aucune des formulations qui ont été rapportées ici n'est en opposition avec les données des connaissances modernes, ni avec tout ce qui peut logiquement en découler.

RÉCITS CORANIQUES
ET
RÉCITS BIBLIQUES

I. APERÇU GENERAL

On retrouve dans le Coran un nombre important de sujets exposés déjà dans la Bible. Ce sont d'abord des récits concernant les Prophètes : Noé, Abraham, Joseph, Elie, Jonas, Job, Moïse ; les rois d'Israël : Saül, David, Salomon, pour ne mentionner que les principaux récits communs, en écartant ce qui n'est que citation. Ce sont ensuite plus spécifiquement des récits de grands événements dans la marche desquels le surnaturel est intervenu : par exemple, la création des cieux et de la terre, la création de l'homme, le Déluge, l'Exode de Moïse. C'est enfin tout ce qui a trait à Jésus, à sa mère Marie, en ce qui concerne le Nouveau Testament.

Quelles réflexions ces sujets traités par les deux Ecritures peuvent-ils suggérer en fonction des connaissances modernes qu'on peut en avoir en dehors des textes sacrés ?

Parallèle Coran/Evangiles et connaissances modernes

Pour ce qui concerne un parallèle Coran/Evangiles, il faut remarquer d'abord qu'aucun des sujets des Evangiles ayant soulevé des critiques du point de vue de la science — et dont on a fait mention dans la deuxième partie de cet ouvrage — ne se retrouve cité dans le Coran.

Jésus est le sujet, dans le Coran, de références multiples. Ce sont, par exemple : l'annonce de la nativité de Marie à son père, l'annonce de la nativité miraculeuse de Jésus à Marie, la nature de Jésus, Prophète placé au premier rang de tous, sa qualité de Messie, la Révélation qu'il a adressée aux hommes confirmant et modifiant la Torah, sa prédication, ses disciples les apôtres, les miracles, son Ascension finale auprès de Dieu, son rôle au Jugement dernier, etc.

La sourate 3 du Coran et la sourate 19 (qui porte le nom de Marie) consacrent de longs passages à la famille de Jésus. Elles racontent la nativité de sa mère, Marie, la jeunesse de celle-ci, l'annonce à Marie de sa maternité miraculeuse. Jésus est toujours appelé « Fils de Marie ». Son ascendance est donnée essentiellement par rapport à sa mère, ce qui est parfaitement logique, puisque Jésus n'a pas de père biologique. Le Coran se sépare ici des Evangiles de Matthieu et de Luc qui, comme on l'a exposé, ont donné à Jésus des généalogies masculines, d'ailleurs différentes.

Par sa généalogie maternelle, Jésus est placé par le Coran dans la lignée Noé, Abraham, le père de Marie (« eimrân » dans le Coran) :

— *Sourate 3, versets 33 et 34 :*

« Dieu a choisi Adam, Noé, la famille d'Abraham et la famille de eimrân au-dessus de tout le monde, en tant que descendants les uns des autres... »

Ainsi Jésus descend de Noé et d'Abraham par sa mère, Marie, et le père de celle-ci, eimrân. Les erreurs nominales des Evangiles concernant l'ascendance de Jésus, les impossibilités d'ordre généalogique de l'Ancien Testament pour ce qui concerne l'ascendance d'Abraham, qu'on a examinées dans la première et la deuxième partie, ne se retrouvent pas dans le Coran.

Une fois de plus, l'objectivité impose de signaler le fait car, une fois de plus, il prend toute son importance devant les affirmations sans fondements de ceux qui prétendent que Mahomet, auteur du Coran, aurait largement copié la Bible. On se demanderait alors qui ou quel argument aurait pu le dissuader de la copier à propos de l'ascendance de Jésus, et lui faire insérer ici dans le Coran le correctif qui met son texte hors de toute critique suscitée par les connaissances modernes, tandis qu'à l'opposé, les textes évangéliques et les textes de l'Ancien Testament sont, de ce point de vue, rigoureusement inacceptables.

Parallèle Coran/Ancien Testament et connaissances modernes

Pour l'Ancien Testament, certains aspects de ce parallèle ont déjà été traités. C'est ainsi que la création du monde selon la Bible a fait l'objet d'une étude critique dans la partie de cet ouvrage consacrée à l'Ancien Testament. Le même sujet a été examiné dans la version donnée par la Révélation coranique. Les comparaisons ont été faites : il n'y a pas lieu de revenir sur ce sujet.

Les connaissances historiques sont, semble-t-il, trop floues et les données de l'archéologie trop réduites pour que des parallèles soient faits à la lumière des connaissances modernes sur des problèmes intéressant les rois d'Israël, objets de récits communs au Coran et à la Bible.

Pour les prophètes, c'est dans la mesure où les événements relatés ont eu (ou n'ont pas eu) une traduction historique ayant laissé (ou n'ayant pas laissé) de traces qui soient parvenues jusqu'à nous, qu'on peut ou non aborder ces problèmes avec les données modernes.

Deux sujets ayant été l'objet de récits communs au Coran et à la Bible sont susceptibles de retenir notre attention et d'être examinés à la lumière des connaissances de notre temps. Ce sont :

— le Déluge,

— l'Exode de Moïse,

— le premier, parce qu'il n'a pas laissé dans l'histoire des civilisations les marques qu'impliquerait le récit biblique, alors que les données modernes ne suscitent pas de critiques devant le récit coranique ;

— le second parce que le récit coranique et le récit biblique paraissent dans les grandes lignes se compléter l'un l'autre, et que les données modernes semblent apporter à l'un et à l'autre un support historique remarquable.

II. LE DELUGE

Rappel du récit biblique et des critiques qu'il suscite

L'examen du récit du Déluge selon l'Ancien Testament dans la première partie du livre a conduit aux constatations suivantes.

Il n'y a pas un récit du Déluge dans la Bible, mais bien deux récits, qui ont été rédigés à des époques différentes :

— le récit yahviste datant du IXe siècle avant J.-C. ;

— le récit dit sacerdotal datant du VIe siècle avant J.-C., et ainsi appelé parce qu'il a été l'œuvre des prêtres de l'époque.

Ces deux récits ne sont pas juxtaposés mais intriqués, les éléments de l'un s'intercalant entre les éléments de l'autre avec alternance des paragraphes appartenant à une source et de ceux appartenant à l'autre source. Les commentaires de la traduction de la Genèse par le R. P. de Vaux, professeur à l'Ecole biblique de Jérusalem, montrent parfaitement cette répartition des paragraphes entre les deux sources : le récit débute et finit par un paragraphe yahviste ; dix paragraphes yahvistes existent au total ; entre chacun d'eux est intercalé un paragraphe sacerdotal (soit neuf paragraphes sacerdotaux au total). Cette mosaïque de textes ne présente de cohérence que sous l'aspect de la succession des épisodes, car il y a entre les deux sources des contradictions flagrantes. Ce sont, écrit le R. P. de Vaux, « deux histoires du Déluge, où le cataclysme est produit par des agents différents et a une durée différente, où Noé embarque dans l'Arche un nombre différent d'animaux ».

Dans son ensemble, le récit biblique du Déluge est inacceptable, pour deux raisons, à la lumière des connaissances modernes :

a) l'Ancien Testament lui donne le caractère d'un cataclysme universel ;

b) alors que les paragraphes de source yahviste ne lui donnent pas de date, le récit sacerdotal le situe dans le temps à une époque où un cataclysme de cet ordre n'a pas pu se produire.

Les arguments à l'appui de ce jugement sont les suivants.

Le récit sacerdotal précise que le Déluge eut lieu lorsque Noé avait 600 ans. Or on sait, d'après les généalogies du chapitre 5 de la Genèse (de source sacerdotale, elles aussi, et qui ont été rapportées dans la première partie de ce livre), que Noé serait né 1 056 ans après Adam. Il en résulte que le Déluge aurait eu lieu 1 656 ans après la création d'Adam. D'autre part, le tableau de la généalogie d'Abraham, donné par la Genèse (11, 10-32), selon la même source, permet d'évaluer qu'Abraham naquit 292 ans après le Déluge. Comme on sait qu'Abraham vivait aux environs de 1850 avant Jésus-Christ, le Déluge se situerait donc, selon la Bible, au XXIe ou XXIIe siècle avant Jésus-Christ. Ce calcul est rigoureusement conforme aux indications des Bibles anciennes, dans lesquelles ces précisions chronologiques figuraient en bonne place avant le texte biblique, à une période où l'absence de connaissances humaines sur ce sujet faisait que les données chronologiques bibliques étaient — faute d'arguments opposables — acceptées sans discussion par leurs lecteurs[1].

Comment pourrait-on aujourd'hui concevoir qu'un cataclysme universel ait détruit la vie sur *toute* la surface de la Terre (à l'exception des passagers de l'Arche) au XXIe ou XXIIe siècle avant Jésus-Christ ? A cette époque avaient déjà fleuri en plusieurs points de la Terre des civilisations dont les vestiges sont passés à la postérité. Pour l'Egypte, par exemple, c'est la période intermédiaire qui suit la fin de l'Ancien Empire et précède le début du Moyen Empire. Compte tenu de ce que l'on sait de l'histoire de cette époque, il serait ridi-

1. Depuis que l'on possède certaines notions sur la chronologie des temps anciens et que ces fantaisies chronologiques des auteurs sacerdotaux de l'Ancien Testament ne sont plus crédibles, on s'est empressé de les supprimer des Bibles, mais les commentateurs modernes de ces généalogies — que l'on a, elles, conservées — n'attirent pas l'attention des lecteurs des livres de vulgarisation sur les erreurs qu'elles contiennent.

cule de soutenir que toute civilisation fut alors détruite par le Déluge.

Ainsi, du point de vue historique, on peut affirmer que le récit du Déluge tel que la Bible le présente est en contradiction évidente avec les connaissances modernes. L'existence des deux récits est la preuve formelle de la manipulation des Ecritures par les hommes.

Le récit coranique du Déluge

Le Coran présente une version d'ensemble différente et ne suscitant pas de critiques du point de vue historique.

Le Coran n'offre pas, du Déluge, un récit continu. De nombreuses sourates parlent de la punition infligée au peuple de Noé. Le récit le plus complet est celui de la sourate 11, versets 25 à 49. La sourate 71 qui porte le nom de Noé évoque surtout la prédication de Noé comme le font les versets 105 à 115 de la sourate 26. Mais avant d'envisager le déroulement des événements à proprement parler, il faut situer le Déluge tel que le raconte le Coran par rapport au contexte général des punitions infligées par Dieu à des collectivités coupables d'avoir enfreint gravement Ses commandements.

Alors que la Bible fait état d'un Déluge universel pour punir toute l'humanité impie, le Coran mentionne, au contraire, plusieurs punitions infligées à des collectivités bien définies :

Les versets 35 à 39 de la sourate 25 en rendent compte :

> « Nous avons donné l'Ecriture à Moïse et Nous avons placé avec lui son frère Aaron pour l'assister. Nous lui avons dit : "Allez tous deux vers ces gens qui ont traité nos signes de mensonges." Nous les anéantîmes complètement.
>
> « (De même) quand le peuple de Noé eut traité les envoyés d'imposteurs, Nous l'engloutîmes et Nous en fîmes un signe pour les hommes. Nous avons préparé pour les impies un tourment cruel.
>
> « (Nous anéantîmes aussi) les Adites, les Thamoudites, les gens du Rass et de nombreuses générations intermédiaires.
>
> « Nous les avons tous frappés par des exemples et Nous les avons tous anéantis complètement. »

La sourate 7, versets 59 à 93, contient un rappel des punitions qui frappèrent le peuple de Noé, les Adites, les Thamoudites, Sodome, les Madian isolément.

Ainsi, le Coran présente le cataclysme du Déluge comme une punition réservée spécifiquement au peuple de Noé : cela constitue la première différence fondamentale entre les deux récits.

La deuxième différence essentielle est que le Coran, contrairement à la Bible, ne situe pas le Déluge dans le temps et ne donne aucune indication de durée pour le cataclysme lui-même.

Les causes de l'inondation sont à peu de chose près les mêmes dans les deux récits. Le récit sacerdotal de la Bible (Genèse, 7, 11) en cite deux qui se sont conjuguées : « Ce jour-là jaillirent les sources du grand abîme et les écluses du ciel s'ouvrirent. »

Le Coran précise, dans les versets 11 et 12 de la sourate 54 :

« Nous ouvrîmes les portes du ciel à une eau qui se répandit. Nous fîmes jaillir la terre en sources. Les eaux se rencontrèrent selon un mode qui avait été décrété. »

Le Coran est très explicite sur le contenu de l'Arche. L'ordre fut donné par Dieu à Noé et exécuté fidèlement de placer à bord ce qui allait survivre au cataclysme (sourate 11, verset 40) :

« Place dans (l'Arche) de toute (espèce) un couple, ta famille — à l'exception de celui contre qui la Parole a été proférée antérieurement — et ceux qui croient. (Mais) ceux qui avaient cru avec lui étaient peu nombreux. »

L'exclu de la famille est un fils maudit de Noé, au sujet duquel les versets 45 et 46 de cette même sourate nous apprennent que les exhortations de Noé auprès de Dieu ne purent faire infléchir la décision. Le Coran mentionne, à bord de l'Arche, en plus de la famille amputée de ce fils maudit, d'autres passagers peu nombreux qui avaient cru en Dieu.

La Bible ne cite pas ces derniers parmi les occupants de l'Arche. Elle présente, en fait, trois versions du contenu de l'Arche :

— selon le récit sacerdotal : Noé, sa propre famille sans exception et un couple de chaque espèce ;

— selon le récit yahviste, distinction est faite entre, d'une part, animaux purs et oiseaux et, d'autre part, animaux impurs (des premiers, l'Arche accueille sept[1] de chaque espèce, mâles et femelles ; des seconds, un couple seulement) ;

— selon un verset yahviste modifié (Genèse, 7, 8), un couple de chaque espèce, pure ou impure.

Le récit de l'inondation proprement dite contenu dans la sourate 11, versets 25 à 49, et dans la sourate 23, versets 23 à 30, et le récit biblique ne présentent pas de différences particulièrement significatives.

Le lieu où l'Arche échoue est, pour la Bible, les monts d'Ararat (Genèse, 8, 4) ; pour le Coran, « le Joudi » (sourate 11, verset 44). Cette montagne serait le point culminant des monts d'Ararat en Arménie, mais rien ne prouve que les hommes n'aient pas procédé à des changements de noms pour accorder les deux récits. R. Blachère l'affirme. Selon cet auteur, il y aurait un massif du nom de Joudi en Arabie. La concordance des noms peut être artificielle.

En définitive, des divergences existent, importantes, entre les récits coraniques et les récits bibliques. Certaines échappent à tout examen critique, les données objectives manquant. Mais lorsqu'on est à même de vérifier les énoncés des Ecritures à l'aide de données sûres, l'incompatibilité du récit biblique — dans sa présentation du Déluge dans le temps et dans son étendue — avec les acquisitions de la connaissance moderne est mise nettement en évidence. A l'opposé, le récit

1. Sept ne signifiait-il pas, comme fréquemment à cette époque dans les langues sémitiques, une multitude ?

coranique s'avère exempt de tout élément qui suscite la critique objective. Entre l'époque du récit biblique et celle du récit coranique, les hommes avaient-ils acquis des informations qui auraient pu apporter quelque lumière sur un tel événement ? Assurément pas car, de l'Ancien Testament au Coran, la seule documentation en possession des hommes sur cette histoire ancienne était précisément la Bible. Si des facteurs humains ne peuvent expliquer les changements dans les récits s'opérant dans le sens de la concordance avec les connaissances modernes, il faut accepter une autre explication : une Révélation postérieure à celle contenue dans la Bible.

III. L'EXODE DE MOISE

Avec l'exode de Moïse et de son groupe hors d'Egypte, première étape de l'installation en Canaan, on aborde un événement d'une importance capitale, un événement historique certain, s'insérant dans un contexte connu, en dépit des allégations que l'on trouve de-ci de-là et qui tendent à lui conférer seulement un caractère légendaire.

Dans l'Ancien Testament, l'Exode forme, avec le récit de la marche au désert après la sortie d'Egypte et celui de l'alliance que Dieu conclut au mont Sinaï, le deuxième livre du Pentateuque ou Torah. Le Coran lui donne naturellement aussi une place très grande : la narration des rapports de Moïse et de son frère Aaron avec le pharaon et celle de la sortie d'Egypte elle-même sont retrouvées dans plus de dix sourates avec de longs récits comme dans les sourates 7, 10, 20 et 26, ou bien des récits plus condensés ou même de simples rappels. Le nom de Pharaon, personnage central du côté égyptien, est répété soixante-quatorze fois dans le Coran et en vingt-sept sourates, sauf erreur.

L'étude des deux récits, coranique et biblique, offre ici un intérêt particulier parce qu'à la différence de ce qu'on a vu pour le Déluge, par exemple, les deux récits sont ici superposables pour l'essentiel. Il y a assurément certaines divergences, mais le récit biblique a une valeur historique considérable, comme on le verra, puisqu'il met sur la voie de l'identification du pharaon ou plutôt des deux pharaons concernés, et le Coran vient, dans cette hypothèse à point de départ biblique, apporter une information complémentaire. A ces deux sources scripturaires s'ajoutent des données modernes de l'égyptologie, et c'est ainsi qu'en confrontant Coran, Bible et connaissances de notre temps, on parvient à situer l'épisode des Ecritures saintes dans un contexte historique.

L'Exode selon la Bible

Le récit biblique débute par le rappel de l'entrée en Egypte des Juifs qui, avec Jacob, y rejoignaient Joseph. Puis « un nouveau roi vint au pouvoir en Egypte, qui n'avait pas connu Joseph » (Exode, 1, 8). C'est la période de l'oppression, le pharaon imposant aux Juifs la construction de villes auxquelles la Bible donne les noms de Pitom et de Ramsès. Pour éviter un débordement démographique chez les Hébreux, le pharaon impose de jeter au fleuve tout nouvel enfant mâle. Moïse sera néanmoins conservé trois mois après sa naissance par sa mère, mais celle-ci doit finalement se résoudre à le déposer dans une corbeille de jonc au bord du fleuve. La fille du pharaon l'y découvre, le recueille et le met en nourrice précisément chez sa propre mère, car la sœur de Moïse qui avait guetté pour voir qui recueillerait le bébé avait feint de ne pas le connaître et elle avait recommandé à la princesse une nourrice qui n'était autre que la mère de l'enfant. Celui-ci est traité comme un fils du pharaon et le nom de « Moïse » lui est donné.

Moïse jeune homme part en pays de Madiân où il se marie et séjourne longtemps. Détail important : « Au cours de cette longue période, le roi d'Egypte mourut », lit-on dans le livre de l'Exode (2, 23).

Dieu commande à Moïse d'aller trouver le pharaon et de faire sortir ses frères d'Egypte (la narration de cet ordre est faite dans le récit de l'épisode du Buisson ardent). Aaron, frère de Moïse, l'assistera dans cette tâche. C'est pourquoi, de retour en Egypte, Moïse se rend avec son frère auprès du pharaon, qui est le successeur de celui sous le règne duquel il est né il y a longtemps.

Le pharaon refuse aux Juifs du groupe de Moïse de quitter l'Egypte. Dieu se manifeste de nouveau à Moïse et lui ordonne de reprendre auprès du pharaon la même demande. Moïse est alors âgé de quatre-vingts ans selon la Bible. Il démontre au pharaon par la magie qu'il a des pouvoirs surnaturels. Cela ne suffit pas : Dieu envoie alors sur l'Egypte les plaies bien connues : l'eau du fleuve changée en sang, l'invasion des grenouilles, des moustiques, des taons, la mort des troupeaux, les apparitions de tumeurs sur la peau des hommes et des animaux, la grêle, les sauterelles, les ténèbres, la mort des premiers-nés, mais le pharaon n'accepte toujours pas de laisser partir les Hébreux.

Ils s'échappent alors de la ville de Ramsès au nombre de 600 000 hommes[1], « sans compter leurs familles » (Exode, 12, 37). C'est alors que « Pharaon fit atteler son char et emmena son armée. Il prit six cents de ses meilleurs chars et tous les chars de l'Egypte, chacun d'eux monté par des officiers... Le roi d'Egypte se lança à la poursuite des Israélites sortant la main haute » (Exode, 14, 6 et 8). Les Egyptiens rejoignirent le groupe de Moïse au bord de la mer. Moïse levant son bâton, la mer s'ouvrit devant lui, ses hommes y pénétrèrent à pied sec. « Les Egyptiens les poursuivirent et tous les chevaux de Pharaon, ses chars et ses cavaliers pénétrèrent à leur suite au milieu de la mer » (Exode, 14, 23). « Les eaux refluèrent et recouvrirent les chars et les cavaliers de toute

1. On verra plus loin que le chiffre est manifestement grossi.

l'armée de Pharaon, qui avaient pénétré derrière eux dans la mer. Il n'en resta pas un seul » (Exode, 14, 28-29).

Le texte du livre de l'Exode est parfaitement clair : Pharaon se trouvait à la tête des poursuivants. Il périt puisque le livre de l'Exode précise qu'« il n'en resta pas un seul ». La Bible reprend d'ailleurs ce détail dans les Psaumes de David : psaume 106, verset 11, et psaume 136, versets 13 à 15, qui sont une action de grâces à « Celui qui coupa en deux la mer des Roseaux, qui fit passer Israël au milieu et précipita Pharaon et son armée dans la mer des Roseaux ». Il n'est donc pas douteux que, selon le récit biblique, le pharaon de l'Exode périt dans la mer. La Bible ne dit mot de ce qu'il advint de son corps.

L'Exode selon le Coran

Dans les grandes lignes, le récit coranique de l'Exode est analogue au récit biblique. Il faut le reconstituer car il est fait d'éléments dispersés dans de nombreux passages du Livre.

Pas plus que la Bible, le Coran ne mentionne un nom de personne permettant d'identifier quel était le pharaon régnant au moment de l'Exode. Tout ce que l'on sait est qu'un des personnages de son Conseil s'appelait « hâmân » ; il est cité six fois dans le Coran (sourate 28, versets 6, 8 et 38 ; sourate 29, verset 39 ; sourate 40, versets 24 et 36).

Le pharaon est oppresseur des Juifs :

— *Sourate 14, verset 6 :*

« Quand Moïse dit à son peuple : “Rappelez-vous le bienfait de Dieu envers vous quand Il vous sauva des gens de Pharaon qui vous imposaient le pire tourment, égorgeaient vos fils et couvraient vos femmes de honte !” »

L'oppression est rappelée dans les mêmes termes dans le verset 141 de la sourate 7. Mais le Coran ne mentionne pas, comme le fait la Bible, le nom des villes construites par les Juifs soumis à la corvée.

L'épisode de Moïse déposé au bord du fleuve est raconté dans la sourate 20, versets 39 et 40, et dans la sourate 28, versets 7 à 13. Dans le récit coranique, Moïse est recueilli par la famille du pharaon. On lit, en effet, dans les versets 8 et 9 de la sourate 28 :

« Les gens de Pharaon le recueillirent afin qu'il fût pour eux un ennemi et une affliction. Pharaon, hâmân et leurs armées avaient commis des fautes.

« La femme de Pharaon dit (à ce dernier) : “Il sera la joie de l'œil pour moi et pour toi. Ne le tuez pas. Il se peut qu'il nous soit utile ou que nous le prenions comme enfant.” Ils ne pressentaient (rien). »

La tradition musulmane veut que la femme du pharaon qui a pris soin de Moïse soit Asiya. Pour le Coran, ce n'est pas la femme du pharaon qui le recueillit, mais ce furent « ses gens » *('alu)*, c'est-à-dire des habitants de sa maison.

La jeunesse de Moïse, son séjour en pays de

Madiân, son mariage sont relatés dans la sourate 28, versets 13 à 28.

L'épisode du Buisson ardent est notamment retrouvé dans la première partie de la sourate 20 et dans les versets 30 à 35 de la sourate 28.

Le Coran ne mentionne pas dix plaies envoyées à l'Egypte à titre de châtiment divin, comme la Bible les décrit longuement, mais il évoque très succinctement cinq plaies (sourate 7, verset 133) : l'inondation, les sauterelles, les poux, les grenouilles, le sang.

La fuite hors d'Egypte est racontée dans le Coran sans les précisions géographiques données par le récit biblique et sans les précisions numériques peu crédibles de ce dernier récit. On voit mal comment 600 000 hommes et leurs familles auraient pu, comme le prétend la Bible, faire un long séjour dans le désert.

La mort du pharaon à la poursuite des Hébreux est ainsi évoquée :

« Pharaon les poursuivit avec ses troupes ; le flot les submergea », lit-on dans le verset 78 de la sourate 20. Les Juifs s'échappèrent. Pharaon périt mais son corps fut retrouvé : détail très important que ne mentionne pas le récit biblique.

— *Sourate 10, versets 90 à 92.* Dieu parle :

« Nous fîmes passer la mer aux fils d'Israël et Pharaon et ses troupes les poursuivirent par (esprit de) rébellion et d'hostilité jusqu'à ce qu'enfin, sur le point d'être englouti, (Pharaon) dise : "Je crois qu'il n'existe nul Dieu si ce n'est Celui en qui ont cru les fils d'Israël. Je suis parmi ceux qui Lui sont soumis."

« (Dieu dit) : "Maintenant (tu crois) ! Alors que tu as désobéi auparavant et que tu fus parmi les semeurs de scandale ! Aujourd'hui, Nous te sauvons, en ton corps, afin que tu sois un signe pour ceux qui viendront après toi." »

Ce passage appelle deux précisions :

a) L'esprit de rébellion et d'hostilité dont il est question s'entend par rapport aux tentatives de persuasion exercées par Moïse auprès du pharaon.

b) Le sauvetage du pharaon s'applique à son cadavre car il est bien précisé, dans le verset 98 de la sourate 11, que le pharaon et les siens ont été damnés :

« (Pharaon) précédera son peuple au jour de la Résurrection et il les mènera au feu. »

Ainsi, pour les faits qui sont susceptibles d'être confrontés avec des données historiques, géographiques ou archéologiques, il faut noter que le récit coranique diffère du récit biblique sur les points suivants :

— l'absence, dans le Coran, de citations de noms de lieux aussi bien pour les villes construites par les Hébreux du groupe de Moïse que pour l'itinéraire de l'Exode ;

— l'absence, dans le Coran, de mention de la mort d'un pharaon lors du séjour de Moïse en Madiân ;

— l'absence, dans le Coran, de données sur l'âge de Moïse lorsqu'il s'adressa à Pharaon ;

— l'absence, dans le Coran, de précisions numériques sur le groupe de Moïse, manifestement enflé dans la Bible à des dimensions invraisemblables (600 000 hommes et leurs familles auraient formé un groupe de plus de deux millions d'habitants) ;

— l'absence de mention dans la Bible de la récupération du corps du pharaon après sa mort.

Les points communs des deux récits qui sont à souligner pour ce qui nous préoccupe ici sont :

— la confirmation par le Coran de l'oppression par le pharaon des Juifs du groupe de Moïse ;

— l'absence dans les deux récits de mention de nom pour le roi d'Egypte ;

— la confirmation, par le Coran, de la mort du pharaon lors de la sortie d'Egypte.

Confrontation des données des Ecritures avec les connaissances modernes

Les récits coraniques et bibliques relatifs au séjour des fils d'Israël en Egypte et à leur sortie du pays présentent des aspects pouvant faire l'objet de confrontations avec les connaissances modernes. A vrai dire, d'une manière très inégale puisque certains aspects soulèvent quantité de problèmes alors que d'autres n'offrent guère matière à discussion.

1. EXAMEN DE CERTAINS DETAILS DES RECITS

Les Hébreux en Egypte

Il semble bien que l'on puisse dire, sans risque de se tromper beaucoup, que — conformément à ce qui est écrit dans la Bible (Genèse, 15, 13, et

Exode, 12, 40) — les Hébreux aient séjourné en Egypte pendant 400 ou 430 ans. Quoi qu'il en soit de cette discordance entre la Genèse et l'Exode, qui est d'ailleurs de peu d'importance, leur séjour débuta avec l'installation, bien après Abraham, de Joseph, fils de Jacob, et de ses frères en Egypte. A part la Bible qui donne des renseignements que je viens de citer et le Coran qui mentionne cette installation sans donner la moindre indication chronologique, on ne possède pour ainsi dire aucun autre document susceptible de nous éclairer sur ce point.

On pense actuellement, de P. Montet à Daniel-Rops, que, selon toute vraisemblance, c'est avec le mouvement des Hyksos vers l'Egypte au XVIIe siècle avant J.-C. que coïncide cette arrivée de Joseph et des siens et qu'à Avaris, dans le Delta, ce serait un souverain hyksos qui aurait fait bon accueil à Joseph et à ses frères.

Cette estimation est, certes, en contradiction apparente avec ce que nous apprend le premier livre des Rois de la Bible (6, 1) qui situe la sortie d'Egypte 480 ans avant la construction du Temple de Salomon (vers 971 avant J.-C.). Cette estimation situerait donc l'Exode approximativement vers 1450 avant J.-C. et, par conséquent, l'entrée vers 1850-1880. Or, c'est précisément l'époque à laquelle aurait, pense-t-on aujourd'hui, vécu Abraham, que 250 ans environ devraient, selon d'autres données bibliques, séparer de Joseph. Ce passage du premier livre des Rois de la Bible est donc chronologiquement inacceptable[1]. On verra que la théorie soutenue ici ne pourrait avoir contre elle que cette objection tirée de ce livre, mais l'inexactitude manifeste de ses données chronologiques retire toute valeur à cette objection.

Ce que les Hébreux ont laissé comme traces de leur séjour en Egypte est très vague, mis à part les données des Ecritures saintes. Il existe cependant quelques documents hiéroglyphiques mentionnant l'existence en Egypte d'une catégorie de travailleurs appelés les 'Apiru ou Hapiru ou Habiru, qu'on a identifiés, à tort ou à raison, aux Hébreux. On a désigné sous ce terme des ouvriers pour les constructions, des ouvriers agricoles, des vendangeurs, etc. D'où venaient-ils ? Il est bien difficile de le dire. Comme l'écrit le R. P. de Vaux, « ils ne sont pas membres de la population locale, ils ne s'identifient pas à une classe de la société, ils n'ont pas tous la même occupation ou le même statut ».

Sous Tutmès III, un papyrus les cite comme « gens d'écurie ». On sait qu'Aménophis II, au xve siècle avant J.-C., en a ramené 3 600 à titre de prisonniers venant de Canaan, car ils constituaient, écrit le R. P. de Vaux, une fraction notable de la population de Syrie-Palestine. Vers 1300 avant J.-C., sous Séthi Ier, ces mêmes 'Apiru fomentent en Canaan des troubles dans la région de Beth-Shean. Sous Ramsès II, il en est employés comme carriers ou au transport des pieux pour les travaux

1. On reviendra plus loin sur ce qu'il faut penser, avec le R. P. de Vaux, de cette référence au 1er livre des Rois.

du pharaon (grand pylône de Ramsès Miamôn). On sait par la Bible que les Hébreux vont, sous Ramsès II, construire la capitale du Nord, la ville de Ramsès. Dans les écrits égyptiens, on fera encore mention de ces 'Apiru au XIIe siècle et, pour une dernière fois, sous Ramsès III.

Mais les 'Apiru ne sont pas mentionnés qu'en Egypte. Le terme pouvait-il donc s'appliquer aux seuls Hébreux ? Peut-être y a-t-il lieu de rappeler que le mot pouvait désigner initialement des travailleurs forcés, sans préjuger de leur origine, et que, par la suite, le terme a servi comme qualificatif professionnel. Ne serait-on pas autorisé à faire un rapprochement avec les sens divers qu'a, en français, le mot « suisse », désignant aussi bien un habitant de la Suisse, un soldat suisse de la monarchie française, un garde du Vatican ou un employé d'église chrétienne ?...

Quoi qu'il en soit, sous Ramsès II, les Hébreux (selon la Bible), les 'Apiru (selon les textes hiéroglyphiques) participent aux grands travaux ordonnés par le pharaon et l'on peut dire à des travaux forcés. On ne doute pas que Ramsès II fût un oppresseur des Juifs : les villes de Ramsès et de Pitom, citées dans le livre de l'Exode, sont situées dans la partie orientale du delta du Nil. Tanis et Qantir actuels, à 25 kilomètres environ l'une de l'autre, répondent à ces anciennes cités. Là était la capitale du Nord construite par Ramsès II. Ramsès II est le pharaon de l'oppression.

C'est dans ce contexte que va naître Moïse. On a vu plus haut les circonstances qui ont marqué son sauvetage des eaux du fleuve. Son nom est égyptien. P. Montet l'a bien montré dans son livre *L'Egypte et la Bible* : Mesw ou Mesy sont dans la liste du dictionnaire des noms de personnes dans la langue des hiéroglyphes de Ranke. *Mûsay* en est la translittération dans le Coran.

Les plaies d'Egypte

La Bible fait mention, sous ce nom, de dix châtiments infligés par Dieu et donne, sur chacune de ces « plaies », beaucoup de détails. Plusieurs ont un aspect et une dimension surnaturels. Le Coran énumère seulement cinq plaies qui ne sont, pour la plupart, que l'exagération de phénomènes naturels : inondation, sauterelles, poux, grenouilles et sang.

La pullulation des sauterelles et des grenouilles est évoquée dans la Bible. Celle-ci parle de l'eau du fleuve changée en sang qui inonde tout le pays (*sic*) ; le Coran mentionne le sang à l'exclusion de tout détail complémentaire. On peut faire à propos de ce sang toutes les hypothèses.

Les autres plaies (moustiques, taons, tumeurs de la peau, grêle, ténèbres, mort des premiers-nés et du bétail) décrites par la Bible relèvent d'origines diverses, comme c'était le cas pour le récit du Déluge, constitué par une juxtaposition d'éléments de sources multiples.

L'itinéraire de l'Exode

Aucun itinéraire n'est donné par le Coran, alors que la Bible en mentionne un avec beaucoup de précision. Le R. P. de Vaux et P. Montet en ont chacun repris l'étude. Le point de départ serait la région de Tanis-Qantir mais, pour le reste de l'itinéraire, on n'a retrouvé nulle part de vestiges pouvant confirmer le récit biblique et l'on ne saurait dire en quel endroit la mer s'est ouverte pour laisser passer le groupe de Moïse.

Le miracle de la mer

On a imaginé un raz de marée qui aurait pu être dû à des causes astronomiques ou à des causes sismiques en relation avec une lointaine éruption volcanique. Les Hébreux auraient profité du retrait de la mer et les Egyptiens lancés à leur poursuite auraient été anéantis par le retour du flot. Tout cela n'est que pure hypothèse.

2. SITUATION DE L'EXODE DANS LA CHRONOLOGIE PHARAONIQUE

On peut beaucoup plus valablement aboutir à des données positives en ce qui concerne la situation de l'Exode dans le temps.

On a considéré de très longue date que Mineptah, successeur de Ramsès II, était le pharaon de l'Exode de Moïse. Maspero, le célèbre égyptologue du début de ce siècle, n'écrivait-il pas en 1900, dans son *Guide du visiteur du musée du Caire,* que Mineptah « serait, d'après une tradition d'origine alexandrine, le pharaon de l'Exode, celui qui, dit-on, aurait péri dans la mer Rouge » ? Je n'ai pas pu retrouver les documents sur lesquels Maspero aurait fondé son assertion, mais le sérieux de l'auteur impose qu'on attache la plus grande valeur à ce qu'il affirmait.

P. Montet mis à part, bien rares sont les égyptologues ou les spécialistes de l'exégèse biblique modernes qui ont recherché des arguments en faveur ou à l'encontre de cette hypothèse. Bien au contraire, on a assisté, dans ces dernières décennies, à une éclosion d'hypothèses différentes les unes des autres et qui paraissent n'avoir été émises que dans le but de satisfaire une concordance avec un détail des récits des Ecritures, sans que leurs auteurs s'occupent des autres aspects de ceux-ci. C'est ainsi que l'on voit surgir telle ou telle hypothèse qui paraît concorder avec un aspect d'un récit sans que son auteur ait pris la peine de la confronter avec toutes les autres données des Ecritures (pas seulement, par conséquent, avec la Bible), et, en même temps, avec toutes les données fournies par l'histoire, l'archéologie, etc.

Une des hypothèses les plus curieuses qui aient vu le jour est celle de J. de Miceli (1960) qui prétend être arrivé à fixer l'Exode à un jour près, soit le 9 avril 1495 avant J.-C. et ce, exclusivement par des calculs de calendriers. Tutmès II régnant alors sur l'Egypte, il sera donc, pour cet auteur, le pharaon de l'Exode. Puisqu'on a décrit, sur la momie de Tutmès II, des lésions cutanées que cet auteur qualifie — on ne sait trop pourquoi — de lèpre, et qu'une des plaies d'Egypte décrites par la Bible consiste en pustules cutanées, voici l'hypothèse confirmée. Cette étonnante construction ne tient pas le moindre compte des autres faits du récit biblique, en particulier la mention de la ville de Ramsès par la Bible, qui rend caduque toute hypothèse sur une datation de l'Exode avant qu'un « Ramsès » ait régné.

Quant aux lésions cutanées de Tutmès II, il n'y a pas lieu d'en faire un argument en faveur de la désignation de ce roi d'Egypte comme pharaon de l'Exode, puisque son fils, Tutmès III, et son petit-fils, Aménophis II, présentent, eux aussi, des bourgeons cutanés[1], pour lesquels certains auteurs ont évoqué l'hypothèse d'une affection familiale. L'hypothèse Tutmès II n'est donc pas défendable.

Il en est de même de celle soulevée par Daniel-Rops dans son livre *Le Peuple de la Bible*[2], attribuant à Aménophis II le rôle de pharaon de l'Exode. Elle ne paraît pas plus fondée que la précédente. Sous le prétexte que son père Tutmès III était très nationaliste, Daniel-Rops proclame Aménophis II persécuteur des Hébreux, et la belle-mère

1. Ces lésions sont parfaitement visibles sur les momies de ces pharaons au Musée égyptien du Caire.
2. Desclée de Brouwer, 1970.

de ce dernier, la célèbre reine Hatshepsout, passe, on ne sait trop pourquoi, pour celle qui recueillit Moïse.

C'est sur une assise plus solide que le R. P. de Vaux fait reposer son hypothèse Ramsès II, qu'il étudie dans son livre *Histoire ancienne d'Israël*[1], car, si elle ne concorde pas avec tous les points du récit biblique, elle a au moins le mérite de mettre en avant une donnée capitale : la construction sous Ramsès II des villes de Ramsès et de Pitom citées dans le texte biblique. On ne saurait donc considérer que l'Exode puisse être antérieur à l'avènement de Ramsès II, avènement que l'on situe, selon la chronologie de Drioton et Vandier, en l'an 1301 avant J.-C. et, selon celle de Rowton, en 1290 avant J.-C. Les deux autres hypothèses évoquées plus haut sont irrecevables à cause de cet impératif : Ramsès II est le pharaon de l'oppression dont parle la Bible.

Pour le R. P. de Vaux, ce serait dans la première moitié ou vers le milieu du règne de Ramsès II que l'Exode aurait eu lieu. La fixation de la date par le R. P. de Vaux est tout à fait imprécise : l'auteur suggère cette période afin de donner le temps, si l'on peut dire, au groupe de Moïse de s'installer en Canaan et au successeur de Ramsès II, le pharaon Mineptah qui dut mettre de l'ordre aux frontières à la mort de son père, de mettre au pas les fils d'Israël, comme en atteste une stèle de l'an V du règne de celui-ci.

1. J. Gabalda et Cie, 1971.

Deux arguments peuvent être opposés à cette hypothèse :

a) La Bible indique en Exode, 2, 23, que le roi d'Egypte mourut pendant le séjour de Moïse en pays de Madiân. Ce roi d'Egypte est décrit dans le livre de l'Exode comme celui qui, par travail forcé, fait bâtir par les Hébreux les villes de Ramsès et de Pitom. C'est Ramsès II. L'Exode ne peut donc avoir eu lieu que sous le successeur de ce dernier. Mais le R. P. de Vaux nous dit douter de la source biblique du verset 23 au chapitre 2 du livre de l'Exode.

b) Ce qui étonne le plus, c'est que, directeur de l'Ecole biblique de Jérusalem, le R. P. de Vaux ne mentionne même pas, dans son exposé de sa théorie de l'Exode, deux passages essentiels de la Bible qui tous deux attestent que le pharaon mourut dans la poursuite des fuyards, détail qui rend incompatible la survenue de l'Exode à un autre moment qu'à la fin d'un règne.

En effet, il n'est pas douteux, il faut le répéter, que le pharaon y laissa sa vie. Les chapitres 13 et 14 du livre de l'Exode sont formels sur ce point : « Pharaon fit atteler son char et emmena son armée... » (14, 6). « Le roi d'Egypte se lança à la poursuite des Israélites sortant la main haute » (14, 8)... « Les eaux refluèrent et recouvrirent les chars et les cavaliers de toute l'armée de Pharaon, qui avaient pénétré derrière eux dans la mer. Il n'en resta pas un seul » (14, 28-29). De plus le psaume 136 de David confirme la mort du pharaon, invoquant Yahvé « ... qui précipita Pharaon et son armée dans la mer des Roseaux » (136, 15).

Ainsi, un pharaon est mort du vivant de Moïse, lorsque celui-ci était en pays de Madiân, un autre est mort pendant l'Exode. Il n'y a pas un pharaon de Moïse, il y en a deux : celui de l'oppression et celui de la sortie d'Egypte. L'hypothèse unique Ramsès II du R. P. de Vaux n'est pas satisfaisante puisqu'elle n'explique pas tout. Les considérations qui vont suivre vont apporter les arguments supplémentaires à son encontre.

3. RAMSES II, PHARAON DE L'OPPRESSION ; MINEPTAH, PHARAON DE L'EXODE

P. Montet a repris avec beaucoup d'à-propos la tradition initiale, alexandrine[1], mentionnée par Maspero et que l'on retrouve beaucoup plus tard dans la tradition islamique, ainsi que dans la tradition chrétienne classique[2]. Exposée dans son livre *L'Egypte et la Bible*[3], cette théorie est renforcée par des arguments complémentaires, particulièrement par les apports du récit coranique, auquel le célèbre archéologue ne faisait aucune allusion. Avant de les envisager, revenons à la Bible.

Le livre de l'Exode contient la mention du mot « Ramsès », bien que le nom du pharaon ne soit pas avancé. Ramsès est, dans la Bible, le nom d'une des deux villes citées comme ayant été construites par le travail forcé des Hébreux. On sait aujourd'hui que ces deux villes appartenaient à

1. Nul doute qu'à l'époque glorieuse des Ptolémées, on possédait à Alexandrie, avant les destructions de la conquête romaine, des documents historiques sur l'Antiquité, qui font cruellement défaut aujourd'hui.

2. Dans les Histoires saintes du début du XXe siècle, comme dans celle de l'abbé H. Lesetre, destinées à l'enseignement religieux, l'Exode est mentionné comme survenu alors que Mineptah régnait sur l'Égypte.

3. Delachaux et Niestlé, Neuchâtel, 1959.

la région de Tanis-Qantir, dans la partie orientale du delta du Nil, là où Ramsès II fit construire sa capitale du Nord. Certes, il y avait dans cette région d'autres constructions avant Ramsès II, mais il revient à ce dernier d'en avoir fait un site important. Les fouilles entreprises ces dernières décennies en apportent la preuve formelle. A sa construction il fit travailler les Hébreux asservis.

Lire le mot « Ramsès » dans la Bible ne frappe pas l'esprit de nos jours : le mot est devenu commun depuis que Champollion — il y a un siècle et demi de cela — découvrit la clef des hiéroglyphes, précisément en étudiant les caractères essentiels qui l'exprimaient. On est donc actuellement habitué à le lire et à le prononcer en sachant ce qu'il signifie. Mais il faut se représenter que le sens des hiéroglyphes avait été perdu, approximativement au IIIe siècle de l'ère chrétienne, et que le nom de Ramsès n'avait guère été conservé que dans la Bible et dans quelques livres grecs et latins ayant plus ou moins déformé le nom : c'est ainsi que Tacite, dans ses *Annales,* parle de Rhamsis. La Bible avait, elle, conservé très exactement le nom : elle le cite quatre fois dans le Pentateuque ou Torah (Genèse, 47, 11; Exode, 1, 11, et 12, 37; Nombres, 33, 3, et 33, 5).

En hébreu, la Bible écrit le mot Ramsès de deux façons : Râ(e)mss ou Râeâmss[1]. Dans l'édition grecque de la Bible appelée la Septante, c'est :

1. La lettre *e* figurant le *ayin* hébreu.

Râmessê. La Bible latine (Vulgate) l'écrit Ramesses. Dans l'édition de la Bible clémentine en français (1re édition, 1621), le mot est écrit de même : Ramesses ; cette édition française avait cours au moment des travaux de Champollion. Dans son *Précis du système hiéroglyphique des anciens Egyptiens* (2e édition, 1828, p. 276), Champollion parle de l'orthographe biblique du mot.

Ainsi la Bible avait merveilleusement conservé le nom de Ramsès dans ses versions en hébreu, en grec et en latin[1].

Les données qui précèdent permettent donc, à elles seules, d'établir que :

a) l'Exode ne saurait se concevoir avant l'arrivée au pouvoir, en Egypte, d'un Ramsès ;

b) Moïse est né sous le règne du constructeur des villes de Ramsès et de Pitom, c'est-à-dire sous Ramsès II ;

c) lorsque Moïse était en pays de Madiân, le pharaon régnant, c'est-à-dire Ramsès II, mourut. La suite de l'histoire de Moïse se situe donc sous le règne de son successeur, c'est-à-dire de Mineptah.

Qui plus est, la Bible apporte un autre élément d'une extrême importance pour situer l'Exode dans la chronologie pharaonique : c'est l'annonce que Moïse avait quatre-vingts ans lorsqu'il entreprit, sur l'ordre de Dieu, d'essayer d'obtenir du

1. Il est curieux d'ailleurs de constater dans les vieilles Bibles que les commentateurs ne comprenaient rigoureusement rien au sens du mot. Par exemple, dans l'édition française de 1621 de la Bible clémentine, on donne cette interprétation du mot Ramesses, qui constitue un ridicule non-sens : « tonnerre de la vermine ».

pharaon la libération de ses frères : « Moïse était âgé de 80 ans et Aaron de 83 lorsqu'ils parlèrent à Pharaon » (Exode, 7, 7). Or la Bible nous apprend par ailleurs (Exode, 2, 23) que le pharaon sous le règne duquel Moïse était né mourut lors du séjour de Moïse en pays de Madiân, bien que le récit biblique se poursuive sans mentionner aucun changement de nom de souverain. Ces deux passages de la Bible impliquent que la somme des durées de règne des deux pharaons sous lesquels Moïse vécut en Egypte doit être au minimum de quatre-vingts ans.

Or on sait que Ramsès II régna soixante-sept ans (soit de 1301 à 1235 selon la chronologie de Drioton et Vandier, ou de 1290 à 1224 selon celle de Rowton). Pour Mineptah, son successeur, les égyptologues ne peuvent fournir de durée de règne précise, mais elle est au moins de dix ans puisque la dixième année de son règne est attestée par des documents, comme le souligne le R. P. de Vaux. Manethon lui donne vingt ans de règne. Drioton et Vandier donnent, pour Mineptah, deux possibilités : soit un règne de dix ans de 1234 à 1224, soit, à la suite de Rowton, un règne de vingt ans de 1224 à 1204. Les égyptologues ne savent rien de précis sur ce que fut la fin du règne de Mineptah : tout ce que l'on sait, c'est qu'après lui l'Egypte traversa une crise intérieure extrêmement grave durant près d'un quart de siècle.

Bien que les chronologies des règnes soient imprécises, il n'y a pas, durant le Nouvel Empire, d'autres périodes où deux règnes successifs aient pu atteindre ou dépasser quatre-vingts ans, que la période Ramsès II-Mineptah. Les données de la Bible concernant l'âge de Moïse lorsqu'il entreprend la libération de ses frères ne peuvent donc être insérées que dans la succession des règnes de Ramsès II et de Mineptah. Tout permet donc de penser que Moïse naquit au début du règne de Ramsès II, se trouva encore en Madiân quand ce dernier mourut après soixante-sept ans de règne, et fut ensuite auprès de Mineptah, fils et successeur de Ramsès II, l'avocat des Hébreux d'Egypte. Cet épisode put se passer dans la seconde moitié du règne de Mineptah s'il a régné vingt ans, comme cela est tout à fait possible et comme le pense Rowton. Moïse dirigea alors la sortie d'Egypte à la fin du règne de Mineptah en tout état de cause, puisque le pharaon perdit la vie en poursuivant les Hébreux quittant le pays, comme l'indiquent le Coran et la Bible.

Ce schéma s'accorde parfaitement avec ce que les Ecritures rapportent de la petite enfance de Moïse et de son recueil par la famille du pharaon. On sait en effet que Ramsès II avait un âge très avancé au moment de sa mort. On a parlé de quatre-vingt-dix ou cent ans. Dans cette hypothèse, il pouvait avoir de vingt-trois à trente-trois ans au début de son règne qui fut de soixante-sept ans. A cet âge, il pouvait être marié et il n'y a pas de contradiction avec la découverte par un « membre de la maison de Pharaon », selon le Coran, de

Moïse nouveau-né au bord du Nil et l'intervention de la femme du pharaon auprès de ce dernier, lui demandant de le garder vivant. La Bible prétend, elle, que c'est une fille du pharaon qui l'aurait découvert. Ramsès II, étant donné son âge au début de son règne, pouvait parfaitement avoir eu une fille qui eût été capable de découvrir l'enfant abandonné. Récit coranique et récit biblique ne se contredisent donc nullement sur ce point.

L'hypothèse formulée ici est d'une manière absolue en concordance avec le Coran. Elle n'est, par contre, en contradiction qu'avec un seul passage de la Bible, c'est comme on l'a vu le premier verset du chapitre 6 du premier livre des Rois (qui, il faut le souligner, ne fait pas partie de la Torah). Ce passage est très discuté et le R. P. de Vaux rejette la donnée chronologique de ce livre de l'Ancien Testament, situant dans le temps la sortie d'Egypte par rapport à la construction du Temple de Salomon. Le fait qu'il est sujet à caution empêche de lui accorder la valeur d'un argument déterminant à l'encontre de la théorie développée ici.

Le problème de la stèle de l'an V de Mineptah

On a cru pouvoir trouver dans le texte de la fameuse stèle de l'an V de Mineptah une objection à la thèse exposée ici de la sortie d'Egypte constituant le dernier acte du règne de ce pharaon.

Cette stèle a un intérêt extraordinaire puisqu'elle

constitue le seul document hiéroglyphique connu où le mot « Israël » est mentionné[1]. La stèle, qui date de la première partie du règne de Mineptah, fut découverte à Thèbes dans le temple funéraire du pharaon. Elle mentionne une série de victoires qu'il remporta sur les voisins de l'Egypte et, en particulier, à la fin du document, une victoire sur « Israël rasé et qui n'a plus de semence... ». On a, de ce fait, soutenu que l'existence du mot « Israël » impliquait que les Juifs devaient être déjà installés en Canaan en l'an V de Mineptah et que, par conséquent, la sortie d'Egypte des Hébreux avait déjà eu lieu à ce moment.

Cette objection ne paraît pas recevable car elle implique qu'il n'y aurait pas eu de Juifs en Canaan tant que les Hébreux étaient en Egypte, ce qui est insoutenable. Pourtant partisan de la thèse Ramsès II, le R. P. de Vaux écrit dans son livre *Histoire ancienne d'Israël,* à propos de l'installation en Canaan : « Pour le Sud, la date de l'installation dans la région de Cadès de groupes apparentés aux Israélites est indéterminée et est antérieure à l'Exode. » Il envisage donc la vraisemblance de l'installation de certains groupes sortis d'Egypte à un autre moment que celui de la sortie du groupe de Moïse. Les 'Apiru ou Habiru que certains identifient avec les Israélites étaient déjà en Syrie-Palestine bien avant Ramsès II, donc bien avant

1. Le mot est suivi d'un déterminatif qui ne laisse aucun doute sur la désignation par ce vocable d'une collectivité humaine.

l'Exode : Aménophis II, on le sait par un document, n'en ramena-t-il pas prisonniers un groupe de 3 600 qu'il employa comme travailleurs forcés en Egypte ? On en situe encore en Canaan sous Séthi Ier, où ils fomentent des troubles dans la région de Beth-Shean : P. Montet le rappelle dans son livre *L'Egypte et la Bible.* Il serait donc tout à fait plausible que Mineptah ait eu à sévir contre ces éléments sur ses frontières pendant qu'à l'intérieur du pays se trouvaient toujours ceux qui, plus tard, se grouperont autour de Moïse pour fuir le pays. L'existence de la stèle de l'an V de Mineptah ne va donc nullement à l'encontre de l'hypothèse faite ici.

D'ailleurs l'apparition dans l'histoire du peuple juif du mot « Israël » n'est nullement liée à l'installation en Canaan du groupe de Moïse. L'origine du mot est la suivante.

Selon la Genèse (32, 29), Israël est le second nom que reçoit Jacob, fils d'Isaac et petit-fils d'Abraham. Son sens, d'après les commentateurs de la *Traduction œcuménique de la Bible, Ancien Testament* (1975), est probablement « que Dieu se montre fort ». Après avoir été appliqué à un homme, rien de surprenant à ce qu'il qualifie par la suite, en mémoire d'un grand ancêtre, une collectivité.

Le nom d'Israël est donc apparu bien antérieurement à Moïse, c'est-à-dire plusieurs centaines d'années avant lui. Le voir cité dans une stèle datant du règne du pharaon Mineptah ne saurait étonner. Cette citation ne constitue en aucune manière un argument en faveur d'une datation de l'Exode de Moïse avant l'an V du pharaon Mineptah.

En effet, en mentionnant une collectivité qu'elle appelle « Israël », la stèle de Mineptah ne peut pas faire allusion à une collectivité politiquement établie, puisque l'inscription date de la fin du XIIIe siècle avant J.-C., et que le royaume d'Israël ne sera formé qu'au Xe siècle avant J.-C. Elle évoque nécessairement un ensemble humain plus modeste[1].

On sait de nos jours qu'une longue période de formation de huit ou neuf siècles a précédé l'entrée d'Israël dans l'histoire. Cette période a été marquée par l'installation de nombreux groupes semi-nomades dans toute la région, en particulier les Amorites et les Araméens, et par l'apparition au sein de leurs communautés de Patriarches au nombre desquels se sont trouvés Abraham, Isaac et Jacob-Israël. Le second nom du dernier Patriarche a servi à désigner le groupe initial, noyau d'une future entité politique qui apparaîtra bien après le règne de Mineptah, puisque le royaume d'Israël durera de 931-930 à 721 avant J.-C.

1. Comme le fait remarquer le R.P. B. Couroyer, professeur à l'École biblique de Jérusalem, dans ses commentaires de la traduction du livre de l'Exode (Éd. du Cerf, 1968, p. 12), « le nom d'Israël y est accompagné du déterminatif "peuple" au lieu du déterminatif "pays" comme les autres noms propres de la stèle ».

4. L'EVOCATION PAR LES ECRITURES SAINTES DE LA MORT DU PHARAON LORS DE L'EXODE

La mort du pharaon lors de l'Exode constitue un point très important des récits coraniques et bibliques. Elle ressort des textes avec la plus grande évidence. Pour ce qui concerne la Bible, elle est évoquée non seulement dans le Pentateuque ou Torah, mais encore dans les Psaumes de David : les références ont été données plus haut.

Il est extrêmement singulier que les auteurs chrétiens la passent sous silence. C'est ainsi que le R. P. de Vaux soutient la thèse selon laquelle la sortie d'Egypte aurait eu lieu dans la première partie ou au milieu du règne de Ramsès II, sans tenir le moindre compte de ce que le pharaon périt dans l'action, ce qui, dans toutes les hypothèses, ne permet de situer l'événement qu'à la fin du règne. Dans son *Histoire ancienne d'Israël,* le directeur de l'Ecole biblique de Jérusalem ne paraît se soucier en aucune façon de la contradiction entre la thèse qu'il défend et les données des deux livres de la Bible.

P. Montet, dans son livre *L'Egypte et la Bible,* situe l'Exode sous le règne de Mineptah, mais ne dit mot de la mort du pharaon qui prit la tête des poursuivants des fuyards.

Cette étonnante attitude contraste avec celle des Juifs : le psaume de David n° 136, qui, dans son verset 15, rend grâces à Dieu qui « précipita Pharaon et son armée dans la mer des Roseaux », est souvent récité dans leur liturgie. Ils connaissent la concordance entre ce verset et la phrase de l'Exode (14, 28-29) : « Les eaux refluèrent et recouvrirent les chars et les cavaliers de toute l'armée de Pharaon, qui avaient pénétré derrière eux dans la mer. Il n'en resta pas un seul. » Pour eux, il n'y a pas le moindre doute que le pharaon fut exterminé avec ses troupes. Ces mêmes textes existent bien dans les Bibles chrétiennes.

Les commentateurs chrétiens écartent de façon délibérée et contre toute évidence la mort du pharaon. Mais, de plus, certains évoquent la mention qui en est faite dans le Coran en incitant leurs lecteurs à faire de singuliers rapprochements. C'est ainsi qu'on peut lire, dans la traduction de la Bible sous la direction de l'Ecole biblique de Jérusalem[1], le commentaire suivant du R. P. Couroyer, professeur à ladite Ecole, concernant la mort du pharaon :

> « Le Coran (X, 90 92) y fait allusion et, selon des traditions populaires, le pharaon englouti avec son armée (ce que le texte sacré[2] ne dit pas) est logé au fond de la mer et règne sur les hommes marins : les phoques. »

Le lecteur non informé du contenu du Coran établit, cela va de soi, une relation entre une affirmation coranique contraire — pour le commentateur — au texte biblique, et la légende ridicule émanant soi-disant de traditions populaires, men-

1. L'Exode, 1968, p. 73.
2. Nul doute que, pour l'auteur du commentaire, il s'agit ici de la Bible.

tionnées dans le commentaire après la référence au Coran.

La réalité de l'énoncé coranique à ce sujet n'a rien à voir avec ce que suggère cet auteur : les versets 90 à 92 de la sourate 10 du Coran apprennent en fait que les fils d'Israël passèrent la mer tandis que le pharaon et ses troupes les poursuivaient et que c'est alors que, sur le point d'être englouti, le pharaon s'écria : « Je crois que nul Dieu n'existe si ce n'est Celui en qui ont cru les fils d'Israël. Je suis parmi ceux qui Lui sont soumis. » Dieu lui répondit : « Quoi ? Maintenant (tu crois) ! Alors qu'auparavant, tu as désobéi et que tu fus du nombre des semeurs de scandale ! Eh bien, Nous allons te sauver aujourd'hui quant à ton corps, afin que tu sois un signe pour ceux qui viendront après toi. En vérité, nombreux sont parmi les hommes ceux qui, de Nos signes, sont insoucieux. »

C'est tout ce que contient cette sourate à propos de la mort du pharaon. Ici, pas plus qu'ailleurs dans le Coran, il n'est question des fantasmagories relevées par le commentateur biblique. Le texte coranique annonce simplement de façon très claire que le corps du pharaon sera sauvé : telle est la donnée capitale.

A l'époque où le Coran fut communiqué aux hommes par le Prophète, les corps de tous les pharaons que les hommes ont, à l'époque moderne, à tort ou à raison, soupçonnés d'avoir été intéressés par l'Exode se trouvaient dans des tombes de la nécropole de Thèbes, de l'autre côté du Nil par rapport à Louxor. Or, à cette époque, on ignorait tout de ce fait et ce n'est qu'à la fin du XIXe siècle qu'on les y découvrit. Comme le dit le Coran, le corps du pharaon de l'Exode fut bien sauvé : quel que soit ce pharaon, il est de nos jours dans la salle des Momies royales du Musée égyptien du Caire, accessible à la vue des visiteurs. La réalité est donc bien différente de la légende risible faussement rattachée au Coran par le R. P. Couroyer.

5. LA MOMIE DU PHARAON MINEPTAH

Le corps momifié de Mineptah, fils de Ramsès II, dont tout permet de penser qu'il est le pharaon de l'Exode, fut découvert en 1898 par Loret à Thèbes, dans la Vallée des Rois. Il fut de là transporté au Caire. Elliot Smith lui enleva ses bandelettes le 8 juillet 1907. Il donne dans son livre *The Royal Mummies* (1912) le protocole de cette opération et de l'examen du corps. L'état de conservation de la momie était à l'époque satisfaisant, en dépit de dégradations en plusieurs points. Depuis cette date, la momie est exposée aux visiteurs, au Musée du Caire, tête et cou découverts, le reste du corps dissimulé sous une pièce de tissu, tant et si bien que, jusqu'à ces derniers mois, le musée ne possédait de photographies générales du corps de la momie que celles prises par E. Smith en 1912.

En juin 1975, les hautes autorités égyptiennes voulurent bien me permettre d'examiner les parties du corps du pharaon jusqu'alors recouvertes et d'en prendre des photographies. Lorsqu'on compara l'état actuel à celui de la momie il y a plus de soixante ans, il apparut à l'évidence que des dégradations de la momie s'étaient produites et que des fragments avaient disparu. Les tissus momifiés avaient grandement souffert, à la fois de la main des hommes pour certaines parties et de l'usure du temps — si l'on peut dire — pour certaines autres.

Cette dégradation naturelle est parfaitement expliquée par la modification des conditions de conservation depuis que les hommes découvrirent la momie à la fin du XIXe siècle, dans la tombe de la nécropole de Thèbes où elle reposait depuis plus de trois mille ans. A présent exposée sous une simple protection de verre qui ne l'exclut pas hermétiquement de l'extérieur et n'empêche pas la pollution par des micro-organismes, soumise à des écarts de température et non protégée de l'atteinte d'une humidité saisonnière, la momie est loin de se trouver dans les conditions qui lui ont permis de traverser approximativement trois millénaires à l'abri de toutes ces causes de détérioration. Elle a perdu la protection de ses bandelettes et l'avantage du séjour en milieu clos dans un tombeau où la température était plus constante et l'air moins humide qu'il ne l'est au Caire en certaines périodes de l'année. Certes, elle eut à subir, dans la nécropole même, selon toute vraisemblance très anciennement, la visite de pilleurs de tombes ou de rongeurs qui ont causé certains dommages, mais les conditions étaient néanmoins — semble-t-il — plus favorables qu'aujourd'hui pour résister à l'épreuve du temps.

Au cours de cet examen de la momie en juin 1975, des investigations particulières furent entreprises sur mon initiative. Une excellente étude radiographique fut effectuée par les docteurs El Meligy et Ramsiys tandis que le docteur Mustapha Manialawiy pratiquait, par une perte de substance au niveau de la paroi du thorax, l'examen de l'intérieur de la cage thoracique et de l'abdomen, réalisant la première endoscopie appliquée à une momie. On put ainsi voir et photographier certains détails très importants de l'intérieur du corps. Avec l'examen au microscope de certains petits fragments tombés spontanément du corps de la momie, examen qui sera effectué à Paris par le professeur Mignot et le docteur Durigon, sera complétée une étude générale médico-légale effectuée avec le professeur Ceccaldi. Les conclusions ne peuvent — à mon grand regret — en être arrêtées au moment où s'achève la rédaction de cet ouvrage.

Ce qui peut d'ores et déjà être retiré de cette étude est la constatation de lésions osseuses multiples avec des pertes de substance importantes — dont une partie aurait pu être mortelle — sans qu'il soit encore possible d'affirmer si certaines se sont produites avant ou après la mort du pharaon. Celui-ci dut le plus vraisemblablement mourir ou de noyade, d'après les récits des Ecritures, ou de traumatismes très violents ayant précédé son engloutissement dans la mer, ou les deux simultanément.

L'association de toutes ces lésions aux détériorations dont les causes ont été évoquées rend problématique pour l'avenir la bonne conservation du corps momifié du pharaon si des mesures de sauvegarde et de restauration ne sont pas prises dans un très proche avenir. Ces mesures devraient éviter que le seul témoin matériel restant encore de nos jours de la mort du pharaon de l'Exode et du sauvetage voulu par Dieu de son corps ne disparaisse à plus ou moins longue échéance.

Il est toujours souhaitable que l'homme s'applique à préserver des témoins de son histoire, mais il s'agit ici de quelque chose de plus : c'est la matérialisation dans un corps momifié de celui qui connut Moïse, résista à ses suppliques, le poursuivit dans sa fuite et y laissa sa vie, sa dépouille étant, par la volonté de Dieu, sauvée de l'anéantissement et devenant un signe pour les hommes, comme il est écrit dans le Coran[1].

1. La momie de Ramsès II, autre témoin de l'histoire de moïse, a été l'objet d'une étude comparable à celle de la momie de Mineptah ; il a été recommandé pour elle les mêmes mesures de sauvetage. J'ai communiqué les résultats de ces études médicales entreprises au Caire en 1975 à plusieurs sociétés savantes françaises, dont l'Académie nationale de médecine, pendant la première partie de l'année 1976. La connaissance de ces résultats a conduit les autorités égyptiennes à confier la momie de Ramsès II à la France. C'est ainsi qu'elle arriva à Paris le 26 septembre 1976 pour y subir un traitement.

Quelle illustration magnifique des versets coraniques concernant le corps du pharaon est offerte, en la salle des Momies royales du Musée égyptien du Caire, à qui recherche dans les données des découvertes modernes des preuves de la véracité des Ecriturcs saintes !

CORAN, HADIYTHS
ET
SCIENCE MODERNE

Le Coran ne constitue pas l'unique source de la doctrine et de la législation de l'Islam. En effet, durant la vie même de Mahomet et après sa mort, un complément législatif a été recherché dans l'étude des actes et des discours du Prophète.

Ces informations relevaient de la tradition orale. Ceux qui prirent l'initiative de les rassembler dans des textes se sont livrés à des enquêtes toujours délicates lorsqu'il s'agit d'écrire après les événements une narration de ceux-ci. Mais le souci de l'exactitude qu'ils pouvaient avoir dans leur tâche ardue de collection des informations est illustré par le fait que, pour chaque épisode de la vie du Prophète et pour chacun de ses propos, sont mentionnés dans les recueils les plus sérieux les noms de ceux qui ont rapporté le récit, en remontant jusqu'à celui qui, au sein de la famille ou parmi les compagnons de Mahomet, recueillit le premier l'information.

Une multitude de recueils d'actes et de discours du Prophète vit ainsi le jour sous le nom de « hadiyths ». Le sens exact en est « propos » mais l'usage veut ici que le terme englobe également le récit des actes.

Les premiers recueils furent publiés dans les décennies qui suivirent la mort de Mahomet. Ceux qui virent le jour dans le premier siècle après lui sont relativement restreints du point de vue de l'étendue des faits rapportés. Il fallut attendre un peu plus de deux siècles après la mort du Prophète pour qu'apparaissent les recueils les plus imposants. Précisons par conséquent que ce ne sont pas les ouvrages les plus proches du temps de Mahomet qui paraissent donner les informations les plus complètes. Ce sont les recueils d'Al Bukhariy et de Muslim, datant de plus de deux cents ans après Mahomet, qui donnent la documentation la plus vaste et la plus véridique, l'ouvrage du premier auteur cité étant généralement regardé comme le plus authentique après le Coran. Houdas et Marçais en ont donné entre 1903 et 1914 une traduction française sous le titre : *Les Traditions islamiques*. Ces dernières années, une publication en a été faite en arabe avec traduction anglaise par le docteur Muhammad Mushin Khan, de l'université islamique de Médine. Les hadiyths sont donc accessibles à qui ne connaît pas la langue arabe. Mais il faut être extrêmement circonspect sur la valeur de certaines traductions effectuées par des Occidentaux, la traduction française y comprise, car on peut y déceler certaines inexactitudes et contrevérités qui sont plus des interprétations que des traductions véritables; parfois elles altèrent considérablement le sens réel du hadiyth au point de lui faire dire ce qu'il ne signifiait pas.

Du point de vue de leur origine, on peut légitimement comparer les recueils de hadiyths aux Evangiles. Les uns et les autres ont pour caractère commun d'avoir été rédigés par des auteurs qui n'ont pas été les témoins oculaires des faits qu'ils rapportent et d'avoir vu le jour un certain temps après les événements qu'ils relatent. Comme les Evangiles, les recueils de hadiyths n'ont pas tous été acceptés comme authentiques. Un petit nombre seulement fait la quasi-unanimité des spécialistes de la tradition musulmane et, dans un même recueil, on peut trouver, à côté de hadiyths présumés authentiques, des hadiyths douteux ou des hadiyths à rejeter formellement.

A la différence des Evangiles canoniques qui n'ont pas été contestés, les recueils de hadiyths, même ceux considérés comme particulièrement dignes d'être regardés comme authentiques, ont fait l'objet — et cela très tôt dans l'histoire de l'Islam — d'une critique approfondie de la part des maîtres de la pensée islamique, alors que le livre de base, le Coran, restait le livre de référence qui, lui, ne pouvait pas être discuté.

Il m'a paru intéressant de rechercher dans cette littérature des hadiyths comment, en dehors de la Révélation écrite, Mahomet serait supposé avoir parlé de sujets sur lesquels les progrès scientifiques apportèrent des lumières dans les siècles qui suivirent. Je me suis strictement limité, dans cette recherche, aux textes des hadiyths que l'on considère généralement comme les plus authentiques, en l'espèce ceux d'Al Bukhariy, ayant toujours en mémoire la notion que, rédigés par des hommes selon les données de la tradition orale, ils pouvaient rapporter plus ou moins exactement certains faits, par suite des erreurs de ceux qui transmirent individuellement le récit. Ceux-ci se séparent d'autres hadiyths dont la transmission est l'œuvre d'un très grand nombre et l'authenticité formelle[1].

J'ai rapproché les constatations faites au cours de l'examen des hadiyths de celles précédemment exposées concernant le Coran et la science moderne. Le résultat de cette comparaison est très éloquent. La différence est, en effet, frappante entre l'exactitude des données coraniques confrontées à celles de la science moderne et le caractère éminemment critiquable de certaines affirmations des hadiyths sur des sujets qui relèvent essentiellement du domaine scientifique, les seuls qui sont l'objet de cette étude.

Les hadiyths qui ont pour sujet l'interprétation

1. Des spécialistes musulmans ont qualifié les premiers de *Zanniyy* et les seconds de *QaTeiy*.

de certains versets coraniques donnent parfois des commentaires qu'on ne peut guère accepter de nos jours.

D'un verset (sourate 36, verset 38) qui mentionne que le soleil se dirige « vers un lieu fixe qui lui est propre » et dont on a vu plus haut la signification, un hadiyth donne cette interprétation : au coucher du soleil, l'astre vient se prosterner sous le trône de Dieu ; il demande la permission de reprendre sa course, se prosterne à nouveau ; finalement, il retourne là d'où il était venu et se lève de nouveau à l'est. Le texte original (Livre du Début de la Création, titre 54, chapitre 4, n° 421) est obscur et difficilement traduisible. Quoi qu'il en soit, ce passage contient une allégorie qui implique la notion d'une course du soleil par rapport à la terre : la science a montré la réalité du contraire. Ce hadiyth apparaît d'une authenticité plus que douteuse (*Zanniyy*).

Un autre passage de ce même livre (Livre du Début de la Création, titre 54, chapitre 6, n° 430) évalue tout à fait bizarrement dans le temps les phases initiales du développement de l'embryon : une phase de quarante jours de réunion des éléments constitutifs de l'être humain, une phase de même durée où l'embryon est représenté par quelque chose qui s'accroche, une troisième de même durée où l'embryon est représenté par de la chair mâchée. Puis, après intervention des anges pour définir ce que sera l'avenir de cet être, une âme est insufflée. La description du développement embryonnaire n'est pas conforme aux données modernes.

Alors que le Coran — mis à part une seule remarque (sourate 16, verset 69) sur la possibilité de trouver dans le miel un agent thérapeutique (sans d'ailleurs aucune espèce d'indication) — ne donne sur l'art de guérir rigoureusement aucune directive pratique, les hadiyths réservent une grande place à de tels sujets. Il existe toute une partie du recueil d'Al Bukhariy (titre 76) consacrée à la médecine. Il occupe, dans la traduction de Houdas et Marçais, les pages 62 à 91 du volume 4 et, dans le livre du docteur Muhammad Mushin Khan, avec la traduction anglaise, les pages 395 à 452 du volume 7. Ces pages contiennent à n'en pas douter certains hadiyths non authentiques (*Zanniyy*), mais l'ensemble a un intérêt car il fournit un aperçu sur les opinions que l'on pouvait avoir à l'époque sur des sujets médicaux divers. On pourrait y adjoindre quelques hadiyths ayant un aspect médical, insérés en d'autres parties du recueil d'Al Bukhariy.

C'est ainsi qu'on y découvre des considérations sur les maléfices, le mauvais œil, l'ensorcellement et la possibilité d'exorciser, bien qu'une certaine restriction soit prononcée contre l'usage rémunéré du Coran à cet effet. Un hadiyth souligne que certaines dattes peuvent protéger contre les effets de la magie. Cette dernière peut être utilisée contre les piqûres venimeuses.

On ne doit pas s'étonner, par contre, de constater qu'à une époque où les possibilités de la technique et de la pharmacopée étaient réduites, on ait recommandé de recourir à des pratiques simples ou à des médications naturelles telles que la saignée, les ventouses scarifiées, les pointes de feu, le rasage contre les poux, l'utilisation du lait de chamelle, de certaines graines comme la nigelle, de certaines plantes comme le costus indien, celui de la cendre de nattes (pour ses vertus hémostatiques) : il fallait bien, dans des circonstances critiques, utiliser tous les moyens dont on pouvait disposer et qui pouvaient être réellement efficaces. Mais il ne semble pas — *a priori* — excellent de recommander de boire l'urine des chameaux.

On souscrit difficilement de nos jours à certaines explications données sur quelques sujets concernant la pathologie. Relevons parmi celles-ci :

— l'origine de la fièvre : quatre témoignages authentifient l'affirmation selon laquelle « la fièvre provient du brasier de l'Enfer » (Livre de la Médecine, chapitre 28) ;

— l'existence d'un remède à toute maladie : « Dieu n'a pas fait descendre une maladie sans avoir en même temps fait descendre un remède » (Livre de la Médecine, chapitre 1). L'illustration de cette conception est donnée par le hadiyth de la mouche (Livre de la Médecine, chapitre 58 et Livre du Début de la Création, titre 54, chapitres 15 et 16) : « Si une mouche est tombée dans un récipient, il faut l'y plonger tout entière, car une de ses ailes contient un poison et l'autre son antidote ; (la mouche) apporte d'abord le poison et ensuite le remède » ;

— l'avortement déclenché par la vue de certain serpent (qui rend aussi aveugle) : mention en est faite dans le Livre du Début de la Création, chapitres 13 et 14 ;

— les pertes de sang en dehors des règles. Le Livre des Menstrues, titre 6, contient deux hadiyths sur l'origine des pertes de sang en dehors des règles (chapitres 21 et 28). Ils concernent deux femmes : dans la relation d'un cas, sans aucun détail sur les symptômes, il est affirmé que la perte de sang vient d'un vaisseau sanguin *(eirq)*; dans l'autre cas, il s'agissait d'une femme présentant des pertes de sang en dehors des règles depuis sept ans : ici encore la même origine vasculaire est affirmée. On pourrait bien faire des hypothèses sur la cause réelle des troubles, mais on imagine mal sur quel argument on pouvait à l'époque appuyer un tel diagnostic; toutefois, celui-ci aurait pu être cependant exact;

— l'absence de contagiosité des maladies. Le recueil des hadiyths d'Al Bukhariy la mentionne en plusieurs endroits (chapitres 19, 25, 30, 31, 53 et 54 du Livre de la Médecine, titre 76), à propos de cas particuliers tels que la lèpre, la peste, le choléra, la gale du chameau, ou encore d'un point de vue général. Mais ces considérations côtoient des affirmations contradictoires des premières : en effet, il est aussi recommandé de ne pas aller là où il y a la peste et de fuir les lépreux.

Par conséquent, on peut conclure à l'existence de certains hadiyths scientifiquement inadmissibles, mais le doute planant sur leur authenticité, l'intérêt de leur mention réside seulement dans la comparaison qu'ils suscitent avec les énoncés scientifiques du Coran qui, eux, ne contiennent aucune affirmation inexacte. Cette constatation paraît avoir une importance considérable.

Il faut, en effet, se souvenir qu'à la mort du Prophète, les enseignements reçus de lui se divisaient en deux groupes :

— d'une part, un nombre important de fidèles connaissaient par cœur le Coran qu'ils avaient, comme le Prophète, récité maintes et maintes fois; par ailleurs, il existait déjà des transcriptions du texte coranique effectuées du vivant du Prophète, et ce, même avant l'Hégire[1] ;

1. L'Hégire se situe en 622, soit dix ans avant la mort de Mahomet.

— d'autre part, les membres les plus proches de son entourage et les fidèles qui avaient été les témoins de ses actes et de ses discours les conservaient dans leur souvenir et s'appuyaient sur eux, en plus du Coran, pour définir une doctrine et une législation naissantes.

Dans les années qui vont suivre la mort du Prophète, des textes vont être élaborés, relatant les deux groupes d'enseignements qu'il avait laissés. Les premiers recueils de hadiyths virent le jour une quarantaine d'années après l'Hégire, mais on avait effectué auparavant une première collection des textes coraniques sous les califes Abu Bakr et surtout Uthman, ce dernier publiant un texte définitif durant son califat, c'est-à-dire entre la douzième et la vingt-quatrième année qui suivirent la mort de Mahomet.

Ce qu'il est capital de souligner est la dissemblance entre ces deux catégories de textes, à la fois du point de vue littéraire et du point de vue du contenu. En effet, toute comparaison serait impossible entre le style du Coran et celui des hadiyths. De plus, si l'on compare le contenu des deux textes en les confrontant avec les données de la science moderne, on est frappé par les oppositions, dont j'espère avoir réussi à montrer l'existence, entre :

— d'une part, des affirmations en apparence souvent banales du Coran mais qui, examinées à la lumière des connaissances modernes, recèlent des données que la science objectivera plus tard ;

— d'autre part, certains énoncés des hadiyths qui paraissent tout à fait conformes à l'esprit de leur temps mais qui contiennent des affirmations jugées aujourd'hui scientifiquement inacceptables. Ces affirmations se sont glissées dans un ensemble d'énoncés de la doctrine et de la législation de l'Islam dont on s'accorde à reconnaître l'authenticité et qu'on ne saurait discuter.

Il faut savoir, enfin, que l'attitude même de Mahomet fut bien différente vis-à-vis du Coran et vis-à-vis de ses propos personnels. Le Coran, qui constituait sa prédication, était proclamé par lui Révélation divine. Le Prophète en classa les parties durant une période d'à peu près vingt ans avec le plus grand soin, comme on l'a vu. Le Coran représentait ce qui devait être écrit de son vivant même et appris par cœur pour faire partie de la liturgie des prières. Pour les hadiyths, qui sont présentés comme fournissant en principe la relation de ses réflexions personnelles et de ses actes, il laissa le soin aux autres de s'en inspirer pour leur conduite et de les publier comme ils l'entendraient. Il ne donna aucune directive à ce sujet.

Etant donné qu'un nombre seulement restreint de ces hadiyths peut être considéré comme exprimant avec certitude la pensée du Prophète, les autres expriment ce que pouvaient croire les hommes de son temps, en particulier sur les sujets scientifiques évoqués ici. En les comparant au texte coranique, on mesure tout ce qui sépare ce dernier de ces hadiyths inauthentiques ou douteux. Cette comparaison met en lumière, si tant est qu'il le faille, la différence frappante entre les écrits de ce temps, truffés d'énoncés erronés d'ordre scientifique, et le Coran, Livre de la Révélation écrite, exempt de toute inexactitude de cet ordre[1].

1. La vérité des hadiyths d'un point de vue religieux n'est nullement en cause. Mais, lorsque ceux-ci traitent de questions profanes, il n'y a pas de différence à établir entre le Prophète et les autres humains. Un hadiyth rapporte la déclaration suivante du Prophète Mahomet : « Quand je vous adresse quelques commandements en rapport avec la Religion, obéissez, et si je vous prescris quelque chose qui relève de mon opinion personnelle, souvenez-vous que je suis un être humain. » Al Saraksī dans ses « Principes » *(Al Usuṫ)* a transmis cette prise de position en ces termes : « Lorsque je vous fais part de quelque chose relative à votre Religion, agissez en conformité avec ma déclaration et, lorsqu'il s'agit de choses concernant ce bas monde, vous êtes de meilleurs connaisseurs de vos propres affaires terrestres ! »

quantité scientifique, et le Coran, Livre de la Révélation écrite, exempt de toute incertitude de cet ordre.

[illegible]

CONCLUSIONS GÉNÉRALES

Au terme de cette étude, il apparaît avec évidence que l'opinion dominante entretenue dans nos pays sur les textes des Ecritures saintes que nous possédons aujourd'hui ne répond guère à la réalité. On a vu dans quelles conditions, à quelles époques et de quelle manière les éléments qui ont constitué l'Ancien Testament, les Evangiles et le Coran ont été recueillis et transcrits; les circonstances qui ont présidé à la naissance des Ecritures des trois Révélations ayant énormément différé pour chacune d'entre elles, des conséquences extrêmement importantes en ont résulté pour ce qui concerne l'authenticité des textes et certains aspects de leur contenu.

L'Ancien Testament représente une somme d'œuvres littéraires produites au cours de neuf siècles environ. Il forme une mosaïque extrêmement disparate dont les éléments ont été, au cours des âges, modifiés par les hommes, des pièces étant venues s'ajouter à celles existant déjà, de sorte que, de nos jours, identifier les provenances est parfois très difficile.

Les Evangiles ont eu pour but de faire connaître aux hommes, par la narration des actes et des discours de Jésus, l'enseignement qu'il voulait leur laisser lors de l'accomplissement de sa mission terrestre. Le malheur est qu'ils n'ont pas pour auteurs les témoins oculaires des faits qu'ils rapportent. Ils sont simplement l'expression par leurs porte-parole de ce que les communautés judéo-chrétiennes diverses conservaient d'informations sur la vie publique de Jésus, sous forme de traditions orales ou d'écrits aujourd'hui disparus qui ont été intermédiaires entre la tradition orale et les textes définitifs.

C'est sous ce jour qu'on doit regarder actuellement les Ecritures judéo-chrétiennes, et — si l'on veut être objectif — il faut abandonner les conceptions exégétiques classiques.

La multiplicité des sources a pour résultante inévitable les contradictions et les oppositions dont on a donné de très nombreux exemples. Les auteurs des Evangiles ayant eu, à propos de Jésus, les mêmes tendances à magnifier certains faits que les auteurs de la littérature épique du Moyen Age français avec les chansons de geste, il s'ensuit que les événements sont présentés avec un relief particulier à chacun des narrateurs et l'authenticité des faits rapportés s'avère dans bien des cas extrêmement douteuse. Dans ces conditions, les quelques énoncés des Ecritures judéo-chrétiennes qui peuvent avoir un rapport avec les connaissances modernes doivent toujours être examinés avec la réserve qu'impose l'aspect discutable de leur authenticité.

Contradictions, invraisemblances, oppositions avec les données de la science moderne s'expliquent parfaitement en fonction de tout ce qui précède. Mais l'étonnement des chrétiens est grand lorsqu'ils s'en rendent compte, tant a été profond et continu l'effort entrepris jusqu'alors par beaucoup de commentateurs officiels pour camoufler sous d'habiles acrobaties dialectiques noyées dans un lyrisme apologétique ce qui ressort à l'évidence des études modernes. On a donné, à propos notamment des généalogies de Jésus, des Evangiles de Matthieu et de Luc, contradictoires et scientifiquement inacceptables, des exemples tout à fait évocateurs de cet état d'esprit. L'Evangile de Jean a particulièrement retenu l'attention pour ses divergences très importantes avec les trois autres Evangiles et spécialement au sujet de la lacune en général méconnue concernant l'institution de l'Eucharistie.

La Révélation coranique a une histoire fondamentalement différente de celle des deux premières. S'étageant sur environ vingt ans, elle est, sitôt communiquée au Prophète par l'Archange Gabriel, apprise par cœur par les fidèles et, en même temps, fixée par écrit du vivant même de Mahomet. Les dernières recensions du Coran qui seront opérées de douze à vingt-quatre ans après la mort du Prophète, sous le califat d'Uthman, bénéficieront du contrôle exercé par ceux qui savaient déjà le texte par cœur, l'ayant appris du temps même de la Révélation et récité constamment par la suite. Et l'on sait que le texte a été, depuis lors, conservé de façon rigoureuse. Le Coran ne pose pas de problème d'authenticité.

Prenant la suite des deux Révélations qui l'avaient précédée, la Révélation coranique est non seulement exempte des contradictions dans les récits qui sont la marque des rédactions humaines diverses des Evangiles, mais elle offre encore à qui entreprend son examen en toute objectivité à la lumière de la science le caractère qui lui est propre d'une concordance parfaite avec les données scientifiques modernes. Qui plus est, on y découvre, comme on l'a démontré, des énoncés d'ordre scientifique dont il est inconcevable qu'un homme de l'époque de Mahomet ait pu être l'auteur. Ainsi les connaissances scientifiques modernes permettent de comprendre certains versets coraniques jusqu'à présent ininterprétables.

La comparaison de plusieurs récits de la Bible avec les récits des mêmes sujets du Coran rend compte de l'existence des différences fondamentales entre des affirmations bibliques scientifiquement inacceptables et des énoncés coraniques en parfaite concordance avec les données modernes : on l'a vu pour la Création et le Déluge par exemple. Tandis que, pour l'histoire de l'Exode de Moïse, on trouvait dans le texte coranique un complément précieux du récit biblique, l'ensemble s'harmonisant très heureusement avec les données de l'archéologie pour situer dans le temps l'époque de Moïse, les différences très importantes entre le Coran et la Bible pour d'autres sujets s'inscrivaient à l'encontre de tout ce que l'on a pu soutenir — sans la moindre des preuves — sur une prétendue copie de la Bible par Mahomet pour élaborer le texte du Coran.

Enfin, l'examen comparatif, d'une part, d'affirmations intéressant la science, retrouvées dans les recueils de hadiyths, propos prêtés à Mahomet, mais le plus souvent d'authenticité douteuse — reflétant néanmoins les croyances de l'époque —, et d'autre part des données coraniques du même ordre, met en évidence une dissemblance qui permet d'écarter une communauté d'origine.

On ne peut pas concevoir que beaucoup d'énoncés coraniques qui ont un aspect scientifique aient été l'œuvre d'un homme en raison de l'état des connaissances à l'époque de Mahomet. Aussi est-il parfaitement légitime non seulement de considérer le Coran comme l'expression d'une Révélation, mais encore de donner à la Révélation coranique une place tout à fait à part en raison de la garantie d'authenticité qu'elle offre et de la présence d'énoncés scientifiques qui, examinés à notre époque, apparaissent comme un défi à l'explication humaine.

Transcription de l'arabe en caractères latins utilisée dans cet ouvrage

ء	'	ض	D
ا	a	ط	T
ب	b	ظ	Z
ت	t	ع	e
ث	th	غ	î
ج	j	ف	f
ح	H	ق	q
خ	kh	ك	k
د	d	ل	l
ذ	dh	م	m
ر	r	ن	n
ز	z	ه	h
س	s	و	w
ش	ch	ي	Y
ص	S	ى	y

â et û indiquent l'allongement de la voyelle arabe correspondante

TABLE

Imprimé en France par

CPI
BUSSIÈRE

à Saint-Amand-Montrond (Cher)
en mars 2011

POCKET - 12, avenue d'Italie - 75627 Paris Cedex 13

N° d'impression : 110674
Dépôt légal : décembre 1998
Suite du premier tirage : mars 2011
S 13103/09